개정판

파이썬으로 시작하는 라즈베리파이3

Raspberry Pi3 : Starting with Python

김경신 저

D.B.Info

머리말

매스컴이나 각종 자료를 보면 〈4차산업혁명〉이 시작되는 시기를 2020년으로 보고 있다. 그 이유는 2020년 즈음하여 서비스를 시작되는 5세대 이동통신망과 연관지어 생각하기 때문이다. 충분히 수긍이 가는 말이다. 그러나 2018년 현재 구인구직 사이트에 들어가보면 벌써 4차산업혁명 인재를 구한다거나 IoT 디바이스 개발 경험자를 구한다는 등의 구인광고를 쉽게 볼 수 있다. 잡코리아나 사람人과 같은 구인구직 사이트만 보면 이미 우리는 4차산업혁명 시기에 살고 있는 상태라는 생각이 들 정도다.

IoT 디바이스를 생각하면 대부분의 사람들은 〈아두이노〉를 떠올린다. 가장 먼저 접하는 IoT디바이스이기도 하고, 스케치라는 어렵지 않은 C언어 개발환경을 제공하여 비 전공자들도 쉽게 IoT환경을 설계하고 구축할 수 있기 때문이다.

이 책은 아두이노와 비슷한 숫자의 IoT개발자들이 선호하는 〈라즈베리파이〉 디바이스의 학습을 시작하는 사람들을 위한 개인학습서로 쓰여졌다.

라즈베리파이는 2006년 영국에서 개발된 매우 인기있는 IoT디바이스이다. 운영체제 소프트웨어가 들어가 있지 않은 아두이노와는 달리 현존하는 가장 막강한 운영체제중의 하나인 리눅스가 탑재되어 있는 초소형 컴퓨터이다.

따라서 라즈베리파이를 학습한다는 것은 센서, 모터, 사운드, 조명 등을 제어하는 역할을 하는 IoT디바이스를 배우는데 그치는 것이 아니라, 가장 강력한 운영체제인 리눅스도 동시에 배울 수 있다는 장점을 가지고 있다.

그것뿐이 아니다. 라즈베리파이는 기본 언어가 파이썬으로 셋팅되어 있다. 파이썬은 4차 산업혁명시기의 가장 효율적이고 강력한 프로그래밍 언어로 인정받고 있는 프로그래밍 언어이며, 최근 핫이슈인 빅데이터 처리나 인공지능 머신러닝 관련 프로그래밍 분야에도 가장 많이 사용되는 언어이다. 이 모든 것을 한 번에 배울 수 있는 학습서를 제공하는 것이 이 책의 집필 목적이다.

가장 대표적인 초소형 컴퓨터인 라즈베리파이를 통하여 IoT디바이스 GPIO 프로그래밍을 배우면서, 리눅스 운영체제와 파이썬 프로그래밍 언어까지 덤으로 학습하는 최초의 개인학습서.

이러한 목적을 달성하기 위하여 이 책은 크게 3부로 구성하였고, 알고 있으면 유용할 지식 5가지는 부록으로 추가하였다.

1부는 라즈베리파이3와 리눅스
2부는 라즈베리파이 하드웨어
3부는 파이썬 프로그래밍

1부와 2부는 라즈베리파이 자체를 학습하는 파트이다. 라즈베리파이3의 작동원리와 리눅스 운영체제 그리고 라즈베리파이를 활용한 GPIO프로그래밍이 포함된다. 3부에서는 라즈베리파이를 구동하기 위한 목적 뿐만이 아니라 독립언어로써의 파이썬 프로그래밍을 학습할 수 있다.

부록으로는 5가지 유용한 내용을 추가하였다. 먼저, 주로 중학생 이전의 어린이를 대상으로 한 블록 구성식의 프로그래밍 도구인 스크래치에 대한 내용이다. 스크래치로 기본 구성과 간단한 게임 등을 만들어 보는 것까지 포함하였다. 두 번째는 라즈베리파이3를 가지고 할 수 있는 부가적인 기능들에 관한 내용, 즉, SD메모리카드를 효율적으로 사용하는 법과 홈씨어터로 사용되도록 설정하는 HTPC 설정법이 그것이다. 마지막으로는 라즈베리파이3나 아두이노를 사용할 때 유용한 납땜관련 팁도 추가하였다.

이 책을 필요로 하는 사람은 기초 IoT디바이스인 아두이노를 만져 본 사람, 리눅스 운영체제를 들어보기는 했지만 보다 더 자세히 나만의 컴퓨터를 활용하여 심화 학습하고 싶은 사람. 파이썬이라는 강력한 프로그래밍 언어를 기초학습하고 싶어하는 사람이다.

작은 나라 대한민국. 그러나 결코 작지 않은 강인함으로 세계를 선도하는 나라가 되기 위해서는 과학기술과 창의력이 높은 개발자가 지금보다 더 많이 필요하다고 생각한다. 과학기술 발전 말고 이 나라를 강하게 할 것은 그리 많지 않다.

이 작은 책자를 통하여 많은 상상력을 가진 창의 발명품을 만들어 내는 사람들이 많이 배출되기를 희망한다.

2018년 1월
김경신

차례

1부 라즈베리파이3와 리눅스

2부 하드웨어

3부 파이썬

부록 유용한 도구들

1부

라즈베리파이3와 리눅스

제 1 장 라즈베리파이3

라즈베리파이와 아두이노를 배운다는 것은 나의 인생에 어떤 도움이 되는 걸까? 라는 질문을 자주 받는다. 이런 도구들은 단순히 공부를 위한 도구가 아니다. 공부와 놀이를 겸한 어떤 창의적인 행위를 위한 도구라고 생각한다. 특히 현재와 같은 4차 산업혁명 시기에 단순한 컴퓨터 속에 사로잡힌 프로그래밍과 인간을 중독시키는 게임 등의 엔터테인먼트, 수치해석이나 데이터베이스 만을 목표로 공부한다는 것은 더 이상 우리의 생활을 변화시키지 못한다.

이것은 흡사 미사일과 로봇병기 시대에 사는 사람이 적병과의 싸움을 위해 검술을 피나게 수련하는 것과 같다고 할까? 이제 우리는 변화해야한다. 시대에 맞는 생각과 시대에 맞는 행동을 해야 한다. 로봇을 만들고 드론을 만들고 내 창의력으로 지구상에 유일하게 존재하는 유일한 것을 만들어 내는 사람. 이런 사람이 각광을 받는 시대가 이미 왔기 때문이다.

잘 생각해야한다. 주변의 모든 것이 바뀌고 있다. 변호사가 컴퓨터 프로그래밍을 하고 과학교사가 라즈베리파이를 사용하여 태양계와 은하계에서 별들이 움직이는 비밀을 풀어내고, 평생 은행원으로 근무하던 사람이 드론과 로봇을 활용한 게임을 만들어 연매출 수백억 원을 올리는 꿈같은 경우가 생기고 있다.

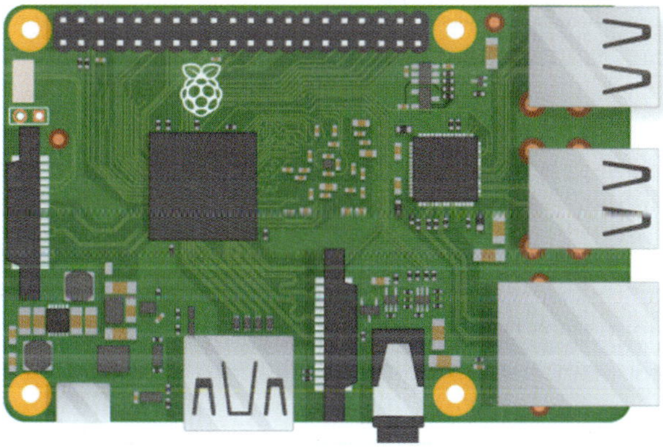

그림 1-1 라즈베리파이3

이제 우리는 라즈베리파이3를 활용하여 그 무엇인가를 창조하는 출발선상에 서있다. 여기서 배우는 것은 가장 기초중의 기초이다. 그러나 기초가 무서운 것이다. 이 기초를 활용하여 누구도 시도하지 못하고 누구도 도달하지 못했던 그 무엇인가를 만들어 내는 꿈같은 일들이 무수하게 벌어지기를 기대한다.

1.1 라즈베리파이 연표

2006년	. CPU제작사인 아트멜의 ATmega644 마이크로 컨트롤러를 기반으로 제작 . 에반 업톰(재단 이사)은 교사, 대학생, 아이들에게 컴퓨터에 대한 영감을 주고자 노력하는 사람들로 재단을 설립
2011년 8월	. 15번째 알파 보드 제작 . 기능적으로는 계획했던 B 모델과 같았지만 커다란 물리적 디버그 헤더를 장착 . 데비안 LXDE 데스크톱과 1080p환경에서 퀘이크3를 구동 . HDMI포트를 통해 1080p MPEG-4 동영상 재생
2011년 10월	. 라즈베리파이에 포팅된 RISC OS의 개발 버전 공개 시연
2011년 12월	. 25개의 B모델 베타버전 조립 시험 . 리눅스 구동 . 1080P 영화 트레일러와 더불어 Rightware 사무라이 OpenGL ES를 실행
2012년 첫 주	. 10개의 라즈베리파이 보드가 이베이 경매에 등록 . 10개의 라즈베리파이 보드는 16,000파운드, 일련번호 1번인 라즈베리파이 보드는 3,500 파운드에 판매 . 익명의 구매자는 영국 셔퍼크 컴퓨터 역사 센터에 기부
2012년 2월29일	. UTC 06:00 시에 판매 시작 . 모델A의 램이 128MB에서 256MB로 변경 공지 . 비공식 확인 2백만건의 선주문 폭주
2012년 4월16일	. 최초 구매자들에게 라즈베리파이 배송
2017년 3월	. 2012년 최초출시 이후 5년만인 2017년에 총 1,250만개 달성 (맥, 윈도우에 이어 세계 3번째 범용컴퓨터)

1.2 라즈베리파이3 Spec과 기능

라즈베리파이(Raspberry Pi)는 영국의 라즈베리파이 재단이 기초 컴퓨터 과학 교육 증진 및 취미활동을 위해 만든 ARM 기반의 싱글 보드 컴퓨터이다.

그래픽과 처리 성능 그리고 GPIO 능력은 뛰어나면서도 가격은 저렴하다. 모델A는 $25, 모델B와 모델3은 $35에 불과하다. 동작은 SD카드에 설치된 데비안 리눅스를 실행하는 방식으로 작동한다. 특히 운영체제와 응용소프트웨어가 모두 무료이다.

설치를 위한 표준 이미지의 다운로드 사이트는 다음과 같다.

http://www.raspberrypi.org/downloads

다양한 도구들과 예제를 포함한다. 특히 오피스 분야와 HTPC분야에 적용하기 좋다.

40개의 GPIO(General-purpose IO 커넥터)핀을 이용하여 아두이노와 같은 목적의 제어시스템을 만들 수 있다.

가. GPIO 핀

Pin#	NAME	NAME	Pin#
01	3.3v DC Power	DC Power 5v	02
03	GPIO02 (SDA1 , I²C)	DC Power 5v	04
05	GPIO03 (SCL1 , I²C)	Ground	06
07	GPIO04 (GPIO_GCLK)	(TXD0) GPIO14	08
09	Ground	(RXD0) GPIO15	10
11	GPIO17 (GPIO_GEN0)	(GPIO_GEN1) GPIO18	12
13	GPIO27 (GPIO_GEN2)	Ground	14
15	GPIO22 (GPIO_GEN3)	(GPIO_GEN4) GPIO23	16
17	3.3v DC Power	(GPIO_GEN5) GPIO24	18
19	GPIO10 (SPI_MOSI)	Ground	20
21	GPIO09 (SPI_MISO)	(GPIO_GEN6) GPIO25	22
23	GPIO11 (SPI_CLK)	(SPI_CE0_N) GPIO08	24
25	Ground	(SPI_CE1_N) GPIO07	26
27	ID_SD (I²C ID EEPROM)	(I²C ID EEPROM) ID_SC	28
29	GPIO05	Ground	30
31	GPIO06	GPIO12	32
33	GPIO13	Ground	34
35	GPIO19	GPIO16	36
37	GPIO26	GPIO20	38
39	Ground	GPIO21	40

그림 1-2 라즈베리파이 GPIO 핀 구성

나. 기능 및 사양

기 능	사 양
CPU	1.2GHz 쿼드코어 64bit ARM Cortex-A53
GPU	BROADCOM BCM2837 400MHz VideoCore
Memory	1GB(DDR2-900 SDRAM)
Video	HDMI Full HDMI 1920x1080 composite
Audio	HDMI, stereo analog
USB	4 x USB2.0
Storage	SD card
Camera Port	15PIN MIPI CSI
Networking	10/100 Wi-FI(802.11n포함), Ethernet
Power	5V micro USB 2.5A
GPIO	40
Price	$35

다. 라즈베리파이 하드웨어 구성

그림 1-3 라즈베리파이 하드웨어 구성

라. 케이블 및 액세서리

그림 1-4 라즈베리파이구성품

USB형태의 키보드와 마우스, SD메모리, 모니터용 HDMI케이블, 라즈베리파이3용 2.5A 충전기 등이 필요하다.

1.3 라즈베리파이3 용도

라즈베리의 최고의 매력은 매우 작은 범용 컴퓨터라는 것이고, 둘째는 실 세계를 제어할 수 있는 GPIO의 보유이다.

가. 일반 컴퓨터

- 초소형의 범용 PC이다. 누구나 일반적인 PC를 사용하듯이 사용 가능하다.
- 소프트웨어로 센서, 모터, 광원 등의 하드웨어를 직접 제어 가능하다.
- 다양한 제작 프로젝트가 가능하다. 예를 들면, 로봇, 드론, 기능형 센서를 만들 수 있다.

일반 PC와 다른 점은 집이나 학교에서 사용하는 일반 PC는 GPIO 포트가 없으므로 오피스 혹은 게임으로만 사용된다.

나. 센서, 로못 개발 플랫폼

- 강력한 멀티미디어 및 3D 그래픽 성능을 이용하여 센서와 로봇 그리고 게임개발이 가능하다.
- 스크래치를 이용한 손쉬운 게임과 프로그램도 가능하다.

note

제 2 장 라즈베리파이3 설치

라즈베리파이3는 그 크기에 걸맞지 않은 막강한 능력을 가진 초소형 컴퓨터이다. 주로 마이크로 PC라고 불리운다. 이 라즈베리파이3는 놀라운 일들을 할 수 있는 능력을 가지고 있다. 차근차근 그 설치법을 알아보자.

2.1 ARM CPU

가. CPU와 GPU

라즈베리파이3는 브로드컴 BCM2837 시스템온칩(SoC)을 사용한다. 여기에는 그래픽 프로세싱 유닛은 물론 오디오, 통신 유닛 등도 포함되어있다. 아래 그림처럼 보드 중앙에 있다.

그림 2-1 BCM2837 SoC, 메모리 칩

PC에 주로 사용되는 x86계열 프로세서와는 다른 ARM 명령어 셋을 사용한다. 이것은 주로 휴대폰과 같은 모바일기기에 많이 사용된다.

이것을 RISC 컴퓨터(RISC; Reduced Instruction Set Computer)라고 부르는데 기존의 PC 소프트웨어와는 호환되지 않는다. 그러나 CISC 컴퓨터에 비해 처리속도가 빠른 장점이 있다.

RISC 컴퓨터의 반대개념
CISC 컴퓨터(CISC; Complex Instruction Set Computer)

나. 저 전력 특성

보드에 탑재된 micro-USB 포트를 통해 5V-2.5A의 USB전력공급 만으로 동작이 가능하다. 표준 소비전력이 최대 3.8W이고 아이들 상태에서 2.5W이다. 기존의 PC가 150와트에서 500와트까지 사용하는 것에 비하면 비교가 안될 정도의 저전력 컴퓨터이다.

다. 운영체제

오픈 소스 라이선스인 리눅스를 사용한다. 윈도우는 소스코드가 비공개인 반면 리눅스는 모든 소스 및 변경사항을 공개한다.

라즈베리파이3에 포팅된 운영체제는 모두 오픈소스이다.

2.2 라즈베리파이에 포팅 된 운영체제

가. Raspbian "wheezy"

리눅스 입문자에게 필요한 운영체제이다.

라즈베리파이3는 리눅스 데비안의 배포판 중 하나인 데비안을 최적화하였다.

LXDE, Midori, 개발도구들 및 멀티미디어 기능, 예제 소스들을 포함하며 이미지 링크는 아래와 같다.

http://downloads.raspberrypi.org/images/raspbian/2012-10-28-wheezy-raspbian/2012-10-28-wheezy-raspbian.zip

나. Soft-float Debian “wheezy”

Raspbian “wheezy”와 동일하다. 처리속도가 비교적 느리지만 부동 소수점 연산을 소프트웨어로 처리하는 ABI를 사용하는 버전이다. 하드웨어 부동 소수점 처리를 지원하지 않는 오라클 JVM을 위한 버전이다.

이미지 링크는 아래와 같다..

http://downloads.raspberrypi.org/images/debian/7/2012-08-08-wheezy-armel/2012-08-08-wheezy-armel.zip

다. Arch Linux ARM

Arch Linux를 기반으로 ARM에 최적화된 버전이다.

사용자에게 단순성과 완전한 제어 그리고 편의를 제공하는 버전이다.

초보자에게는 권장하지 않는다.

최신 버전은 하드웨어 부동 소수점 연산을 지원한다.

부팅 후 커맨드 프롬프트가 표시될 때까지 10초 소요된다.

이미지 링크는 아래와 같다.

http://downloads.raspberrypi.org/images/archlinuxarm/archlinux-hf-2012-09-18/archlinux-hf-2012-09-18.zip

라. RISC OS

영국 캠브리지에서 디자인되었고 1987년에 처음 릴리즈 되었다.

ARM 마이크로프로세서를 개발한 팀에서 시작되었으므로 ARM 프로세서에 최적화 되었다. 캐슬 테크놀로지(Castle Technology)가 소유권을 가지고 있으며 RISC OS Open(https://www.riscosopen.org/content/)이 소스코드를 유지관리하며 라즈베리파이3 사용자에게는 무료 버전을 제공한다.

이미지 링크는 다음과 같다.

http://downloads.raspberrypi.org/images/riscos/riscos-2012-11-01-RC6/riscos-2012-11-01-RC6.zip

2.3 디바이스 연결

가. 디스플레이 연결

라즈베리파이 디스플레이는 다음 3가지 출력을 지원한다. (첫째는 composite, 둘째는 HDMI, 마지막으로 DSI 비디오)

- 컴포지트 비디오

고전적 형태의 디스플레이면서도 HTPC용의 출력이다. HDMI가 없는 구형 모니터에는 컴포지트 비디오를 통해 출력지원한다.

그림 2-2 노란색 RCA 포노 커넥터

- HDMI 비디오

• High Definition Multimedia Interface
• Full HD 1920×1080 해상도 지원
• HDMI 포트가 없는 모니터는 HDMI-to-DVI(Digital Video Interconnect) 케이블 또는 DVI-D 이용

그림 2-3 HDMI 커넥터

– DSI 비디오

인쇄회로기판의 윗변 SD카드 슬롯 위에 있는 플라스틱 레이어로 보호되어 있는 작은 리본 커넥터를 이용한다.

- DSI의 약자는 Digital Serial Interface이다.
- 태블릿 또는 스마트폰 등의 평면 디스플레이에 주로 사용된다.
- 일반 사용자보다는 주로 엔지니어들을 위한 커넥터이다.

나. 오디오 연결

HDMI 포트는 비디오 신호와 오디오 신호를 동시에 출력한다.

HDMI포트를 사용시에는 3.5mm 오디오 잭을 통해 아날로그 오디오 출력을 제공한다.

다. 키보드 및 마우스

라즈베리파이3는 4개의 USB를 제공한다

이전모델인 라즈베리파이 모델 B는 2개의 USB를 제공한다. 모델 A는 1개를 제공한다. 이 경우는 USB 허브가 필요하다.

그림 2-4 라즈베리파이3의 USB 포트 4개

전원 공급을 별도로 받지 않고 USB를 통한 전원만을 사용한다면 최대 2.5A 이상을 공급할 수 있는 전원 공급형 USB허브를 이용해야 한다.

2.4 SD카드에 OS 이미지 설치

이미 운영체제 이미지가 미리 쓰여진 SD카드를 구매한 경우 혹은 운영체제 이미지의 복사를 끝낸 경우에는 이 부분을 건너뛰어도 된다.

8GB SD카드 준비

8GB SD카드가 준비되지 않으면 16GB 이상의 카드도 상관없다.

이 카드를 카드리더를 통해 PC에 연결하고 다운로드 받은 운영체제 이미지를 복사한다.

가. 인터넷에서 운영체제 이미지 다운로드

다운로드 링크는 라즈베리파이 홈페이지 www.raspberrypi.org이다. 여기에 접속하여 Noobs를 다운로드 받아 설치하는 것이 쉽다.

아래 화면처럼 라즈베리파이 홈페이지의 다운로드에서 Noobs Download Zip파일을 선택한다.

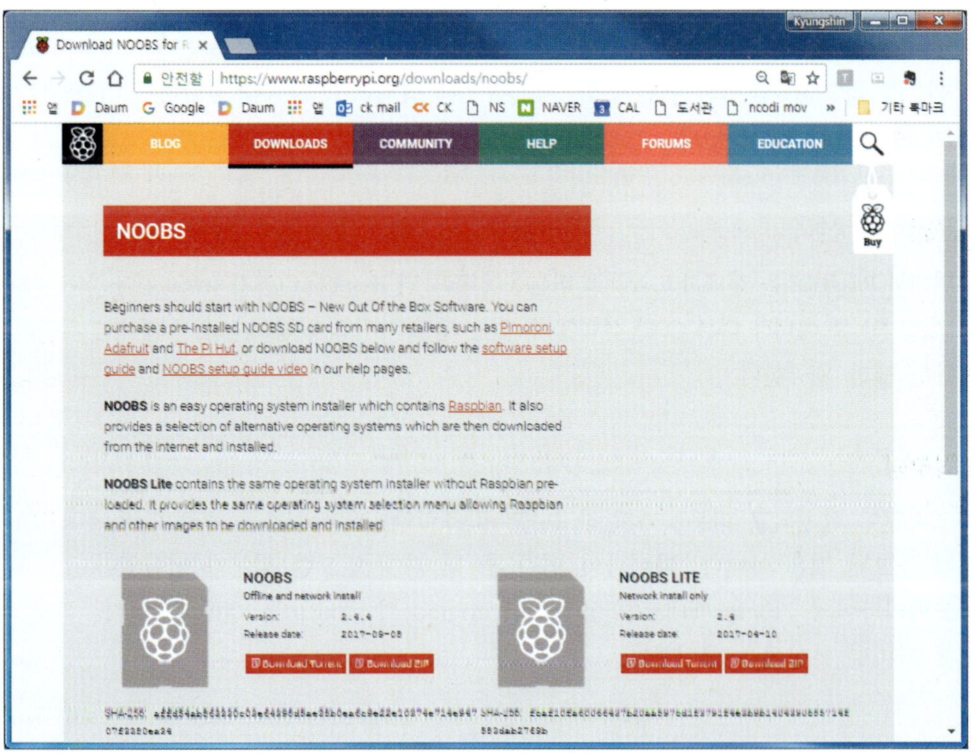

그림 2-5 라즈베리파이 공식 홈페이지

다운받은 NOOBS의 압축을 풀면 필요한 운영체제 파일이 생성된다.

파일의 사이즈는 대략 2GB 이하가 된다.

나. 파일 복사

생성된 파일을 SD카드에 모두 복사한다. SD카드는 FAT32로 포맷되어 있어야 하고 용량은 4기가 이상이어야 한다.

라즈베리파이에 라즈비언 OS를 설치하려면 모니터, 키보드, 마우스가 필요하다. 특별히 준비된 모니터와 마우스가 없으면 사용하고 있는 컴퓨터의 장비를 활용한다. 일단 헤드리스 모드까지 설치하면 이후로는 모니터와 키보드 마우스가 필요 없다.

헤드리스 모드

라즈베리파이(기본적으로 라즈베리안이 설치되어있다고 가정)는 모니터나 키보드, 마우스가 연결되어있지 않아도 부팅이 자유롭다. 개발, 스터디 용으로 사용하고 있다면 전기요금 들여가며 모니터를 연결 해 놓을 필요 없이 전원만 켜 놓은 상태로 동작시키는 것이 일반적인데 이를 헤드리스 모드라고 부른다.

모니터는 HDMI포트에 연결되어야 하고 마우스와 키보드는 유선이나 무선마우스가 필요하다.

SD카드를 라즈베리파이의 뒷면에 있는 SD슬롯에 삽입하고 전원을 공급하면 OS를 설치 할 수 있는 준비화면이 나타난다.

다. 운영체제 선택

화면에서 Raspbian을 선택하고 Install 버튼을 클릭하면 Raspbian OS가 Install된다. Ver 1.9이전에는 라즈비안 뿐 아니라 다른 OS를 선택할 수 있는 탭도 가지고 있었으나 1.9 이후에는 라즈비언을 선택하는 탭만 제공한다.

라. 리부팅

라즈비언이 설치되고 리부팅까지 하고나면 라즈비안 OS의 인스톨 과정이 끝난다. 그러나 이것이 완료된 것은 아니다. 와이파이 연결 후 몇 가지 필요한 절차가 남아있다.

라즈베리파이의 기능을 제대로 활용하려면 upgrade와 update를 실행해야한다. 화면 좌측 상단에 터미널 아이콘을 클릭한다.

마. 업그레이드

라즈베리파이의 명령어 터미널을 실행하고 다음 명령을 실행한다.

```
$ sudo apt-get update
```

이때는 인터넷에 연결된 상태가 아니므로 에러 메시지도 발생하고 update가 제대로 되지 않는다.

update 명령이 한번 실행된 다음, 화면 우측에 있는 통신상태 아이콘을 클릭하면 무선랜과 연결가능하다.

만약 이더넷이 연결 불가이면 이더넷 케이블(랜 케이블)을 사용하여 연결하면 된다.

알고있는 무선랜 SSID에 접속하여 비밀번호를 입력한다. 인터넷이 연결되면 앞 단계에서 했던 update명령을 다시 실행하고 upgrade명령도 키인한다.

```
$ sudo apt-get update
$ sudo apt-get upgrade
```

바. 접속 확인

설치가 완료되면 명령어 터미널에서 다음명령을 키인한다.

```
$ ifconfig
```

이 명령은 라즈베리파이에게 부여된 IP주소를 확인해준다. IP주소를 확인하는 또 다른 방법은 화면 우측상단에 있는 통신상태 와이파이 아이콘에 마우스를 가져가면 된다. 와이파이 아이콘 아래에 IP주소가 나타난다.

2.5 Winscp

라즈베리파이뿐 아니라 리눅스 유닉스 서버와 PC간에 파일을 보내고 받고 삭제하는 용도의 프로그램으로 가장 많이 쓰이는 것은 Winscp이다. Winscp는 윈도우용 그래픽 SFTP 및 FTP클라이언트 프로그램이며 오픈소스 프리웨어이다.

Winscp를 사용하면 윈도우와 리눅스 사이에서 파일핸들링(전송, 수신, 삭제, 복사, 생성 등)을 편리하게 할 수 있다. Winscp는 http://winscp.net/eng/download.php에서 다운로드 가능하고, 더 쉬운 방법으로는 네이버나 구글에서 Winscp라고 검색하면 언제나 다운로드 가능하다.

가. 다운로드 후 설치

다운로드시 Portable 방식과 Install방식이 있는데 어느 것을 사용해도 괜찮으나, 이왕이면 설치하지 않고 사용하는 Portable방식을 추천한다.

다음 그림은 설치된 화면이다.

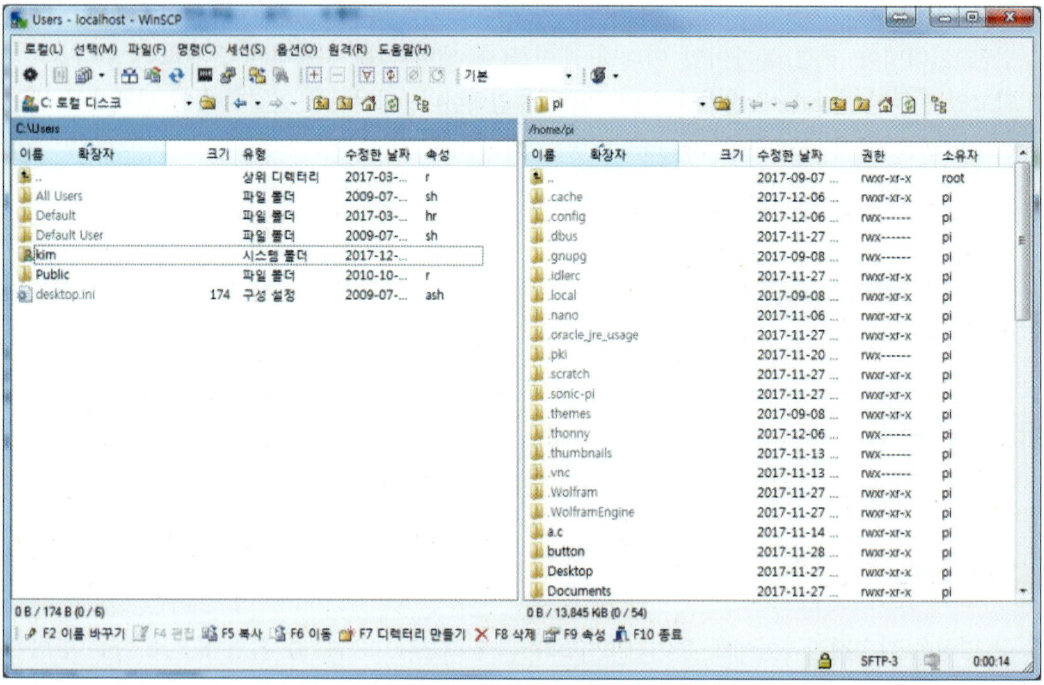

그림 2-6 Winscp 실행화면

나. 로그인 및 실행

이제 PC 에서 라즈베리파이로 로그인 해보자. HostName은 IP주소이고 User name은 pi 그리고 password는 raspberry이다. 입력이 완료되면 Login을 클릭하여 접속한다.

위 그림의 화면 좌측이 내가 지금 사용하는 윈도우 PC이고 우측이 라즈베리파이3 이다. 라즈베리파이에서 PC로 파일을 전송할 때는 다운로드이고 거꾸로 라즈베리파이 쪽으로 전송할 때는 업로드이다.

파일을 삭제하거나 이동하거나 변경이 있을 때 화면을 〈새로 고침〉하고 싶으면 우측마우스를 클릭 후 Refresh하면 된다.

2.6 헤드리스(Headless) 모드

라즈베리파이에 OS를 인스톨 할 때는 라즈베리파이에 키보드, 마우스와 모니터, 인터넷이 연결되어 있어야 한다. 하지만 인스톨이 완료되면 이들은 필요 없어지고 무선랜을 통하여 접속이 가능해진다. 이러한 상태를 헤드리스 모드라고 부른다. 이 모드에서는 앞에서 설치한 Winscp와 putty 그리고 VNC를 사용하면 된다.

가. 필요 소프트웨어 PC 설치

가장 먼저, 자신이 사용하는 PC에 putty와 VNC를 설치한다. 포털 사이트나 인터넷에서 자유롭게 다운로드 가능하다.

나. putty 접속

putty는 설치하는 프로그램이 아니라 다운로드 받은 실행파일을 더블클릭하여 실행하는 프로그램이다.(앞에서는 이것을 Portable방식이라고 하였다.)

putty를 실행한 모습이다.

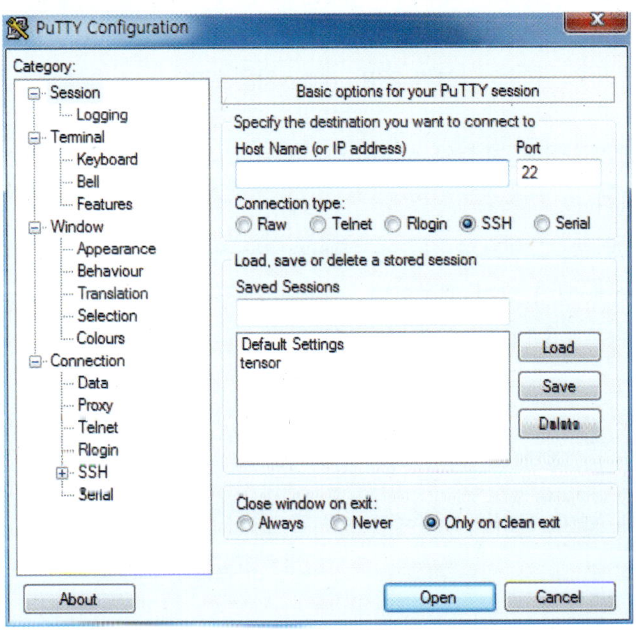

그림 2-7 putty 실행화면

화면 우상단 호스트 이름 칸에 라즈베리파이 IP주소를 넣고 우하단의 Open버튼을 클릭하면 라즈베리파이에 접속된다. 이후 사용자이름으로 pi를 입력하고 엔터키를 친다.

패스워드는 raspberry를 입력하면 라즈베리파이의 터미널 모드로 연결된다.

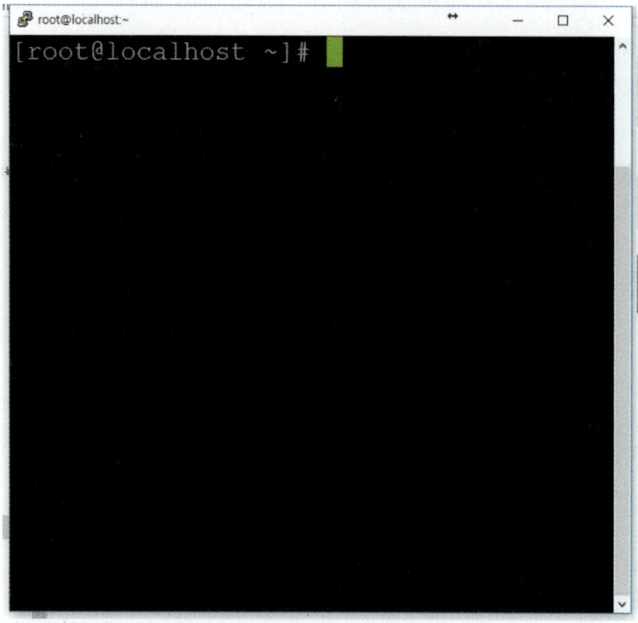

그림 2-8 putty 처음 화면

위 화면이 라즈베리파이에 접속된 화면이다. 물론 다른 리눅스나 유닉스 머신에도 똑같은 절차로 접속 가능하다.

그러나 이러한 putty 프로그램으로 접속에 실패할 수도 있다. 이것은 라즈베리파이의 인터페이스 설정에서 SSH가 disable되어 있기 때문이다. 이때는 라즈베리파이에 마우스와 모니터를 연결한 후 설정 창에서 SSH를 enable로 변경하면 된다.

```
$ sudo sudo raspi-config
$
  화면 두 번째 탭인 인터페이스에서 SSH를 Enable로 설정
```

2.7 VNC 설치와 실행

VNC는 라즈베리파이나 리눅스 컴퓨터에 원격 접속할 때 윈도우와 같은 그래픽 GUI화면으로 접속시키는 프로그램이다. 여기서는 라즈베리파이의 기본 VNC인 realVNC를 설치하고 원격 접속하는 과정을 학습한다.

가. realVNC 서버 설치

먼저, putty를 실행하여 라즈베리파이의 터미널 화면이 나타나면, 다음 명령으로 라즈베리파이3에 realVNC를 설치한다.

```
$ sudo apt-get update
$ sudo apt-get install realvnc-vnc-server realvnc-vnc-viewer
```

VNC를 서버에서 실행해보자.

라즈베리파이 메뉴에서 아래 그림처럼 Preference - Rasberry Pi Configuration - Interfaces를 실행하고 VNC를 Enabled에 체크한다.

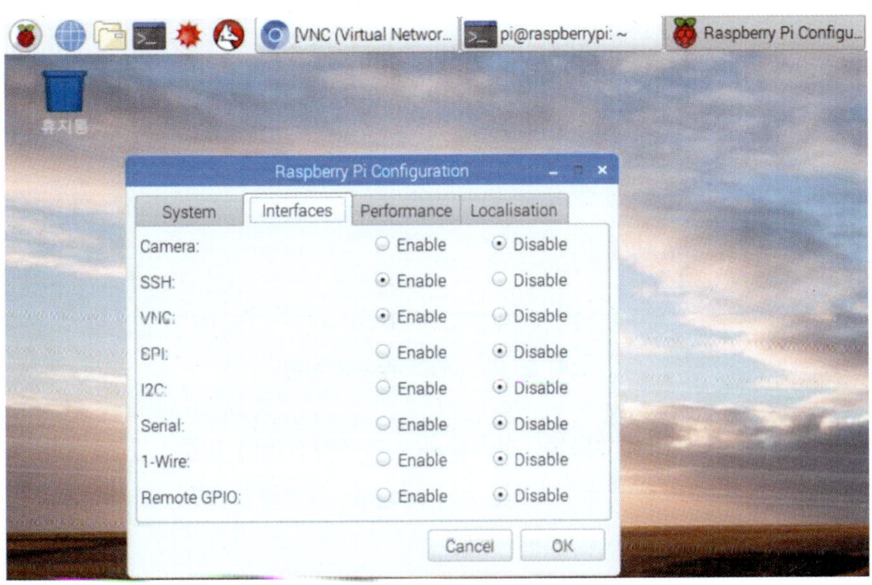

그림 2-9 raspi-config 실행화면

나. PC에서 VNC 실행

자신의 PC에 설치한 VNC 클라이언트를 설치한다.
아래 사이트에서 설치 파일을 다운로드한다.

https://www.realvnc.com/download/vnc/

이 사이트에 접속하면 화면 중앙에 있는 VNC Viewer 다운로드 링크를 클릭한 후 윈도우용 VNC뷰어를 설치한다. 설치한 후 윈도우 시작메뉴에서 VNC Viewer를 실행하면 아래 그림처럼 라즈베리파이에 GUI로 접속가능하다.

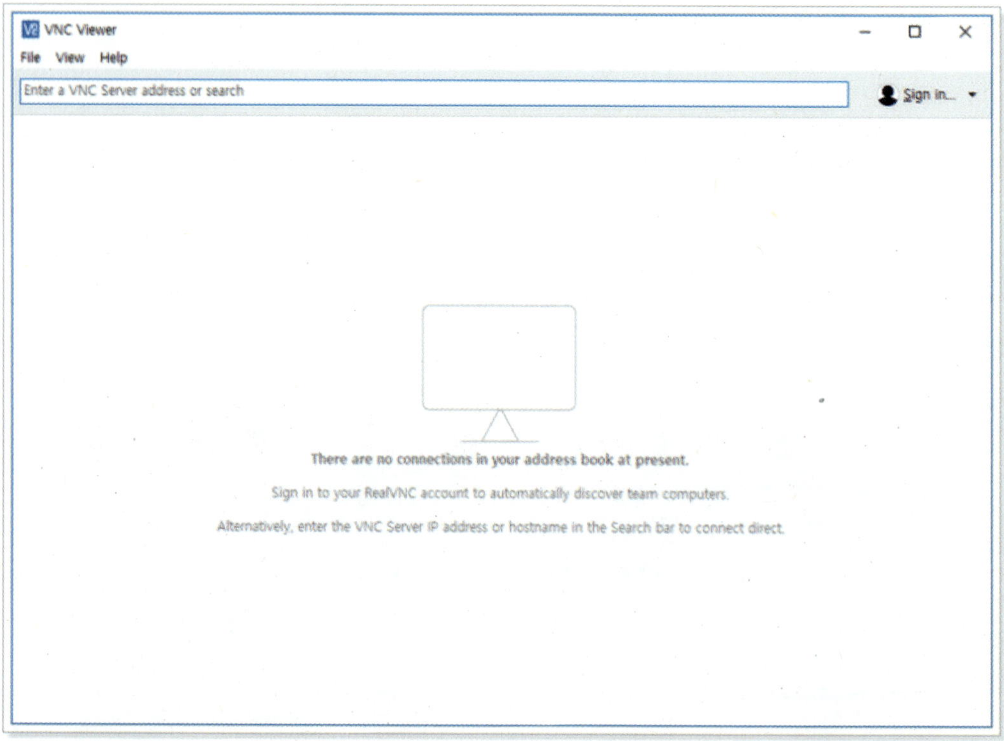

그림 2-10 VNC viewer 화면

프로그램 상단의 주소 창에 자신이 접속하려는 라즈베리파이 IP주소를 입력하면 된다. 암호와 패스워드를 요구하면 pi 그리고 raspberry를 입력하면 된다.

2.8 라즈베리파이에 한글폰트 삽입

라즈베리파이에 VNC를 사용하여 헤드리스 모드로 접속, 웹 서핑을 할 때 한글폰트가 깨어져 나오게 되면 다음과 같은 명령어를 터미널 창에서 입력한다.

```
$ sudo apt-get upgrade
$ sudo apt-get install ttf-unfonts-core
$ sudo apt-get install ibus-hangul
```

이후 뜨는 화면에서 Yes를 누르고 나면 자동으로 재 부팅되어 한글이 정상적으로 설치된다.

하지만 일부 사용자의 환경에서 위의 과정을 다 거쳤음에도 한글이 정상적으로 출력되지 않으면 아래의 명령어를 추가 입력한다.

```
$sudo apt-get install fonts-unfonts-core
```

설치가 완료된 후 재부팅을 해주면 한글폰트가 정상적으로 설치된 화면이 나온다.

note

제 3 장 라즈비안 리눅스 기초

3

최근 많이 사용되는 대부분의 리눅스 배포판들은 그래픽 사용자 인터페이스(GUI; Graphic User Interface)를 포함하고 있어 윈도우와 마우스를 이용하여 쉽게 제어를 할 수 있도록 하고 있으나 윈도우나 매킨토시 컴퓨터와는 큰 차이점을 보이고 있다. 특히 몇몇 기능은 GUI 환경으로는 불가능하므로 라즈베리파이의 기능을 최대한 활용하기 위해서는 운영 체제에 대한 기초적인 지식이 필요하다. 차근차근 알아보자.

3.1 리눅스 주요 용어

라즈베리파이3를 알려면 리눅스를 알아야 한다. 리눅스를 알려면 다음의 용어를 먼저 알고 있어야 한다.

가. 커널(kernel)

커널은 리눅스의 핵심 역할을 하는 중심 부분이다. 커널은 운영체제의 핵심이라고 보면 된다. 리눅스 커널은 1991년에 리누즈 토발즈에 의해 개발되었다. 커널을 공개하지 않고 독점을 유지하는 마이크로소프트 윈도우 또는 애플의 OS-X와는 달리 리눅스 커널은 오픈소스로 공개하기 때문에 수많은 프로그래머 들이 자유로이 사용하고 있고 또한 이들로부터 더 큰 기여를 받아 리눅스는 날로 발전하고 있다.

나. GNU Linux

GNU is Not Unix의 약자이다. 유닉스(Unix)의 상업적 확산에 반발하여 리처드 스톨먼과 그의 팀이 무료로 개발하고 배포하는 유닉스 호환 운영 체제이며 동시에 그러한 정보 공유 프로젝트 그 자체를 말한다. 1983년부터 시작되었다. 1985년에는 GNU헌장을 통해 "모든 프로그램은 무료이어야 하며, 프로그램의 사용, 복사, 수정, 재분배에 대한 제한이 있어서는 안 된다"는 자신의 신념을 전 세계에 알린 바 있다. GNU 프로젝트는 저작권(copyright)에 반대하여 카피레프트(copyleft)를 주장하며, 그 일환으로 자본의 이윤 증식 과정을 거치지 않은 무료 소프트웨어를 개발하고 이를 널리 배포하고 있다. 현재 국내에 널리 퍼진 리눅스와 그 위에서 작동되는 응용 프로그램의 대부분이 바로 GNU 프로젝트에 의한 것이다.

다. 리눅스 배포판

- 오리지널 버전의 리눅스는 리눅스 커널에 GNU 그룹의 여러 가지 유용한 도구들을 더하여 만들어진다. 예를 들면, 파이썬, 오피스, 게임 및 엔터테인먼트 도구들이 포함되어 있다.
- 기본적이지만 강력하면서도 다중 사용자 기능을 처음부터 제공하므로 리눅스에서는 대부분의 작업을 제한된 기능을 가지는 일반 사용자 계정에서 작업하도록 한다.
- 이렇게 함으로써 사용하는 기능은 약간 제한되지만 실수로 인한 사고를 예방하고 바이러스 등으로부터 보안상 더 안전하게 사용할 수 있게 된다.

3.2 리눅스 기본 명령어

리눅스를 사용하는 방법은 GUI(Graphic User Interface)를 이용하는 방법과 명령어(Command)를 사용하는 방법이 있다.

다음은 리눅스를 사용하는데 필요한 가장 기본적인 명령어이다.

- ls 〈디렉토리 또는 파일명〉

  대상의 리스트를 표시. 윈도우의 dir 명령에 해당
- cd 〈디렉토리〉

  대상 디렉토리로 이동. cd만 입력하고 엔터키를 치면 홈 디렉토리로 이동.
- mv 〈대상파일〉 〈새파일〉

  〈대상파일〉을 〈새파일〉로 이름을 변경하거나 〈새파일〉이 이미 존재하는 디렉토리명이면 그 밑으로 이동시킨다. 윈도우의 ren 명령에 해당
- rm 〈대상파일〉

  〈대상파일〉을 삭제. 윈도우의 del 명령에 해당

- mkdir 〈디렉토리명〉

  디렉토리를 작성. 윈도우의 md 명령어에 해당

- reboot 리눅스 시스템을 재 시작한다.

- pwd

  현재의 폴더명을 출력한다. print working directory의 약자.

- init 0

  시스템 종료

- sudo

  슈퍼유저의 권한으로 실행하라.

- nano 〈파일명〉

  리눅스 데이안의 기본 에디터. 프로그램작성이나 설정파일 수정시 사용

3.3 데비안(Debian) 소개

데비안은 리눅스의 가장 오래된 배포판 중 하나이며 시스템의 특성이 가볍다는 것이 장점이다. 컴퓨터 보안 분야에서 많이 사용되는 칼리 리눅스도 데비안 계열이다. 라즈베리파이 버전은 데비안의 데스크톱 버전 일부만 포함하며 다음과 같은 기능을 포함하고 있다.

- 웹브라우징 도구
- 파이썬(Python) 프로그래밍 도구 및 수많은 예제 포함
- 사용자 운영환경(GUI)으로는 LXDE(Lightweight X11 Desktop Environment)를 포함

리눅스에서 소프트웨어를 설치할 때는 패키지 배포 관리도구인 apt를 이용해 빠르게 설치할 수 있다.

또한 라즈베리파이가 부팅 된 뒤, 명령어모드에 머물러 있을 때 GUI를 가동하기 위해서는 startx 명령어를 이용한다.

화면 메뉴바의 산딸기 아이콘을 마우스 버튼으로 우클릭하면 카테고리별로 분류된 소프트웨어들을 실행 가능하다.

그림 3-1 LXDE 데스크톱 처음 화면

데비안의 소프트웨어를 카테고리별로 분류하여 보았다.

가. 인터넷

- 웹 브라우저는 Midori가 기본형 웹 브라우저이다.
- Midori Private Browsing : 미도리 웹 브라우저를 프라이빗 모드(사이트 방문 기록이 남지 않는 모드)로 기동할 때 사용한다.
- NetSurfWeb Brower : 설치된 또 다른 웹 브라우저이다.

나. 프로그래밍

- IDLE : 파이썬을 위한 통합개발환경(IDE).
- IDLE 3 : 기본적인 파이썬 2.7 버전이 아닌 파이썬 3 버전에 맞춰 구성된 통합개발환경(IDE). 대부분 두 버전간에 호환이 되지만 몇 가지 기능은 파이썬 3 버전이 필요하다.
- Scratch : 명령어 기반의 프로그래밍이 아닌 블록구성식의 프로그래밍 도구

다. 교육

- Scratch : 어린이들을 위한 그래픽 기반 프로그래밍 언어이다. 프로그래밍 섹션의 스크래치와 동일
- Squeak : 스크래치가 실행되는 플랫폼. 직접 실행할 필요는 거의 없음

라. 사운드 및 비디오

- Music Player LXMusic은 XMMS2 음악 플레이어의 Light버전이다.

마. 시스템 도구

- Task Manager : 메모리 사용상태를 확인하고, 프로세서의 작업 부하, 프로그램 강제 종료 등을 할 수 있는 도구이다.

3.4 External 장치 mount

라즈베리파이3의 SD 카드 최대 저장 공간은 128GB이다. 물론 이 용량은 일반 PC의 하드디스크 용량과 비교하면 너무 작다. 이 책이 집필되는 2018년 1월 시점에서도 개인용 컴퓨터에서 2TB 하드디스크는 기본이고, 일부사용자는 3TB의 이상의 하드디스크를 사용한다.

LXDE상에서는 외부 USB 저장장치를 연결하면 자동으로 마운트 된다.

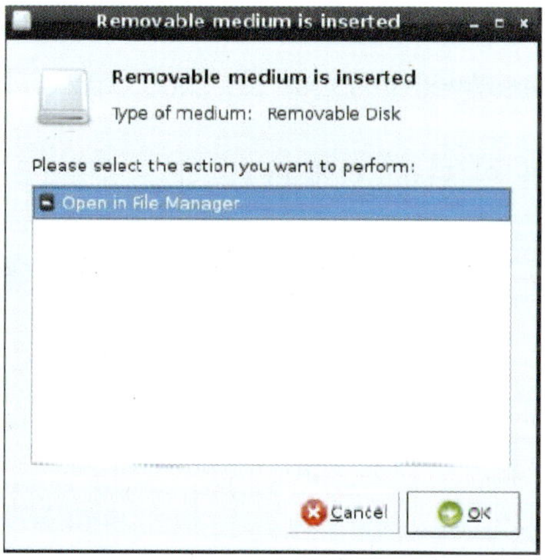

그림 3-2 LXDE는 자동으로 USB 저장장치를 마운트

콘솔 상태에서 외부 저장장치를 마운트하는 명령 절차는 다음과 같다.

먼저, 부팅 시 데스크톱(GUI)으로 들어가지 않고 콘솔 모드로 남도록 해야 한다. 명령어 창에서 다음 명령을 키인한다.

```
$ sudo raspi-config
```

boot_behaviour Start desktop on boot? 선택하면
Should we boot straight to desktop? 가 표기된다. 여기서 No를 선택한다.
이후 raspi-config를 빠져나온 후 라즈베리파이3를 리부팅하면 된다.

USB 저장장치를 라즈베리파이의 USB 포트에 연결했을 때 이 라즈베리파이에 연결된 장치 목록을 조회하려면

```
$ sudo fdisk -l
```

디스크의 사이즈로 어떤 장치인지를 판단가능하다. 특히 장치명은 /dev/sdXN 형태로 나타나는데 여기서 X는 드라이브를 의미하고, N은 파티션 번호를 나타낸다.

USB포트에 연결된 유일한 저장장치인 경우 첫 번째 파티션은 /dev/sda1, 두 번째 파티션은 /dev/sda2이다.

다음 명령으로 마운트 할 장소를 작성한다.

```
$ sudo mkdir /media/usbdisk
```

작성된 디렉토리의 사용 권한을 부여한다. 당연히 모든 사용자들이 사용가능하도록 한다.

```
$ sudo chgrp -R users /media/usbdisk && sudo chmod -R g+w /media/usbdisk
```

그리고 USB 저장장치를 이 디렉토리에 마운트하는 명령어를 입력한다.

```
$ sudo mount /dev/sdXN /media/usbdisk(첫 번째 디스크 첫 번째 파티션은 sda1)
```

3.5 사용자 계정

라즈베리파이3는 기본적으로 일반 사용자계정 pi(패스워드는 raspberry)와 슈퍼 유저 계정 root가 있다. pi 계정을 계속 사용하는 것은 보안측면에서 볼 때 매우 위험한 일이다.

물론 학습단계에서는 그대로 사용해도 되지만 새로운 사용자를 작성해서 사용하는 것이 바람직하다. 새로운 계정을 작성하고 그 패스워드를 수시로 변경해주는 것이 가장 좋다. 라즈베리파이3에서 새로운 계정을 만드는 명령은 다음과 같다.

기존의 pi 계정으로 로그인 한다. pi계정이 속해 있는 그룹을 확인한다.

```
$ groups
pi adm dialout cdrom sudo audio video plugdev games users netdev input
```

가. 새로운 사용자 계정 생성

```
$ sudo useradd -m -G
adm,dialout,cdrom,sudo,audio,video,plugdev,games,users,netdev,input username
```

(이 명령을 키인할 때 -G옵션에 사용하는 그룹명은 콤마 사이에 공백 없이 키인해야 한다)

위 명령을 키인할 때 -G 옵션뒤에 공백을 한 칸 입력한 후, adm,diaalout, 과 같이 연속적으로 공백없이 그룹명을 작성하면 된다. 마지막으로 username에 해당하는 새로운 계정명을 입력하면 새로운 계정이 만들어 진다.

m 옵션은 계정의 홈 디렉토리가 생성된다는 옵션이다. 즉, /home/username이라는 홈 디렉토리가 생성된다.

G 옵션은 새로운 계정이 포함되어야할 그룹을 지정하는 옵션이다.

나. 패스워드 지정 및 조회

새로운 계정에 패스워드를 지정하는 명령은 다음과 같다.

```
$ sudo passwd username
```

새로운 패스워드를 입력하면 verify 차원에서 다시 한번 입력하라는 메시지가 출력된다. 이때 다시 한번 패스워드를 입력한다.

새로 만들어진 계정이 속한 그룹을 확인하려면 다음 명령을 키인한다.

```
$ groups username
```

3.6 파일 시스템

가. 리눅스 파일 시스템의 물리적 구성

기본 데비안 배포판은 SD카드 상에 두 개의 파티션으로 존재한다.

첫 번째 파티션은 라즈베리파이를 설정하는데 필요한 파일들과 리눅스 자체를 로드하기 위한 파일들을 가지고 있다. 마이크로소프트의 분리가능 장치들을 위한 VFAT 포맷으로 75MB 크기를 가졌다. 부팅 후에는 /boot로 마운트 된다.

두 번째 파티션은 리눅스의 고속 접근 및 데이터 안정성을 위한 기본 포맷인 EXT4 포맷이다. 첫 번째 파티션에 비해 훨씬 크기가 크다. SD 카드의 대부분을 차지하는 부분으로 나머지 모든 프로그램, 사용자가 설치한 프로그램, 사용자 데이터가 모두 이곳에 저장된다.

나. 파일시스템의 논리적 구성

우리가 많이 사용하는 윈도우에는 드라이브명이 존재한다. 메인 하드디스크는 C이고 필요에 따라서 D나 E 등의 하드디스크를 부착하여 사용가능하다. 그러나 리눅스에는 드라이브명이 존재하지 않는다. 그 대신에 모든 파일과 디렉토리는 루트 파일 시스템(/) 밑에 계층적으로 만들어진다. 루트 디렉토리를 조회하는 명령은 ls / 이다.

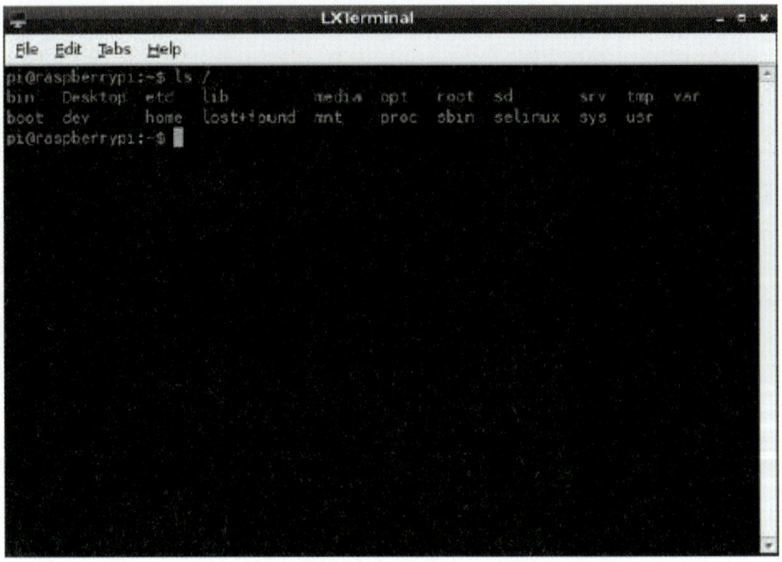

그림 3-3 라즈베리파이의 루트 파일 시스템

위 그림에 출력되어 나오는 것처럼 리눅스 파일 시스템을 구성하는 디렉토리는 boot, etc, lib, sbin, bin 등이다. 기본적으로 구성되는 데비안 배포판의 디렉토리를 설명하면 다음과 같다

– boot

라즈베리파이가 가동될 때 필요한 리눅스 커널 및 다양한 패키지를 보관한다.

– bin

운영체제 관련 바이너리 실행 파일들이 있다. 예) GUI를 실행하는 각종 명령어

– dev

SD카드에 물리적으로 존재하는 것이 아닌 가상 디렉토리가 있다. SD메모리와 같은 저장장치, 사운드카드, HDMI 등의 시스템에 연결된 모든 장치들을 접근가능하다.

– etc

사용자 계정과 암호화된 패스워드를 비롯한 시스템구동에 필요한 여러 가지 설정파일들을 보관

– home

각 계정의 홈 디렉토리가 이 폴더에 존재한다.

– lib

설치되는 또는 기본적으로 설치된 애플리케이션들에 의해 공유되는 라이브러리들을 보관한다.

– lost + found

파일이 깨졌을 때 파일 시스템 체크에 의해 발견된 깨진 파일조각들을 보관하기 위한 특별한 디렉토리이다.

– media

USB 메모리, 외장형 CD 드라이브 등처럼 시스템에서 분리 가능한 저장장치를 위한 디렉토리

– mnt

외부 저장 장치 등을 수동으로 마운트하는데 사용되는 디렉토리

– opt

운영체제의 일부가 아닌 소프트웨어를 보관하는 디렉토리이다. 사용자가 새로운 소프트웨어를 설치하면 대부분 이곳에 설치된다.

– proc

리눅스에서 실행되고 있는 프로그램 즉, 프로세스에 대한 정보를 제공하는 가상 디렉토리

– seliunx

미국 국립 보안국(US National Security Agency)에서 개발한 보안 강화 리눅스 관련 파일들을

보관한다.

– sbin

슈퍼유저에 의해 사용되는 시스템 관리 유틸리티 바이너리 파일들을 보관한다.

– sys

특별한 운영체제 파일들이 있는 디렉토리이다.

– tmp

실행과정에서 생성되는 임시 파일들이 자동으로 보관되는 곳이다.

– usr

사용자가 접근할 수 있는 프로그램들을 보관하기 위한 디렉토리이다.

– var

작성되거나 사용되는 프로그램들이 값이 변하는 자료나 변수들을 저장하기 위한 가상 디렉토리

3.7 소프트웨어 패키지 설치

리눅스에서 사용자가 필요한 소프트웨어를 설치하고자 할 때는 강력한 패키지 매니저인 apt 도구를 사용한다. 이것은 윈도우의 설치마법사보다 훨씬 더 강력하면서도 편리하기까지 하다.

UI 기반의 시냅틱 패키지 매니저도 있지만 메모리 부족으로 실행이 어려울 수 있어 커맨드 기반의 apt 도구 사용이 권장한다.

패키지 매니저는 소프트웨어 설치뿐만 아니라, 제거, 업데이트 등 전반적인 관리에 사용된다.

CAUTION

새로운 소프트웨어를 설치하거나 업그레이드할 때는 apt의 캐시가 최신 상황을 반영하고 있는지를 확실히 하기 위해 sudo apt-get update를 해주는 것이 좋다.

가. 소프트웨어 검색

apt를 통해 설치 가능한 소프트웨어의 목록인 캐시를 가지고 있는 인터넷상의 서버를 리포지토리라고 부른다.

캐시 목록을 관리하기 위해서는 apt-cache를 이용한다. 제목 또는 설명에 sql이라는 단어를 가진 소프트웨어를 검색한다.

```
$ apt-cache search sql
```

포괄적인 단어를 사용하여 검색할 경우에는 그 결과가 너무 많이 표시되므로 가능한 자세한 검색어를 입력하는 것이 유리하다.

결과가 너무 많을 때는 less 도구를 써서 페이지 단위로 멈춰서 볼 수 있다.

```
$ apt-cache search game | less
```

커서키로 상하 스크롤하고 다 끝나면 q를 타이핑한다.

나. 소프트웨어 설치(install)

소프트웨어를 설치할 때는 sudo를 써야 되며 apt-get 명령을 사용한다. 웹서버 프로그램을 설치하려면 다음과 같이 입력하면 된다.

```
$ sudo apt-get install httpd
```

apt 패키지 매니저는 의존성을 자동으로 체크하여 필요한 패키지를 설치한다.

다. 소프트웨어 제거(remove)

apt-get remove 명령어를 사용하여 제거하면 더 이상 필요치 않은 의존관계 패키지까지 자동으로 제거한다. 앞에서 설치한 웹서버 패키지를 제거하려면 다음과 같이 한다

```
$ sudo apt-get remove httpd
```

remove 명령은 설정 파일은 남겨두는 반면 purge 명령어를 사용하면 완전히 제거한다.

```
$ sudo apt-get purge httpd
```

라. 소프트웨어 upgrade

apt-get upgrade를 사용하면 시스템에 설치된 소프트웨어들의 최신 버그 수정과 보안 패치를 적용할 수 있다. 업그레이드를 할 때는 캐시를 반드시 업데이트한 후 실행하는 것이 좋다.

```
$ sudo apt-get update
$ sudo apt-get upgrade
```

개별 패키지만 업그레이드하고자 할 때는 해당 패키지를 다시 install 하면 된다. 이미 설치된 패키지에 대해 install이 실행되면 패키지 매니저는 업그레이드하려는 의사로 판단한다.

```
$ sudo apt-get install httpd
```

제 4 장 네트워크 설정

4

대부분의 라즈베리파이 사용자들에게 네트워을 설정하는 것은 그리 큰 일이 아니다. 모델 A의 경우 이더넷 포트에 네트워 케이블을 연결한다거나 모델 B의 경우 USB 이더넷 동글을 연결하는 정도면 된다. 하지만 어떤 경우에는 수작업으로 복잡한 설정과정이 필요한 경우도 있다. 그러나 이 책에서는 라즈베리파이3를 이용하므로 이러한 과정이 훨씬 더 간단히 처리 가능하다.

4.1 유선 네트워크

최근에는 대부분의 가정이나 사무실에서 DHCP 방식을 사용한다. 이 방식은 DHCP 서버가 자동으로 모든 설정 값을 부여하므로 수동 설정이 거의 필요 없다.

그러나 수동(고정 IP) 설정이 꼭 필요한 경우에는 다음 절과 같이 설정파일을 편집하고 적용하는 과정이 필요하다.

가. 수동 주소 설정

수동(고정 IP) 설정이 꼭 필요한 경우에는 다음 파일을 편집하다.

/etc/network/interfaces

```
$ cd /etc/network
$ sudo cp interfaces interfaces.org
$ sudo nano interfaces
iface eth0 inet static                    ← dhcp를 static으로
수정 [Tab] address xxx.xxx.xxx.xxx        ← 192.168.0.X → X를 2 ~ 254
[Tab] netmask xxx.xxx.xxx.xxx             ← 255.255.255.0
[Tab] gateway xxx.xxx.xxx.xxx             ← 192.168.0.1
```

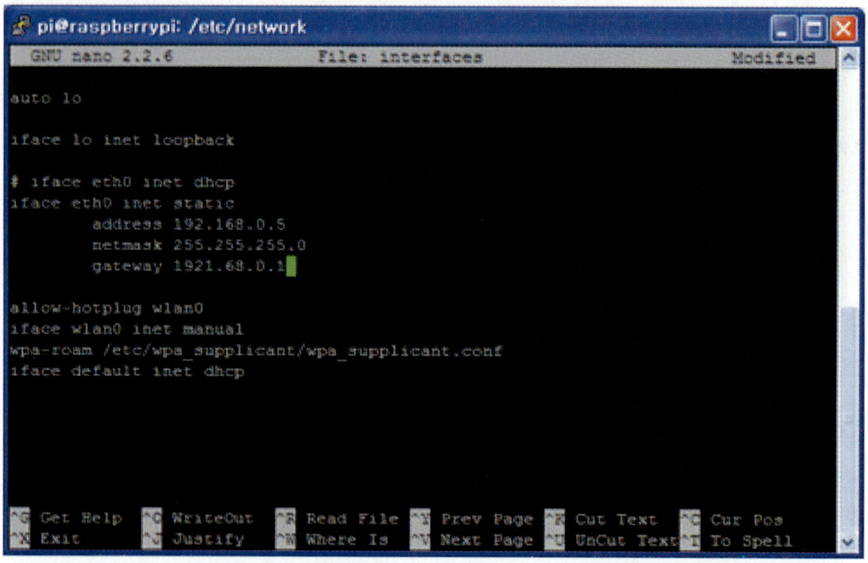

그림 4-1 나노 에디터로 /etc/network/interfaces 파일 편집

이후 네트웍 서비스를 재시작 한다.

```
$ sudo service networking restart
```

IP주소가 정확히 설정되어 있는가를 확인해보자.

```
$ ifconfig
```

윈도우즈 사용자는 IP주소를 확인할 때 ipconfig 명령어를 사용한다. 스펠링에 주의해야한다. 문제가 있을 경우에는 다음 명령어로 시스템을 재부팅한다.

```
$ sudo shutdown -r now
```

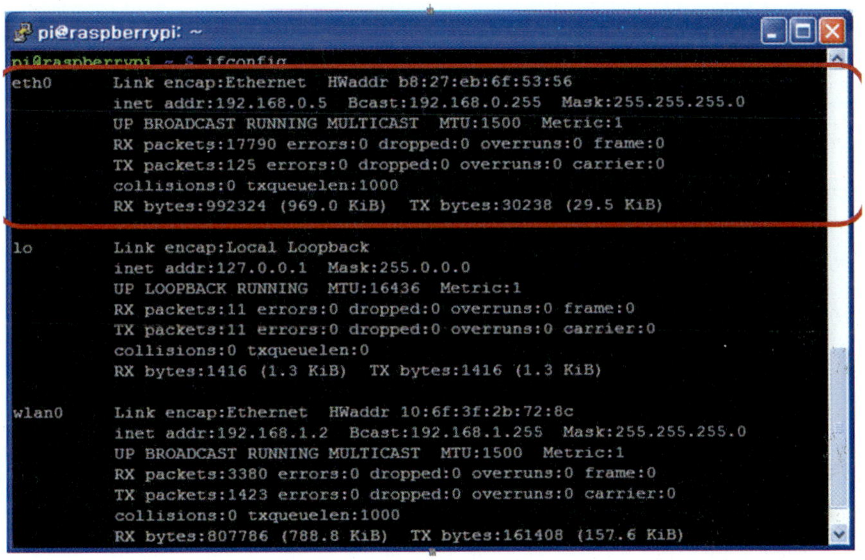

그림 4-2 고정 IP 주소 설정 확인

나. DNS 서버 목록 등록

DNS서버는 질의 받은 도메인명에 해당하는 호스트의 IP주소를 알려주는 서버이다. DHCP 클라이언트인 경우 /etc/resolv.conf파일에 DNS서버 목록이 자동으로 채워진다. 수동으로 IP을 설정할 경우 직접 써넣어야 된다.

```
$ cd /etc
$ sudo cp resolv.conf resolv.conf.org
$ sudo nano resolv.conf
domain ck.ac..kr              ← 내 네트웍의 도메인명
search ck.ac..kr              ← 호스트명만으로 찾을 때 검색할 도메인명
nameserver 192.168.0.1← 게이트웨이(공유기)의 dns 서버를 지정
nameserver 8.8.8.8            ← 구글의 공개된 DNS 서버
nameserver 8.8.4.4
```

저장 후 빠져 나온다.

```
$ sudo service networking restart
$ ping www.google.com
```

도메인명으로 연결이 가능함을 확인할 수 있다

```
$ ping -c 3 www.google.com
```

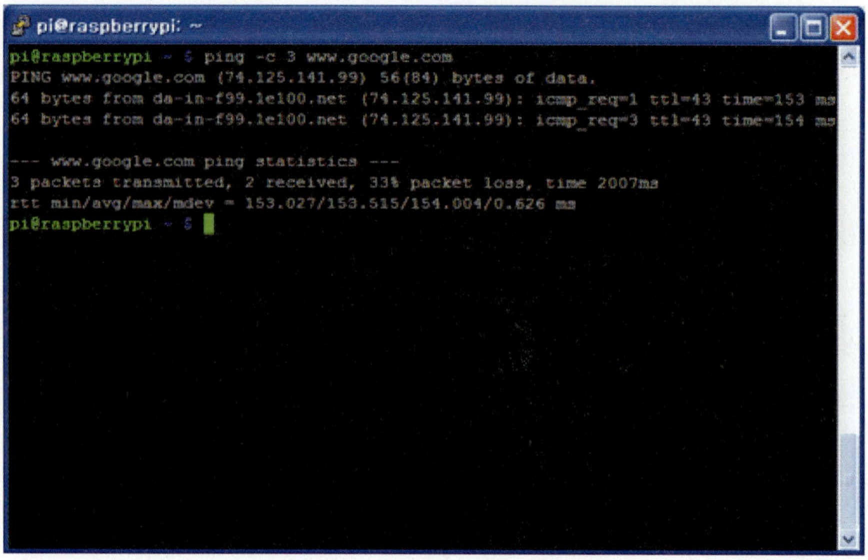

그림 4-3 도메인명으로 연결 확인

4.2 무선 네트워크 사용과 고정IP 주소 설치

라즈베리파이3에는 이전 버전과 달리 무선 네트웍 어댑터(Wi-Fi)가 기본으로 장착되어 있다. 라즈베리파이2나 A, B+를 사용하는 경우는 와이파이 무선랜 동글을 추가로 구매한 후 이 장을 학습한다.

라즈베리파이3에는 Wi-Fi 어뎁터가 기본으로 장착되어 있다. 따라서 무선 AP가 있는 곳이면 어느 곳에서나 인터넷에 접속이 가능하다.

그러나 이 경우 IP주소가 동적으로 할당되므로 웹서버나 파일서버로 라즈베리파이3를 활용하는 경우 문제가 된다. 무선랜에 자동으로 접속하면서도 항상 고정적인 IP주소를 할당받게 하는 방법을 학습한다.

가. 고정 IP주소 할당

라즈베리파이3에서 직접 수행해도 되고 putty를 이용하여 원격제어해도 된다. 다음과 같이 nano에디터를 이용하여 시스템파일을 수정한다.

```
$nano /etc/dhcpcd.conf
```

이 파일의 제일 하단에 다음과 같이 정확한 정보를 입력한다.

```
interface wlan0
static ip_address = 192.168.0.101
static routers = 192.168.0.1
static domain_name_servers = 168.126.63.1
static netmask = 255.255.255.0
```

control-x를 누르고 y를 입력한 후 엔터키를 키인하면 파일 수정이 완료된다.

나. 고정 IP 주소 확인

명령어 터미널에서 ifconfig 명령을 키인하면 다음 그림과 같이 192.168.0.101로 IP주소가 고정되어 있는 것을 볼 수 있다.

```
wlan0: flags=4163<UP,BROADCAST,RUNNING,MULTICAST>  mtu 1500
        inet 192.168.0.101  netmask 255.255.255.0  broadcast 192.168.0.255
        inet6 fe80::5e80:22eb:7541:3e47  prefixlen 64  scopeid 0x20<link>
        ether b8:27:eb:b3:51:2d  txqueuelen 1000  (Ethernet)
        RX packets 155  bytes 13868 (13.5 KiB)
        RX errors 0  dropped 0  overruns 0  frame 0
        TX packets 107  bytes 17107 (16.7 KiB)
        TX errors 0  dropped 0 overruns 0  carrier 0  collisions 0
```

그림 4-4 고정된 IP주소 확인

이후 라즈베리파이의 전원을 리부팅해도 IP주소가 변하지 않게 된다.

note

제 5 장 HW Configuration

라즈베리파이에서 가장 중요한 칩 중의 하나인 BCM2837 칩은 임베디드 컴퓨팅 분야에 사용하는 것이기 때문에 일반 PC에서의 CMOS 바이오스 설정처럼 다양한 Low Level의 시스템 설정 기능을 가지고 있는 메뉴가 없다. 대신 전원이 켜졌을 때 칩에 로드되는 설정 값들을 담고 있는 텍스트 파일에 의존한다. 중요한 파일로는 config.txt, cmdline.txt, start.elf가 있다. 이 파일들의 설정을 할 때는 신중히 생각하고 실행해야 한다. 설정 값들을 잘못 바꾸는 경우 라즈베리파이가 부팅되지 않거나 최악의 경우에는 시스템이 물리적인 손상을 받을 수도 있다.

5.1 Boot Sequence

라즈베리파이3의 부팅 순서는 다음과 같다.

1. 보드에 전원이 들어오고 GPU가 활성화된다.
2. SoC 내 ROM에 있는 첫번째 부트로더(Firmware)를 읽어 들인다.
3. 첫 번째 부트로더가 SD카드에 있는 두 번째 부트로더(bootcode.bin)을 호출한다.
4. 두 번째 부트로더가 SD카드에 있는 config.txt를 읽고 실행한다.
5. 두 번째 부트로더가 세 번째 부트로더(start.elf)를 호출 및 실행하여, ARM Core를 활성화 한다.
6. ARM Core가 활성화되면 네번째 부트로더(kernel.img)를 호출, 실행한다.

그래서 라즈베리파이3를 구동하는데 필요한 최소 파일은 다음 3개이다.

```
bootcode.bin
start.elf
kernel.img
```

5.2 Config.txt for HW

라즈베리파이의 하드웨어는 /boot 디렉토리에 있는 config.txt 파일에 담겨있는 설정 값들에 의해 제어된다. 이 파일은 라즈베리파이가 다양한 입력과 출력들을 설정하고, BCM2837 칩과 연결된 메모리 모듈의 오버클럭킹도 제어한다.

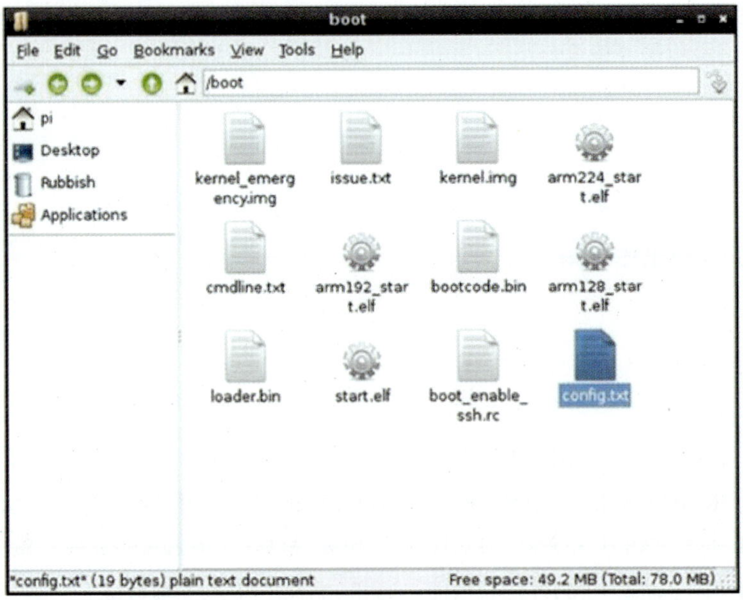

그림 5-1 /boot 디렉토리 내용, config.txt 파일 선택

그래픽 출력이 나오지 않거나 이미지가 스크린에 꽉 차지 않거나 넘치는 문제가 있다면 config.txt 파일을 수정한다. 어떤 배포판에서는 이 파일이 비어 있거나 없는 경우도 있는데 그것은 라즈베리파이가 사전에 설정된 기본값을 사용하고 있다는 뜻이다. 값을 변경하고 싶은데 파일이 없으면 그냥 config.txt 라는 이름의 새 텍스트 파일을 만들면 된다.

config.txt파일에서는 CPU와 GPU의 메모리 사용비율을 지정하는 부분을 제외한 대부분의 하드웨어 관련 부분을 제어할 수 있다. config.txt 파일은 시스템이 처음 시작될 때 단 한번 읽혀진다. 실행 중에 변경된 내용은 시스템이 재시작할 때까지 반영되지 않는다. 변경된 내용을 되돌리고자 할 경우 단순히 /boot에 있는 config.txt 파일을 삭제하면 된다. 값을 새로 변경한 후 라즈베리파이가 부팅되지 않으면 SD카드를 PC에 가져가서 config.txt 파일을 지운 후 다시 라즈베리파이에 넣고 부팅하면 된다.

5.3 Config.txt for Display

일반적으로 라즈베리파이는 연결된 디스플레이를 감지하여 자동으로 설정한다. 하지만 때대로 이런 자동 감지가 작동하지 않을 때가 있다. 라즈베리파이가 어떤 나라의 구형 TV와 연결되어 사용되다가 다른 나라로 가져갔을 때 이런 일이 종종 일어난다. 라즈베리파이를 TV에 연결했는데 아무것도 표시되지 않으면 이 기본값들을 바꿔주면 된다.

config.txt의 다양한 설정값들이 이러한 비디오 출력 문제를 개선하는데 사용될 수 있다.

WARNING

HDMI 또는 컴포지트 출력 설정을 수동으로 조정하는 것은 라즈베리파이가 모니터와 소통하는 것을 방해할 수 있다. 화면에 아무것도 출력되지 않을 때 일반적으로 가장 좋은 방법은 라즈베리파이가 설정 값을 자동으로 감지하도록 내버려 두는 것이다.

- overscan_left

  왼쪽 화면을 지정한 픽셀 수만큼 안쪽으로 표시한다. 표시되는 텍스트가 경계 면에서 잘려서 표시된다면 지정된 픽셀 수만큼 지나서 표시되도록 하여 문제를 해결한다.

- overscan_right

  오른쪽

- overscan_top

  윗쪽

- overscan_bottom

  아랫쪽

- disable_overscan

HDMI를 통해 모니터나 TV를 사용하는 경우 표시되는 이미지 주위에 검은색 여백이 생길 수 있다. 이 항목에 값을 1로 지정하여 기본 설정된 오버스캔을 비활성화 함으로써 이 여백을 없앨 수 있다.

- framebuffer_width

콘솔 화면의 가로 크기를 픽셀 단위로 지정. 콘솔 화면이 디스플레이보다 작게 표시되면 이 값을 더 크게 바꿔준다. 실제 표시되는 콘솔 화면의 크기는 이 값에서 오버스캔 값을 뺀 값이다.

- framebuffer_height

콘솔 화면의 세로 크기

- framebuffer_depth

콘솔 화면의 색상수를 픽셀 당 비트수로 지정한다. 기본 값은 16비트/픽셀 (65,536색상) 이다. 8비트/픽셀(256색상), 24비트/픽셀(16.7백만 색상), 32비트/ 픽셀(약 10억 색상)을 지정할 수 있다. 32비트/픽셀을 지정하면 실제 이를 지원하는 디스플레이가 아니라면 화면이 깨질 수 있다.

- framebuffer_ignore_alpha

1로 설정하면 콘솔 화면의 투명도를 제어하는 알파 채널을 비활성화 한다. 알파채널 비활성화는 일반적으로 필요하지 않지만 framebuffer_depth를 32비트/픽셀로 지정했을 때 발생하는 화면 깨짐을 해소할 수 있다.

- sdtv_mode

이 값은 아날로그 컴포지트 출력이 다양한 국가에 맞추어 동작할 수 있도록 한다. 기본값으로 라즈베리파이는 NTSC 북미 비디오 표준을 사용한다. 다른 국가에서는 아날로그 TV를 이용하기 위해 이 값을 바꿀 필요가 있다(한국은 NTSC 사용). 설정 값들은 다음과 같다:

- 0 – NTSC, 북미 비디오 표준
- 1 – NTSC-J, 일본 비디오 표준
- 2 – PAL, 영국 및 다른 국가(주로 유럽) 비디오 표준
- 3 – PAL-M, 브라질 비디오 표준

- sdtv_aspect

아날로그 컴포지트 출력의 가로:세로 출력비를 조절한다. 콘솔 화면이 가로 또는 세로로 늘어나거나 찌그러진 것처럼 보이면 사용중인 TV의 가로 : 세로 비율에 맞추어 이 값을 조절한

다. 가능한 설정 값들은 다음과 같다:

- 1 - 4:3, 일반적인 구형 기기
- 2 - 14:9, 비교적 작은 와이드스크린 TV
- 3 - 16:9, 일반적인 근래의 와이드스크린 TV

- hdmi_mode

아날로그 컴포지트 출력뿐만 아니라, HDMI 포트에 대한 자동 감지모드이다. 해상도도 수동으로 설정 가능하다. 좀 더 먼 거리에서 화면을 읽기 쉽도록 해상도를 낮춰 설정하고자 할 경우에 간편하다.

- hdmi_drive

HDMI 포트의 출력 전압을 변경할 수 있다. 이 값은 HDMI-DVI 어댑터를 사용할 때 중요하다. HDMI와 DVI의 전압이 약간 다르기 때문이다. 화면이 너무 밝으면서 하얗거나 바람에 날아간 것 같으면 이 설정을 바꿔본다. 가능한 값은 다음과 같다:

- 1 - DVI 출력 전압. 이 모드에서는 HDMI 케이블에 음성 신호가 출력되지 않는다.
- 2 - HDMI 출력 전압. 이 모드에서는 HDMI 케이블에 음성 신호가 포함되어 출력된다.

- hdmi_force_hotplug

라즈베리파이가 디스플레이를 감지하지 못했더라도 HDMI 포트를 사용하도록 강제한다. 0으로 설정하면 라즈베리파이가 디스플레이 감지 시도를 할 수 있도록 허용한다. 반면에 1로 설정하면 무조건 HDMI를 사용하도록 한다.

- hdmi_group

HDMI그룹 모드를 CEA 또는 DMT로 설정한다. hdmi_mode를 이용하여 출력할 해상도와 주파수를 설정하려고 하기 전에 사용하려는 디스플레이에 맞게 이 설정을 해주어야 한다. 두 개의 설정값이 가능하다:

- 1 - HDMI 그룹을 미국 가전 협회(CEA; Consumer Electronics Association of America)가 정의한 모드들의 그룹으로 설정
- 2 - HDMI 그룹을 영상기기 표준 협회(VESA; Video Electronics Association of America)가 디스플레이 모니터 타이밍(DMT; Display Monitor Timings) 사양에서 정의한 모드들의 그룹으로 설정

- hdmi_safe

라즈베리파이가 HDMI 설정의 사전 설정 집합을 사용하도록 한다. 이것은 HDMI 포트에 연결된 디스플레이 장치에 최대한의 호환성을 제공하도록 디자인된 설정값이다.

이 값을 1로 설정하면 hdmi_forces_hotplug=1, config_hdmi_boost=4, hdmi_group=1, hdmi_mode=1, disable_overscan=0으로 설정한 것과 같다.

- config_hdmi_boost

  어떤 모니터들은 HDMI 출력에 좀 더 많은 전력을 공급해야 정상적으로 동작한다. 화면이 눈 덮인 모습이면 이 값을 1(케이블이 짧을 때)에서 7(케이블이 길 때)까지 준다.

config.txt파일의 각 옵션들은 한 행에 기술되어야 하며 각 옵션명칭 뒤에는 등호(=)를 붙이고 값을 쓴다.

5.4 부팅 옵션

리눅스 커널을 로딩하는 방법을 제어하는 것은 주로 cmdline.txt 파일에서 설정하지만 config.txt 파일에서도 설정이 가능하다.

- disable_commandline_tags

  start.elf 모듈이 리눅스 커널이 로드되기 전에 0×100번지 뒤로 채워지는 것을 건너뛴다. 이 옵션이 비활성화되면 리눅스가 비정상적으로 로드될 수 있다.

- cmdline

  리눅스 커널에 전달될 커맨드 라인 파라메터들이다. /boot/cmdline.txt파일을 대신해서 사용될 수 있다.

- kernel

  로딩될 커널파일 이름이다. 비상용 커널을 로딩하는 수단으로 사용될 수 있다.

- ramfsfile

  로딩 될 초기 RAM 파일 시스템(RAMFS) 이름이다. 실험용으로 초기 RAM 파일 시스템을 만든 경우가 아니라면 거의 사용할 일이 없다.

- init_uart_baud

  직렬 콘솔의 속도로 비트/초를 나타낸다. 기본 값은 115200이지만 구형 하드웨어 직렬 터미널을 사용하고 있다면 속도를 낮춰서 연결해보는 것이 좋다.

5.5 오버 클럭

config.txt 파일을 이용하여 라즈베리파이의 BCM2837 프로세서의 그래픽 출력을 제어할 수도 있지만 다른 부분들도 제어가 가능하다. 특히 부품들의 수명 단축을 감수한다면 칩이 실행되는 속도를 바꾸어 시스템의 성능을 높일 수도 있다.
이러한 과정을 오버클럭킹이라고 한다.

> **WARNING**
>
> 이 섹션에 나열된 설정 값들을 변경하는 것은 라즈베리파이에 손상을 입힐 수 있다. 특히 메모리, CPU, GPU의 전압과 관련된 설정을 바꾸는 것은 실제 손상을 입히기 전에 원상복귀 하더라도 라즈베리파이의 사후 지원 보장이 안될 수 있다. 이러한 설정들을 사용하여 발생하는 손상은 라즈베리파이 재단 또는 사용자가 제품을 구매한 판매자에 의해 보상되지 않을 것이다. 따라서 이 설정 값들을 바꾸는 것은 권장되지 않는다. 오버 클럭킹을 통한 성능 향상 이득은 위험성에 비해 그다지 크지 않다.

라즈베리파이에 사용되는 BCM2837 멀티미디어 프로세서는 시스템온칩(SoC)으로 크게 두 부분으로 나누어진다. 일상적인 프로세싱을 담당하는 CPU와 2D 혹은 3D 그래픽을 처리하는 그래픽 프로세서(GPU)이다.

config.txt 파일을 이용하면 두 부분을 모두 오버클럭킹할 수 있다. 또한 메모리 모듈이 동작하는 속도도 높일 수 있다.

가. 오버클럭킹 설정들

- arm_freq

  CPU 클럭 설정값이다. 기본 값은 700 MHz이다.

- gpu_freq

  GPU 클럭 설정값이다. 기본 값은 250 MHz이다.

  • core_freq – GPU의 코어 클럭 설정값이다. 기본 값은 250 MHz이다.
  • h264_freq – GPU의 하드웨어 비디오 디코더의 클럭 설정값이다. 기본 값은 250 MHz이다.
  • isp_freq – GPU의 이미지 센서 파이프라인 클럭 설정값이다. 기본 값은 250 MHz이다.
  • v3d_freq – GPU의 3D 렌더링 하드웨어 클럭 설정값이다. 기본 값은 250 MHz이다.

- sdram_freq

  RAM의 클럭 설정값이다. 기본 값은 400 MHz이다.

- init_uart_clock

  UART의 클럭 속도 설정값이다. 기본 값은 3000000이다.

- init_emmc_clock

  SD카드 컨트롤러의 클럭 속도 설정값이다. 기본 값은 80000000이다.

예를 들어, CPU를 800 MHz, GPU를 280 MHz, RAM을 420 MHz로 오버클럭킹하려고 한다면 config.txt 파일에 다음 옵션들을 추가한다:

```
arm_freq=800
gpu_freq=280
sdram_freq=420
```

모든 설정 값들은 재부팅 후 적용된다. 원상 복귀를 원하면 config.txt파일 전체를 지우거나 해당 옵션행만 삭제한 후 재부팅하면 된다.

나. 과전압(Overvoltage) 설정들

- over_voltage

  BCM2837의 코어 전압을 조정한다. 기본 값(0)을 초과 또는 미달하는 전압의 0.025V의 배수(정수)로 지정한다. 최소 값은 -16, 최대 값은 8이다.

- over_voltage_sdram

  메모리 칩에 주어지는 전압을 조정한다. 기본값(0). 최소 값은 -16, 최대 값은 8. 또한 각 메모리 컴포넌트들에 주어지는 전압을 개별 조절할 수 있다.

- over_voltage_sdram_c

  메모리 컨트롤러에 주어지는 전압을 조절한다. 범위는 over_voltage_sdram과 동일하다.

- over_voltage_sdram_i

  메모리 입출력 시스템에 주어지는 전압을 조절한다. 범위는 over_voltage_sdram과 동일하다.

- over_voltage_sdram_p

  메모리 물리 레이어(PHY) 컴포넌트에 주어지는 전압을 조절한다. 범위는 over_voltage_sdram과 동일하다.

예를 들어, BCM2837에 0.05V을 더하여 1.25V를 가하고 메모리 칩에 0.1V를 더하여 1.3V를 가하려 한다면 config.txt파일에 다음 옵션 행을 추가하면 된다.

```
over_voltage=2
over_voltage_sdram=4
```

다. L2 캐시 비활성화

라즈베리파이의 BCM2837 SoC 프로세서는 128KB의 Layer 2 캐시메모리를 가지고 있다. 이 메모리는 작지만 매우 빨라서 성능 향상을 위해 속도가 느린 메인 메모리와 프로세서 사이에서 데이터와 명령어들을 임시로 보관하는 역할을 한다.

BCM2837은 원래 셋톱박스를 목표로 고안된 멀티미디어 프로세서이기 때문에 L2 캐시는 오직 GPU에 의해 사용되도록 디자인 되었다. 일반적인 프로세서들과는 달리 CPU는 자신을 위한 L2 캐시를 가지고 있지 않다.

config.txt를 이용해서 BCM2837에게 CPU가 L2 캐시 메모리를 사용할 수 있도록 지시할 수 있다 이렇게 하면 때때로 성능 향상을 가져오기도 하지만 L2 캐시가 물리적으로 CPU보다는 GPU에 비교적 가깝게 위치하고 있기 때문에 성능에 해를 끼치기도 한다.

L2 캐시 메모리를 이용하려면 캐시 메모리 사용을 전제로 컴파일된 리눅스 배포판을 사용해야 된다. 캐시가 비활성화된(GPU가 L2 캐시 사용) 일반적인 라즈베리파이를 위한 배포판에서 L2 캐시를 활성화(CPU가 L2 캐시 사용)하면 비정상적인 동작을 일으킬 수 있다.

CPU가 L2 캐시를 사용하도록 하려면 config.txt 파일에 다음 옵션 행을 추가한다.

```
disable_l2cashe=0
```

CPU의 L2 캐시 사용을 비활성화 하려면 0을 1로 바꾸어 재부팅 한다.

5.6 Cmdline.txt

여기서는 간략하게 /boot 디렉토리의 또 다른 설정파일 cmdline.txt파일에 대해 알아본다.

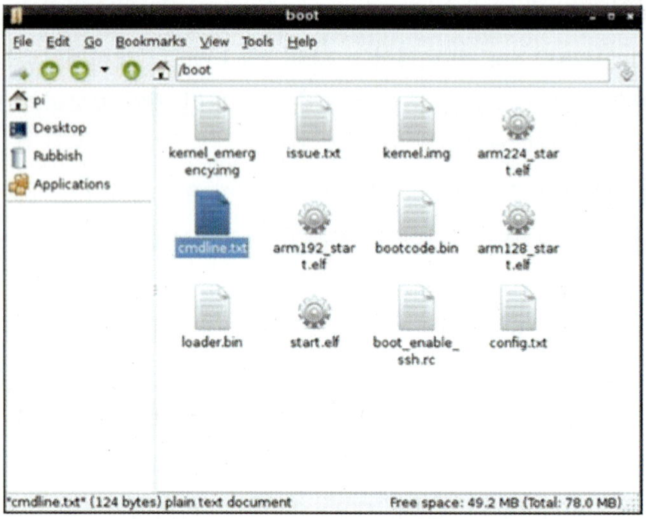

그림 5-2 /boot디렉토리의 cmdline.txt 파일

/boot 디렉토리에 있는 이 파일은 리눅스 커널에 대한 기본적인 옵션들을 정의하고 있다. 다음은 디폴트 옵션이다.

```
dwc_otg.lpm_enable=0
console=ttyAMA0,115200
kgdboc=ttyAMA0,115200
console=tty1
root=/dev/mmcblk0p2
rootfstype=ext4
elevator=deadline
rootwait
```

다른 공통옵션으로는

```
dwc_otg.speed=1
```

USB v1 속도를 의미한다.

```
smsc95xx.turbo_mode=N
```

부팅시 표시되는 로그 파일을 나오지 않게 할 때 사용

```
smsc95xx.macaddr=B8:27:EB:59:EB:25
```

특정 MAC주소를 오버라이드할 때 사용

```
dwc_otg.microframe_schedule=1
console=ttyAMA0,115200
usbhid.mousepoll=8
ip=192.168.0.10
```

라즈베리파이를 고정 ip주소를 부여할 때도 사용가능하다.

note

제 6 장 오피스

미디어센터와 GPIO제어용 이외에 라즈베리파이를 사용할 수 있는 또 다른 좋은 분야는 오피스 업무용이다. 저 전력의 범용 데스크톱 컴퓨터이므로 워드, 엑셀, 프리젠테이션 등의 용도로 사용하기에 매우 적절하다. 일반적인 데스크톱이나 랩톱 컴퓨터 만큼의 성능을 내기는 어렵겠지만, 초소형의 사이즈와 미미할 정도의 초 절전형 전력소모량을 감안하면 사용하기에 아주 훌륭하다.

6.1 클라우드 오피스

가. 구글 Drive

구글 드라이브(구 구글 독스)는 워드프로세서, 스프레드시트 및 프레젠테이션 도구가 포함되어있다. 기업 고객은 구글 앱스 계정을 구매하면 더 향상된 기능을 제공 받는다.

웹 기반 Gmail 계정이 있으면 누구나 사용이 가능하며 http://docs.google.com을 통해 접근할 수 있다.

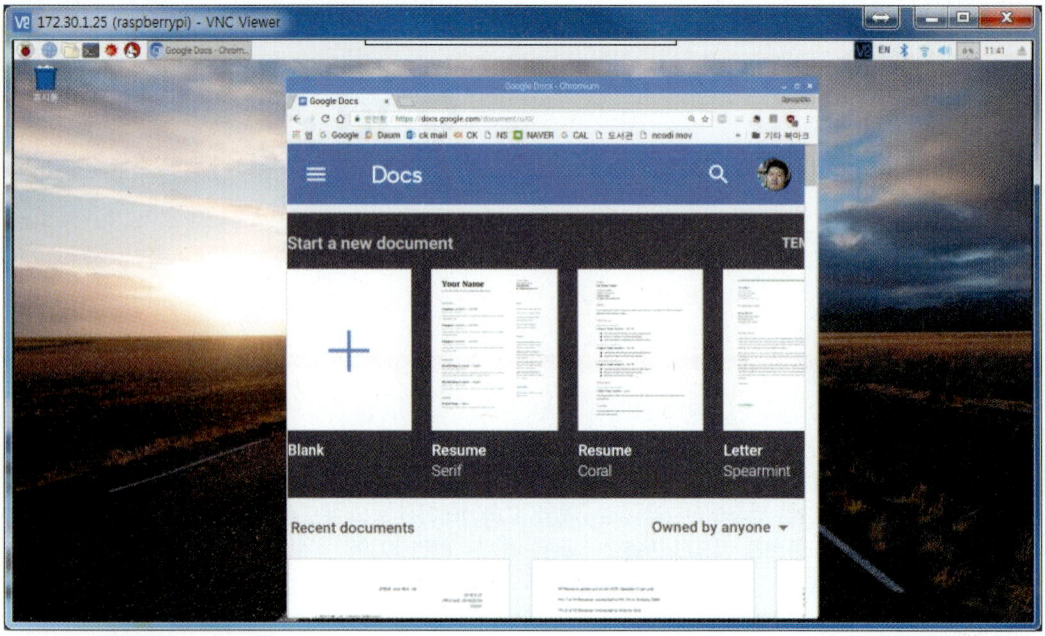

그림 6-1 라즈베리파이에서 실행한 구글 드라이브

나. Zoho

Zoho는 등록 사용자가 5백만명에 이르는 인기 있는 서비스이다. 구글 드라이브처럼 워드프로세서, 스프레드시트 및 프레젠테이션 패키지가 포함되어 있지만 위키 기반의 지식베이스 시스템이라고 보는 것이 맞다. 웹 컨퍼런싱, 재정관리 및 심지어는 고객관계 관리 시스템 같은 업무 위주의 기능들도 제공한다. 하지만 고급 기능들은 대부분 유료 계정을 구입해야 한다.

http://www.zoho.com을 통해 접근할 수 있다.

다. Office365

마이크로소프트 오피스 사용자에게는 Office365가 자연스럽게 접근할 수 있는 솔루션이다. 데스크톱용 최신 마이크로소프트 오피스와 같은 사용자 인터페이스에 기반하며 강력하고 유연하지만 Google Drive와 Zoho와는 달리 무료 계정이 없으며 월 사용료를 지불해야 한다. 더구나 리눅스 컴퓨터에서 접근할 때는 동작하지 않는 기능이 더러 있다.

http://office365.microsoft.com에서 등록할 수 있다.

라. ThinkFree 온라인

한컴 씽크프리 오피스 소프트웨어의 웹 기반 인터페이스이다. 씽크프리 온라인은 워드프로세싱, 스프레드시트, 프레젠테이션 기능을 제공하며 1GB의 저장 공간이 무료이다. 기업들을 대상으로 제공되는 씽크프리 서버 소프트웨어 및 태블릿과 스마트폰용의 씽크프리 모바일과도 결합된다.

마. 크로미움 브라우저 설치

이들 웹기반의 서비스들을 사용하려면 데비안 배포판에 기본적으로 포함되어 있는 미도리 브라우저로는 역부족이다. 오픈 소스 프로젝트인 구글의 크로미움 브라우저가 좋은 선택이 될 것이다. 다음 명령으로 설치 가능하다.

```
$ sudo apt-get install chromium-browser
```

6.2 오픈오피스

터미널 창에서 다음과 같이 입력하여 오픈오피스 Libre Office를 설치한다.

```
$ sudo apt-get update
$ sudo apt-get install openoffice.org
```

OpenOffice.org는 다음과 같이 구성되어 있다.

- OpenOffice.org – 주 애플리케이션 각 부분을 선택할 수 있는 링크를 제공한다.
- OpenOffice.org Calc – 스프레드시트
- OpenOffice.org Draw – 벡터 기반 일러스트레이션 애플리케이션
- OpenOffice.org Impress – 프레젠테이션 애플리케이션
- OpenOffice.org Math – 수식 편집기
- OpenOffice.org Write – 워드프로세서(그림 9-2 참조)

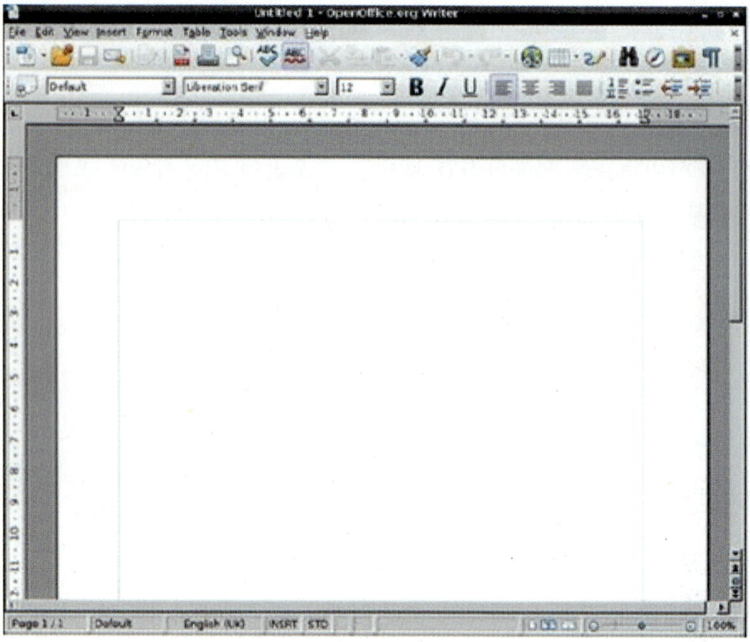

그림 6-2 라즈베리파이에서 실행되는 OpenOffice.org Writer

기본적으로 리브레오피스로 불리우는 OpenOffice.org에서는 ODF(Open Document Format) 형식으로 파일을 저장한다. 표준규격을 제공하는 무료 파일 포맷이며 마이크로소프트 오피스의 최신 버전을 비롯한 대부분의 오피스 패키지에서 지원한다. 저장 대화창에서 다른 포맷을 선택하여 문서를 저장할 수 있다. 예전 버전의 마이크로소프트 오피스 문서 포맷도 지원한다. OpenOffice.org는 리눅스, 윈도우 및 OS X용의 무료 버전이 제공된다.

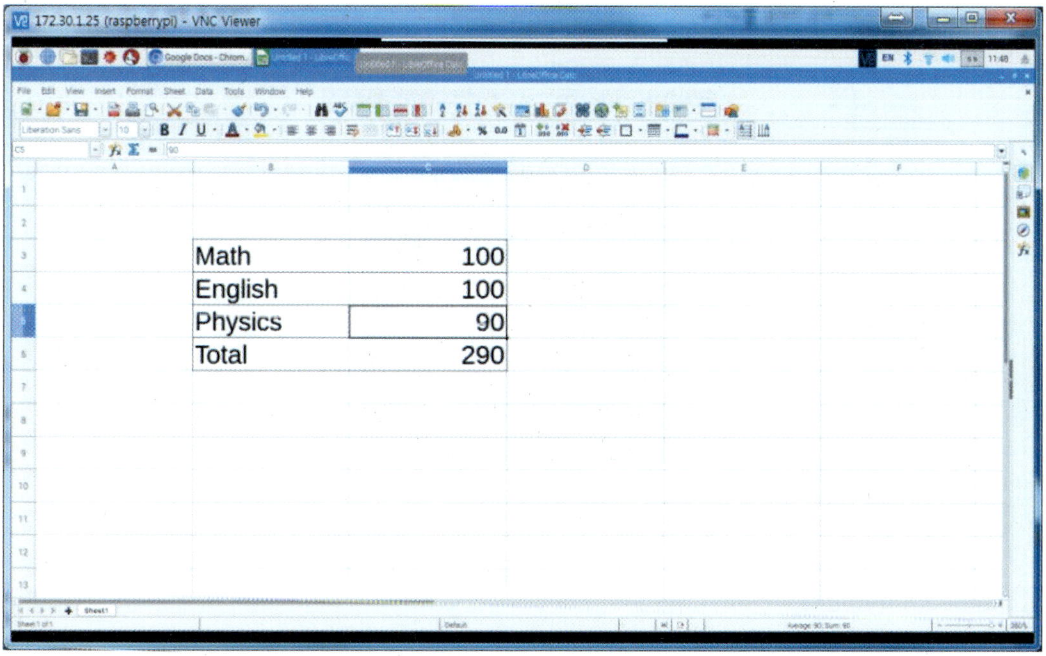

그림 6-3 라즈베리파이에서 실행되는 스프레드시트 Calc

6.3 이미지 편집

사진 편집을 위한 비트맵 이미지 편집용으로는 Gimp(GNU Image Manipulation Program)를 사용할 수 있다. 상업용 이미지 편집 패키지인 어도비 포토샵 패키지와 유사한 인터페이스 그리고 강력한 비트맵 이미지 편집 기능을 제공한다.

그림 6-4 라즈베리파이에서 실행되는 Gimp

Gimp를 설치하려면 터미널 창에서 다음과 같이 입력한다.

```
$ sudo apt-get install gimp
```

그림 6-5 Gimp에서 파일 탐색

제 7 장 Web Server

7

〈라즈베리파이를 인터넷의 핵심인 웹서버로 활용할 수 있을까? 당연히 〈Yes〉이다.
라즈베리파이는 데이터 센터에서 볼 수 있는 일반적인 서버 장비보다는 성능이 떨어지지만 그렇다고 해서 업무용으로 활용이 불가능한 것은 아니다. 사용하기 따라서는 다른 고성능의 서버보다 더 유용한 용도로 활용이 가능하다. 비록 적은 메모리와 상대적으로 열악한 스펙을 가지고 있지만 적은 전력 소모와 저소음은 트래픽이 적은 간단한 페이지들을 로컬 네트웍이나 인터넷으로 서비스하기에 아주 적절한 장비이다.
근래 상당수의 웹 서버들이 리눅스, 아파치, MySQL 그리고 PHP의 조합으로 운영되고 있으며 이를 통상 LAMP 스택이라고 부른다. LAMP 기반의 서비에서 컨텐츠 관리 시스템인 워드프레스, 대화형 포럼인 phpBB 그리고 데이터베이스 센터기능까지 상당히 복잡한 패키지들을 모두 실행시킬 수 있다. 강력한 상업용 서버의 성능을 기대하지 않는 한 라즈베리파이로도 이 모든 것이 가능하다.

TIP

웹 서버는 많은 양의 메모리를 사용한다. 메모리 사용 비율을 224/32 MB 비율로 해주고 GUI는 실행하지 않는 것이 좋다. 자세한 내용은 〈하드웨어 구성 설정〉장을 참조한다.

7.1 LAMP 설치

```
$ sudo apt-get update
$ sudo apt-get install apache2 php5 php5-mysql mysql-server
```

MySQL 설치가 진행되는 도중 패스워드 입력을 요구하면 적절한 패스워드를 입력해준다. 타이핑 실수를 방지하기 위해 같은 패스워드를 한 번 더 입력해주어야 한다.

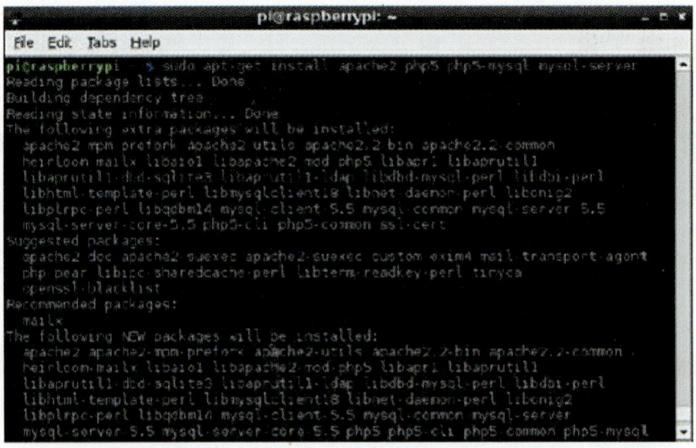

그림 7-1 데비안에 LAMP 스택 설치

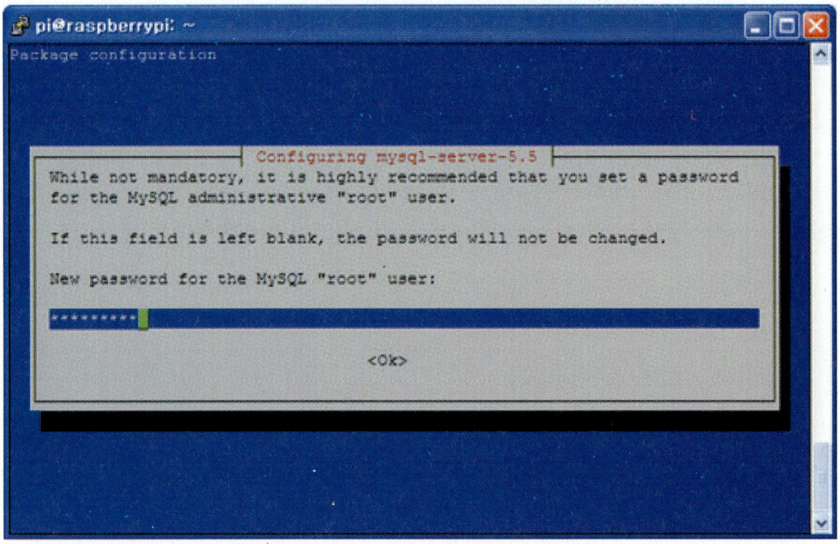

그림 7-2 MySQL 패스워드 입력

설치가 완료되고 나면 아파치 서버와 MySQL서버가 백그라운드에서 실행된다. 문제없이 실행되고 있는지를 확인해 보려면 네트워 상의 다른 컴퓨터에서 웹 브라우저로 라즈베리파이에 접속을 시도해 본다.

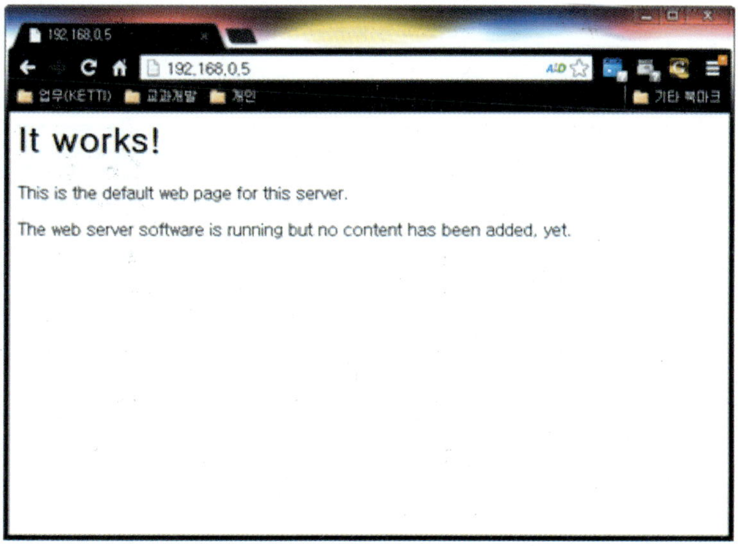

그림 7-3 웹 브라우저를 이용하여 아파치 서버에 접속

마지막 단계는 PHP 스크립팅 모듈이 아파치에 제대로 설치되어 있는가를 확인한다. PHP스크립트는 동적인 컨텐츠를 생성하기 위한 것으로써 PHP 스크립팅 모듈은 아파치 웹서버가 동적인 컨텐츠를 지원하기 위해서는 없어서는 안될 중요한 모듈이다. PHP모듈이나, 유사한 다른 모듈인 파이션 모듈이 없다면 아파치는 단순히 정적인 페이지만을 서비스하게 된다. 아파치 PHP모듈을 시험해보기 위해서 다음 내용을 입력하여 PHP스크립트 파일을 작성한다.

```
$ cd /var/www
$ sudo nano phptest.php

<?php phpinfo(); ?>
```

를 입력하고 저장한다. 다른 컴퓨터에서 웹 브라우저를 실행한 후 주소 창에 다음 주소를 입력한다

```
http://192.168.0.5/phptest.php        ← IP주소는 자신의 라즈베리파이 주소
```

또는 라즈베리파이 자체 GUI의 웹 브라우저에서는 주소 창에 다음 주소를 입력한다

```
http://localhost/phptest.php
```

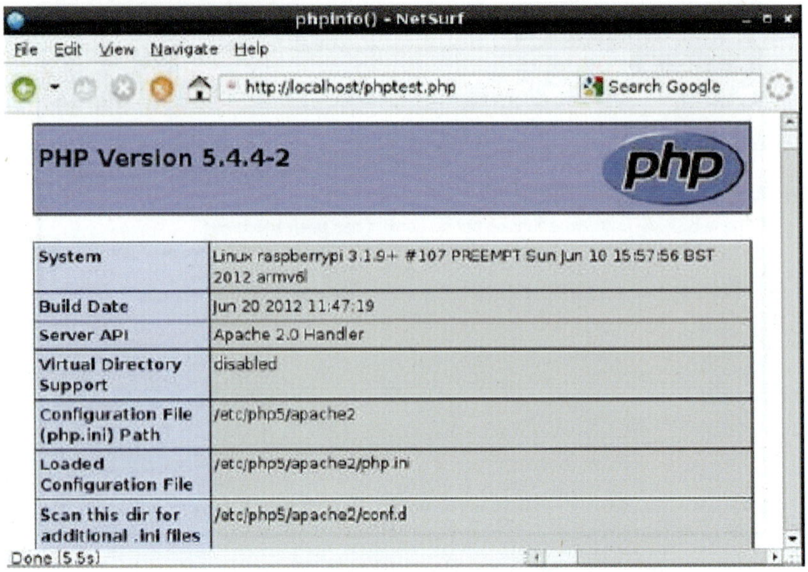

그림 7-4 라즈베리파이에서 아파치의 PHP 모듈 테스트

위 그림처럼 출력이 되면 잘 설치된 것이다. 이제 phptest.php파일을 삭제한다.

```
$ sudo rm /var/www/phptest.php
```

TIP

아파치가 가장 보편적인 웹 서버이기는 하지만 너무 느리게 느껴진다면 다른 웹 서버를 시험해 보는 것도 좋다. lighthttpd는 아파치 보다는 훨씬 적은 메모리를 사용하도록 설계된 웹서버다. sudo apt-get install lighthttpd 명령으로 설치할 수 있다.

기본적으로 웹 페이지들은 /var/www 폴더에 저장된다. 이 폴더는 슈퍼유저만 쓰기 가능하다. 아파치가 파일을 찾는 위치를 변경하거나 웹사이트를 여유 공간이 넉넉한 외부 저장장치로 옮기려면 /etc/apache2/sites-enabled 폴더에 있는 000-dedfault 파일을 수정한다. 아파치, PHP, MySQL에 대한 더 자세한 정보가 필요하면 터미널 창이나 콘솔에서 다음 명령을 쳐서 참조한다.

```
$ man apache2
$ man php5
$ man mysql
```

7.2 WordPress

가장 인기 있는 개인 홈페이지 구축 플랫폼 중의 하나인 워드프레스는 사용자들에게 아름다움, 웹표준, 그리고 사용성에 중점을 둔 최신기술의 시맨틱 기술을 무료로 제공한다. 워드프레스는 다른 플랫폼들에 비해 간단하고 강력한 플랫폼을 제공한다. 기술적으로 볼 때 워드프레스는 PHP와 Javascript를 기반으로 한다. 예를 들어 가장 있기 있는 몇몇 뉴스 사이트들도 워드프레스 플랫폼을 커스터마이징하여 구축되어 있다. 워드프레스를 실치하기 위해서는 SD카드에 37MB 가량의 여유 공간이 있는지 확인한다. LAMP스택 설치를 위한 113MB의 여유 공간도 필요하다. 다음 명령으로 워드프레스를 설치할 수 있다.

```
$ sudo apt-get install wordpress
```

y를 입력하여 설치 계속

기본 설치 디렉토리는 /usr/share/wordpress이다. 아파치가 인식할 수 있도록 /var/www 디렉토리로 링크를 걸어 주어야 한다.

```
$ sudo ln -s /usr/share/wordpress /var/www/wordpress
```

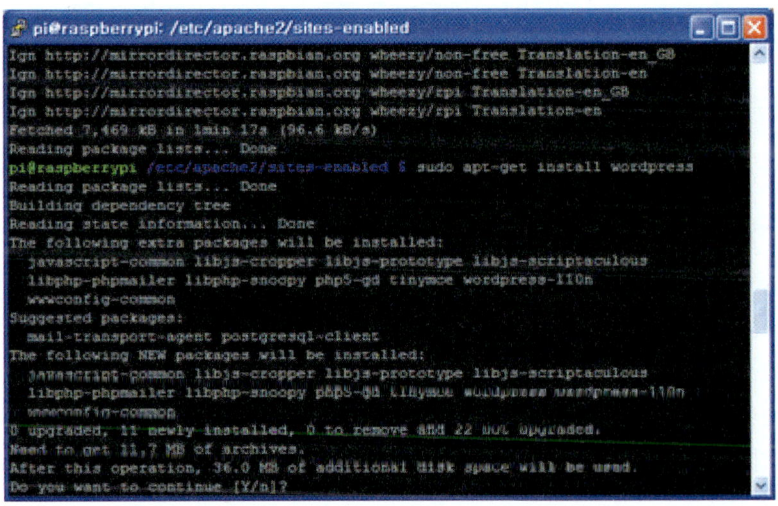

그림 7-5 라즈베리파이에 워드프레스 설치

워드프레스 MySQL 설정 스크립트를 실행하여 LAMP 스택의 일원으로 새로운 데이터베이스를 생성한다.

```
$ sudo gunzip /usr/share/doc/wordpress/examples/setup-mysql.gz
$ sudo bash /usr/share/doc/wordpress/examples/setup-mysql -n wordpress localhost
```

생성된 데이터베이스는 사용자 계정, 게시물, 코멘트 및 기타 사항들을 저장하는데 사용된다. 스크립트가 완료되면 http://localhost에 접속하라는 안내를 받을 수 있다.

웹브라우저로 http://localhost/wordpress에 접속한다.

그림 7-6 NetSurf 웹 브라우저로 워드프레스 설정

웹 브라우저에 표시된 폼에서 사이트를 설명할 수 있는 이름을 입력하고 사이트를 이용할 사용자를 위한 패스워드를 설정한다. 보안을 위해 사용자 이름을 admin 대신 다른 이름으로 바꾸어 준다. 모든 필드에 정보를 입력한 후 페이지 맨 밑에 있는 Install WordPress 버튼을 클릭한다.

몇 분 후 설치가 완료되고 완료 페이지가 웹 페이지에 로드된다. 앞서 입력했던 사용자 이름과 패스워드를 입력하고 페이지 맨 아래의 Log In 버튼을 클릭하여 워드프레스에 로그인 한다.

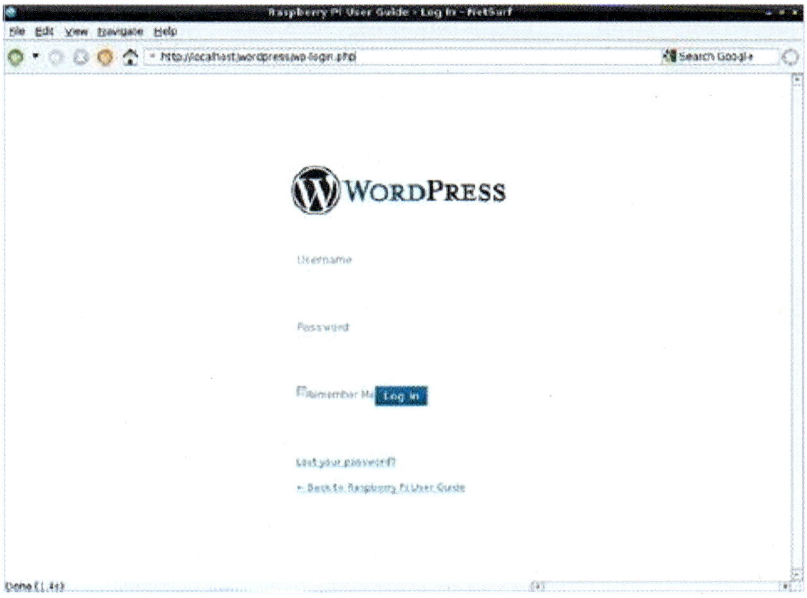

그림 7-7 라즈베리파이에서 워드프레스에 로그인

다른 컴퓨터에서 워드프레스에 접근하기 위해서는 추가적인 설정파일을 작성해야 된다. 로컬 액세스를 위한 설정 파일을 다음과 같이 링크로 걸어 주면 된다.

```
$ sudo ln -s /etc/wordpress/config-localhost.php /etc/wordpress/config-ipaddress.php
```

ipaddress 부분에 라즈베리파이의 ip 주소 또는 호스트명을 입력한다.

외부로부터의 접근을 위한 설정을 마치기 위해서는 워드프레스 대시보드의 왼편에 있는 설정 메뉴에서 General Settings를 선택한 후 라즈베리파이의 IP 주소 또는 호스트명에 맞도록 URL을 수정해 주어야 한다.

그림 7-8 워드프레스 Genaral Settings 메뉴의 URL 변경

TIP

워드프레스는 메모리를 매우 많이 사용하기 때문에 되도록 라즈베리파이를 GUI없이 실행하도록 권고된다. 이 과정에서 가장 중요한 점은, 워드프레스의 대시보드에 접근할 때는 다른 PC 컴퓨터에서 웹 브라우저를 이용하여 http:;/ipaddress/wordpress/wp-login.php로 접속해야한다. 라즈베리파이에서 직접 대시보드에 접속하면 굉장히 시간이 오래 걸린다

워드프레스는 보안 취약성 보완을 위해 자주 업데이트해주는 것이 좋다. APT를 사용하여 업데이트하는데 필요한 권한이 결여되어 있다. 이를 수정하려면 다음과 같이 입력한다.

```
$ sudo chown -R www-data /usr/share/wordpress
```

이 명령은 아파치 웹 서버에 의해 사용되는 www-data 사용자에게 /usr/share/wordpress 아래에 있는 파일들을 수정할 수 있는 권한을 부여한다. 이렇게 해주어야 워드프레스 대시보드에서 자동 업그레이드를 선택했을 때 제대로 동작하게 된다.

워드프레스에 대해 더 자세한 정보가 필요하면 http://www.wordpress.org 사이트를 방문하면 된다.

제 8 장 트러블슈팅

8

윈도우나 리눅스 서버의 경우도 그렇지만 특히 라즈베리파이와 같은 장비를 가지고 무엇인가를 하다보면 뜻하는 대로 작업이 매끄럽게 진행되지 않을 때가 있다. 장비들이 복잡해질수록 문제 또한 더 복잡해진다. 라즈베리파이는 아두이노에 비해 약간은 복잡해 보이는 장비이다.
그러나 대부분의 일반적인 문제들의 원인을 진단하고 고치는 일은 생각보다 그리 어렵지 않다. 사용 중에 쉽게 만날 수 있는 증상들을 살펴보고 그 해법을 알아본다.

8.1 입력장치 keyboard & Mouse

가. 입력장치 오류

만날 수 있는 가장 흔한 증상은 글자가 중복 입력되는 현상이다.

예를 들어 Apt-get라는 명령어를 입력할 때 Apppppppppttttt----ggggeetttt처럼 입력되는 증상이다.

이러한 증상의 주 원인은 전력 부족으로 보는 것이 좋다. 키보드 뒷면의 소비전력을 확인해 보면 바로 알 수 있다. LED를 사용하는 키보드는 그렇지 않은 키보드보다 전력 소모가 많을 것이다.

라즈베리파이의 소비 전력은 500 mA(2.5 W, Model A), 700 mA(3.5 W, Model B)이고, 이 책에서 사용하는 라즈베리파이3는 최대 3.8 W, 아이들 상태에서 2.5 W이다.

라즈베리파이의 특성 중 하나로 plyfuse 기능을 들 수 있다. 이 기능 때문에 장비의 주변기기가 이상 작동하거나 아예 작동하지 않을 수도 있게 된다. 이때는 키보드나 마우스와 같은 주변기기를 전력소모가 낮은 기기로 교체하거나 전원을 사용하는 USB 허브를 통해서 연결하면 전력소비를 절약할 수 있다.

plyfuse

이 기능은 라즈베리파이의 USB 포트에 연결된 plyfuse라는 부품이 USB에 연결된 주변기기가 150mA 이상의 전력을 소모하면 즉시 전류를 차단한다는 것이다.

나. 호환성

라즈베리파이2나 B+같은 장비의 USB 포트에 무선랜 어댑터 등의 다른 장비를 추가했을 때 키보드가 이상 동작을 일으킬 때가 있다. 추가 장비를 빼면 정상으로 돌아오는 경우가 있는데 이는 라즈베리파이와의 호환성 문제일 수 있다. 다른 장비로 교체해야 된다. 알려진 비호환 장비목록은 다음 링크와 같다.

http://elinux.org/RPi_VerifiedPeripherals#Problem_USB_Keyboards

마우스나 트랙볼도 키보드와 마찬가지이다. 다음은 호환성 목록이다.

http://elinux.org/RPi_VerifiedPeripherals#Working_USB_Mouse_Devices

8.2 전원 Power Supply

라즈베리파이 뿐 아니라 대부분의 PC 그리고 서버 컴퓨터 시스템에서 발생하는 많은 문제들은 전원 공급과 관련이 깊다. 라즈베리파이 모델 A는 5V 500mA의 전력이 필요하고, 모델 B는 5V 700mA, 라즈베리파이3는 5V 2.5A의 전력을 필요로 한다. 시판되는 모든 USB 전원어댑터들이 이와 같은 정격 규격을 가지고 있다고 표기되나 이 요건을 온전히 충족키지 않는 경우도 많다

WARNING

공식 USB 표준에 의하면 USB에 연결된 기기는 500mA 이상을 소비하지 않아야 하고 그 이상의 전력은 협상절차를 거쳐야 얻을 수 있도록 되어있다. 라즈베리파이는 전력 협상 절차 동작을 하지 않으므로 데스크톱 PC의 USB 포트에 직접 연결하면 동작하지 않을 가능성이 높다.

정상적으로 동작하던 라즈베리파이가 USB 포트에 주변기기를 연결했을 때, 또는 비디오 플레이어나 뮤직 플레이어 같은 프로세서 집중적인 동작을 했을 때 이상 증세를 보이면 전원장치

문제일 가능성이 높다. 라즈베리파이는 전압 테스트를 위한 두 지점을 제공하므로 상대적으로 쉽게 테스트 해볼 수 있다. 테스터(멀티메터)를 이용하여 측정한다.

WARNING

테스트 지점 이외의 곳을 건드리지 않도록 주의한다. 라즈베리파이의 내부는 3.3V 로 동작 하므로 5V의 전압이 닿으면 회로가 망가지기 쉽다. 특히 헤더 핀을 건드리지 않도록 주의한다. TP1에는 테스터의 적색 단자(+), TP2에는 흑색 단자(GND)을 이용하여 측정한다.

그림 8-1 전압 테스트 지점 테스트포인트1과 테스트포인트2

측정값은 4.8V~5V가 되어야 한다. 측정치가 그 이하로 나타나면 바로 전원 어댑터를 교체해야한다. 2.5A 용량의 어댑터가 권장된다. 저가 모델은 표기된 정격에 미치지 못하는 전력을 제공하는 수가 많다.

8.3 디스플레이 Display

라즈베리파이를 헤드리스모드로 사용하는 경우가 많지만 간혹 모니터에 직접 연결하여 사용할 수 도 있다. 이 경우 대부분 HDMI, DVI, 컴포지트 비디오 디스플레이와의 동작에 문제가 없지만 간혹 예기치 않은 문제가 발생할 수도 있다.

이 경우 우선 연결된 장치의 타입을 확인한다. 특히 RCA 커넥터를 이용해 TV에 연결했을 때 특히 중요하다. 국가마다 TV를 위한 표준이 다르기 때문에 흑백으로 표시되는 경우 대부분 표준이 다르기 때문이다. 설정을 조정하는 방법은 5장 "HW Configuration"에서 다룬다.

HDMI 출력 사용 시 라즈베리파이3가 자동으로 디스플레이를 감지한다. HDMI-DVI 어댑터를 이용하여 컴퓨터 모니터를 연결한 경우 작은 눈 같은 점들이 생기거나, 화면의 일부가 보이지 않거나, 아예 화면이 표시되지 않을 수 있다. 이 경우 해상도와 refresh rate를 조절해야 된다. 수동으로 조정하는 방법은 5장 "HW Configuration"에서 보다 더 자세히 다룬다.

화면이 너무 크거나 작게 나오는 경우 화면이 모니터 가장 자리를 벗어나거나 가장 자리가 많이 남게 되는 경우는 오버스캔이 설정되어 있기 때문이다. 오버스캔은 화면이 모니터크기를 벗어나 표시되는 것을 방지하기 위한 설정으로 값을 조정하거나 꺼주면 된다. 이 방법도 5장 "HW Configuration"에서 다룬다.

8.4 부팅 실패

라즈베리파이3가 부팅에 실패할 경우 거의 대부분의 원인은 SD카드와 관련이 있다. 데스크톱이나 랩톱 컴퓨터와 달리 라즈베리파이는 SD 카드가 유일한 저장장치이므로 SD카드를 읽지 못하면 아무런 동작도 하지 않기 때문이다.

전원을 연결했을 때 라즈베리파이의 전원 등은 켜지는데 아무 일도 일어나지 않고 OK 등이 꺼진 상태이면 SD카드에 문제가 있는 것이다. 이때는 SD카드를 분리하고 메모리카드에 꽂은 후 PC에 연결해서 SD카드내의 파티션과 파일이 제대로 있는가를 확인한다.

SD카드가 PC에서는 정상적으로 보인다면 호환성 문제이다. 특히 SD카드가 클래스 10급의 고속 카드일수록 이런 증상이 자주 나타난다.

8.5 네트워크 Network

네트워크 문제를 진단할 때 가장 먼저 사용하고 또 가장 자주 사용하는 도구는 ifconfig 명령이다. 무선랜 설정은 4장 "네트워크 설정"에서 보다 더 자세히 설명한다.

라즈베리파이의 모든 이더넷 포트를 볼 수 있는 명령은 ifconfig이다. 명령을 실행해 보면 2개의 포트가 보이는데 하나는 보드의 우측에 있는 물리적인 포트이고, 다른 하나는 라즈베리파이 내의 프로그램들 간에 통신을 할 수 있도록 해주는 가상 루프백 인터페이스이다.

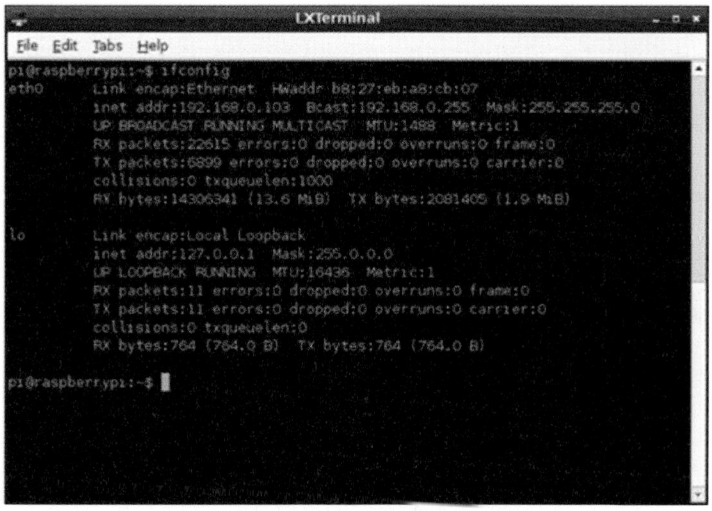

그림 8-2 ifconfig 실행 결과

ifconfig 명령의 출력 결과를 설명하면 다음과 같다.

- Link encap

  네트워크에 의해 사용되는 캡슐화 타입이다. 물리적 네트웍 포트는 ethernet, 가상 루프백 어댑터는 Local Loopback 타입이다.

- Hwaddr

  네트워크 인터페이스의 미디어 접근 제어(MAC; Media Access Control) 주소이다. 16진수로 표시되며 네트워크 상의 각 장치마다 고유한 번호를 갖는다. 각 라즈베리파이도 각각 고유의 MAC 주소를 가지며 생산지에서 설정된다.

- inet addr

  네트워크 인터페이스의 인터넷 프로토콜(IP; Internet Protocol) 주소이다. 이 주소를 이용하여 네트워크 상에서 운용되는 웹 서버 또는 파일 서버 등의 위치를 찾을 수 있다.

- Bcast

  라즈베리파이가 연결되어 있는 네트워크를 위한 브로드캐스트 주소이다. 이 주소로 보내지는 트래픽은 같은 네트워크 상의 모든 장치가 수신한다.

- Mask

네트워크 서브넷마스크이다. 라즈베리파이가 연결되어 있는 네트워크의 범위를 결정하는 정보이다. 대부분의 가정과 회사에서는 255.255.255.0이다.

- MTU

최대 전송 단위 크기(Maximum transmission unit size)이다. 시스템이 전송을 위해 데이터를 여러 개의 패킷으로 자를 때 단일 패킷의 최대 크기를 지정한다.

- RX

수신된 네트워크 트래픽에 대한 보고이다. 오류 및 누락된 패킷 수를 포함한다. 오류 숫자가 표시되면 네트워크에 문제가 발생했다는 의미이다.

- TX

송신된 네트워크 트래픽에 대한 보고이다.

- collisions

네트워크 상의 시스템들이 동시에 전송 시 발생하는 충돌 횟수이다. 소량의 충돌은 상관없지만 많은 수의 충돌이 발생하면 네트워크에 문제가 발생했다는 의미이다.

- txqueuelen

송신 대기열의 길이를 말한다. 대개 1000으로 설정되며 고정값이다.

- RX bytes, Tx bytes

네트워크 인터페이스를 통과한 트래픽 양이다.

네트워크에 문제가 발생하면 우선 네트워크 인터페이스를 다운(사용안함)시켰다가 다시 업(재사용) 시킨다. 명령어는 ifup과 ifdown을 사용한다.

네트워크가 활성화되어 있고 ifconfig명령을 키인했는데도 inet addr 섹션에 아무것도 나타나지 않으면 다음 명령을 사용한다.

```
$ sudo ifdown eth0
```

물리적인 케이블, 무선 AP의 동작여부 등을 점검하고 나서 다음 명령을 타이핑한다.

```
$ sudo ifup eth0
```

네트워크 상태를 점검하는 명령어인 ping 명령어를 사용해도 된다. 옆에 있는 다른 컴퓨터의 주소를 확인한 후 데이터를 보내고 응답을 확인한다.

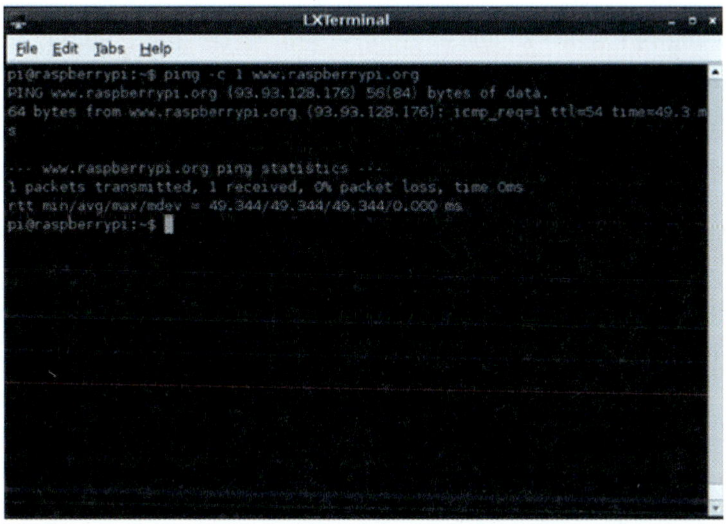

그림 8-3 ping 명령 실행 결과 성공

와이파이 무선랜을 사용시에는 다음과 같은 명령으로 해당 인터페이스를 재설정한다.

```
$ sudo ifdown wlan0
$ sudo ifup wlan0
```

8.6 리눅스 Kernel

리눅스 커널은 /boot 디렉토리의 kernel.img라는 이름으로 존재한다. 전원이 들어오면 이 파일이 자동으로 로드되는 것이다.

비상용 커널의 이름은 /boot 디렉토리의 kernel_emergency.img이다. 비상용 커널은 표준 커널과 동일하다. 표준 커널에 변경이 가해지더라도 비상용 커널은 원래의 상태를 유지하다가 표준 커널에 문제가 생겼을 때 비상용 커널을 로드하도록 할 수 있다.

첫 번째 방법은 PC에서 원래의 kernel.img파일을 kernel.img.bak으로 이름을 변경하고, kernel_emergency.img 파일을 kernel.img로 변경하여 라즈베리파이를 부팅한다. 다시 표준 커널로 되돌아가 가려면 kernel.img를 kernel_emergency.img로 변경하고, kernel.img.bak을 kernel.img로 변경하면 된다.

두 번째 방법은 /boot 디렉토리의 cmdline.txt 파일의 맨 끝에 다음 커맨드를 추가한다.

```
kernel=kernel_emergency.img
```

라즈베리파이가 로드할 커널 명칭을 지정해주는 것이다. 되돌아가는 방법은 추가된 행을 다시 지우면 된다. cmdline.txt에 대해서는 다른 장에서 설명한다.

2부

하드웨어

제 9 장 Electronics 이해

앞에서는 라즈베리파이3를 다양한 소프트웨어를 실행하는 유연한 플랫폼으로 변신시키는 방법을 학습하였다. 하지만 그것이 전부가 아니다. 일반 데스크톱과 랩톱들은 같은 PC들 대부분은 라즈베리파이3보다 훨씬 더 빠른 성능을 자랑한다.
하지만 라즈베리파이가 표준적인 이들 PC보다 더 나은 능력을 가지고 있는 것이 있다. 그 것은 회로기판의 우측에 있는 40개의 핀으로 이루어진 범용 입출력GPIO(General-Purpose Input-Output) 포트 때문이다.
GPIO는 라즈베리파이가 다른 전자부품이나 회로와 의사소통을 할 수 있도록 해준다. 또한 더 큰 규모의 전자 회로에서 라즈베리파이가 제어기로써의 역할을 할 수 있도록 해준다. GPIO 포트를 통해서 라즈베리파이는 온도를 감지할 수 있고, 서보 모터를 돌릴 수 있고, 직렬 주변기기 인터페이스(SPI; Serial Peripheral Interface)와 집적회로연결(I2C; Inter-Integrated Circuit) 같은 다양한 프로토콜들을 이용해서 다른 컴퓨팅 장비들과 의사소통을 할 수 있다.
하지만 라즈베리파이의 GPIO 포트를 이용해서 회로를 구축하기 전에 몇 가지 추가적인 장비와 부품들을 알아둘 필요가 있다.

9.1 Electronics 부품

라즈베리파이의 GPIO포트를 통해서 제어할 수 있는 회로를 만들어 보기 전에, 다양한 부품들과 공구들에 대해 알아둘 필요가 있다. 아래에 전자공학을 시작하기 위한 구매 목록을 적어보았다.

가. 브레드보드(Breadboard)

브레드보드는 2.54 mm 간격의 구멍이 격자 모양으로 배치되어 있어 전자부품을 끼우고, 다시 뺄 수 있도록 되어 있다. 각 격자 밑에는 접점들이 있어 같은 행의 전자부품들이 별도의 전선 없이 연결되도록 되어 있다. 브레드보드는 납땜을 하거나 땜납을 제거하는 불편 없이 손쉽게 시험용 전자회로를 만들어보고 수정할 수 있어 앞으로 GPIO 작업에 꼭 필요한 도구이다.

나. 점퍼선(Jumper Wires)

브레드보드가 전자부품들을 전선 없이도 연결할 수 있도록 해주기는 하지만 브레드보드 위의 행과 행 사이를 연결하려면 여전히 전선이 필요하다. 점퍼선이 없을 경우 연선보다는 랜 케이블에 사용하는 단선이 좋다. 브레드보드의 구멍에 끼우기가 더 쉽기 때문이다. 여러 색깔의 전선을 사용하면 용도에 따라 색깔로 구분할 수 있어 더 좋다. 보통 수-수핀, 암-수핀, 암-암핀으로 구분되며 센서, 전자부품, 부저, LED의 회로구성에 적절한 종류를 사용한다.

다. 저항(Resistors)

저항기(또는 저항)은 전류의 흐름을 방해하여 전압을 떨어뜨리는 효과를 내는 전자부품으로 대부분의 전자회로에 사용된다. 저항의 단위는 오옴(ohm)인데 기호로는 Ω로 표기한다. 많이 사용되는 값의 저항을 여러 개 갖춰두는 것이 편리한데 여러 소매점에서 판매하는 저항 모음 킷을 구매하면 사용하기 편리하다.

라. 푸시버튼(Push-Buttons)

매우 일반적인 입력 소자로 눌렀을 때 회로가 연결되게 한다. 기본적으로 키보드는 푸시버튼을 모아 놓은 것이라고 보면 된다. 눌리는 순간 연결되고 스위치를 놓으면 곧바로 연결이 끊어지므로 순간 접점 스위치(momentary contact switch)라고도 한다.

마. LED 발광다이오드(Light Emitting Diodes)

발광다이오드는 자주 사용되는 일반적인 출력장치이다. LED는 전압이 가해졌을 때 빛을 내므로 라즈베리파이의 GPIO포트가 high인지 low인지를 나타낼 수 있다. 라즈베리파이의 GPIO 포트는 고휘도 백색이나 고휘도 푸른색 LED를 구동할 정도의 고전압, 고전력을 내지 못하므로 LED를 구매할 때 저전력 LED(일반적인 LED)를 구매해야 된다. 고전압, 고전력을 필요로 하는 소자를 구동할 때는 트랜지스터라고 하는 또 다른 소자가 필요하다.

브레드보드로 시제품을 만든 후 뭔가 영구적인 회로를 만들고 싶다면 다음과 같은 것들이 필요하다.

바. 스트라이프보드(Stripboard)

일회용 브레드보드라고 할 수 있다. 브레드보드처럼 2.54 mm 간격의 구멍이 되어 있지만 브레드보드와는 달리 부품들을 구멍에 끼운 후 납땜으로 고정한다. 납땜 후에는 영구적인 회로가 된다.

사. 납땜인두(Soldering Iron)

부품들을 회로에 영구적으로 고정하고자 할 때 납땜인두를 사용한다. 납땜인두에 너무 많은 돈을 투자할 필요는 없지만 예산에 여유가 있으면 온도 조절이 가능한 제품을 장만해두는 것이 현명한 투자이다. 작고 뾰족한 팁을 가진 납땜용 인두를 구매해야 된다. 치즐팁(넓적하고 큰 목공예용 팁)을 가진 인두는 섬세한 전자 작업에는 적합하지 않다.

아. 땜납(Solder)

납땜 인두에는 당연히 땜납이 필요하다. 땜납은 전도성 금속과 플럭스라고 하는 세척물질이 포함되어 있다. 두꺼운 배관용 납을 구매하면 안 된다. 값은 싸지만 고열을 가해야 녹기 때문에 전자회로에는 어울리지 않는다.

자. 인두받침대 및 스폰지(Stand and Sponge)

사용하던 뜨거운 인두를 놓아둘 곳이 있어야 한다. 더불어 인두 팁을 청소할 것도 필요하다. 어떤 인두는 스탠드와 청소용 스폰지가 세트로 포함되어 있기도 하지만 별도로 구매해야 한다.

차. 니퍼(Side Cutters)

부품들을 납땜하고 나면 여분의 긴 다리를 잘라줄 필요가 있다. 이때 니퍼를 사용하면 납땜부위에 손상을 주지 않고 깨끗하게 잘라낼 수 있다.

카. 핀셋(Tweezers)

전자 부품들은 매우 작고 다루기 힘들기 때문에 핀셋 세트가 필요하다. 구멍에 끼우는 형태의(through-hole) 부품들은 비교적 다루기 쉽지만 표면 실장형(surface mount)부품들을 사용할 생각이라면 손가락의 화상을 예방하기 위해 핀셋이 필수품이다.

타 기판거치대(Work Stand)

납땜 작업을 할 때 기판을 잡아주는 역할을 한다. 무거운 받침대와 클램프, 클립으로 구성되어 있고, 어떤 모델은 확대경과 조명등을 포함하고 있다.

파. 멀티미터(Multimeter)

멀티미터는 여러 가시 〈전압, 전류, 저항, 정전용량 등〉 단위를 측정하고 단선 및 쇼트를 시험할 수 있는 장비이다. 멀티미터가 반드시 필요한 것은 아니지만 회로를 진단하는데 매우 유용하다. 전문적인 멀티미터는 매우 비싸지만 간단한 모델은 값도 그다지 비싸지 않아 라즈베리 파이나 아두이노를 제작하는 사람이라면 누구나 구매해야 한다.

하. 땜납제거용 위크(Desoldering Wick)

납땜을 하다 보면 실수도 나온다. 땜납제거용 위크는 금속선을 그물 모양으로 짠 테잎 형태인데 기판의 잘못 납땜된 부위에 대고 인두로 가열을 하면 납을 빨아들여 부품을 떼어낼 수 있다. 고장난 전자제품에서 부품들을 떼어내어 모으면 값싸게 여러 유용한 부품들을 모을 수 있다.

9.2 저항 값 측정

대부분의 전자부품들은 각 부품의 값이 명확하게 표기되어 있다. 예를 들면 콘덴서에는 정전용량이 패럿 단위로 인쇄되어 있고, 크리스탈에는 주파수가 표기되어 있다.

그러나 저항은 이런 방식이 아니라 색 띠로 그 용량을 나타낸다. 저항 값은 표면에 그려져 있는 색 띠로 계산을 해야 된다. 그렇지 않으면 멀티미터로 측정해야 한다. 그러나 이것은 불편하기 때문에 색 띠로 저항을 알 수 있도록 그 방식을 배워야 한다. 그림 9-1에 전형적인 4색 띠 저항 그림이 있다. 앞의 두 띠는 저항 값을 나타낸다. 세 번째 색 띠는 승수로써 앞의 두 자리 저항 값에 십의 몇 승을 곱할 것인지를 나타낸다. 마지막 네 번째 색 띠는 저항 값의 오차 허용치 내지는 정밀도를 나타낸다. 더 적은 오차 허용치를 갖는 저항일수록 더 표기된 저항 값에 일치할 가능성이 높다. 대신 가격이 더 비싸다.

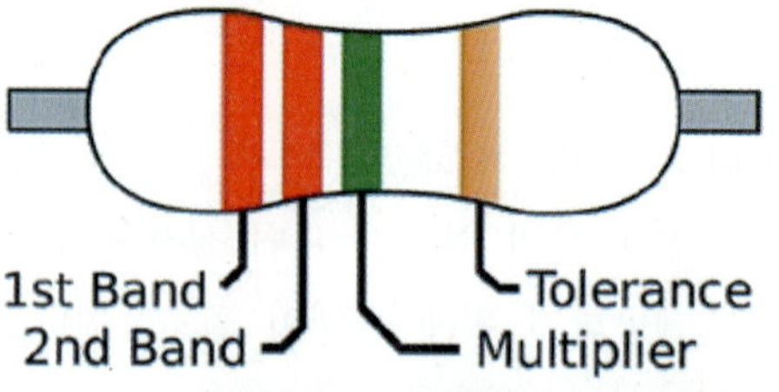

	1st/2nd Band	Multiplier	Tolerance
Black	0	0	-
Brown	1	$\times 10^1$	±1%
Red	2	$\times 10^2$	±2%
Orange	3	$\times 10^3$	-
Yellow	4	$\times 10^4$	-
Green	5	$\times 10^5$	±0.5%
Blue	6	$\times 10^6$	±0.25%
Violet	7	$\times 10^7$	±0.1%
Grey	8	$\times 10^8$	±0.05%
White	9	$\times 10^9$	-
Gold	-	$\times 10^{-1}$	±5%
Silver	-	$\times 10^{-2}$	±10%
None	-	-	±20%

그림 9-1 4색 띠 저항 값 읽기

예시된 그림의 저항 값을 읽어보자. 처음 두 색이 빨강, 빨강이므로 저항 값은 우선 22로 볼 수 있다. 그 다음 색 띠는 초록이므로 여기에 10의 5승을 곱해주어야 한다. 그러면 2,200,000 오옴이 된다.

1,000 오옴은 1킬로 오옴이고, 1킬로 오옴은 1메가 오옴이므로 보통 2.2 메가 오옴으로 읽으면 된다. 마지막 색 띠는 금색이므로 허용오차는 ±5%이다.

5색띠로 표시된 저항도 있다. 이때는 첫 세 자리가 저항 값이고, 네 번째는 역시 승수, 다섯 번째는 허용오차를 의미한다.

9.3 GPIO 포트와 버스 구조

라즈베리파이3의 GPIO포트는 인쇄회로기판의 우상단에 위치하고 있다. 2.54mm 간격 2행 13열의 male(수컷) 헤더로 되어 있는 40핀 포트이다. 헤더 사이의 간격은 특히 중요하다. 전자공학에서 2.54mm(0.1인치) 핀 간격은 자주 볼 수 있는 수치이며 스트라이프보드와 브레드보드를 포함한 프로토타이핑 플랫폼들을 위한 표준 간격이다.

GPIO포트의 각 핀들은 각각의 용도가 있으며 특정 회로를 형성하기 위해 몇몇 핀들이 같이 사용되기도 한다. GPIO포트의 배치는 아래 그림을 보면 알 수 있다.

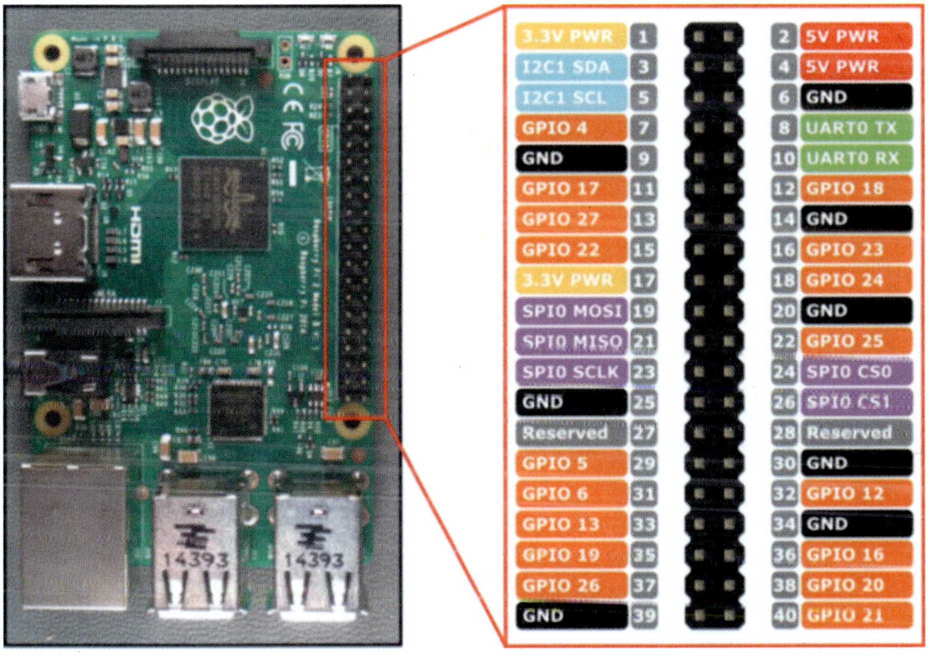

그림 9-2 라즈베리파이3의 GPIO 포트 핀 정의

GPIO포트의 핀들은 두 줄로 나뉘는데 왼쪽은 홀수 번호, 오른쪽은 짝수 번호를 가진다. 라즈베리파이의 GPIO포트를 사용할 때는 이 점을 잘 기억하는 것이 좋다. 다른 대부분의 장비들과는 다른 번호 배치를 가진데다가 표시가 되어있는 것도 아니므로 어느 핀이 어느 핀인지 혼동하기 쉽다.

CAUTION

Reserved라고 표시되어 있는 핀에는 절대 아무것도 연결해서는 안 된다. 이 핀들은 라즈베리파이의 BCM2837 SoC의 내부 기능을 위해 유보되어있다.

라즈베리파이의 GPIO포트가 5V 전원을 제공하기 위하여 micro-USB단자를 통해 공급받은 전원을 2번 핀을 통해 제공한다. 특히 라즈베리파이의 내부 동작은 모두 3.3V 회로에 기반하고 있다. 즉, 라즈베리 파이의 부품들은 3.3V 전원으로 동작하고 있다는 뜻이다. 라즈베리파이의 GPIO포트를 통해 제어되는 회로를 만들 계획이라면 3.3V 호환 부품을 사용하거나 정전압 회로를 거쳐 연결해야만 한다.

CAUTION

5V전원을 라즈베리파이의 GPIO핀에 연결하거나 두 개의 전원 공급 핀을 다른 핀에 연결하면 라즈베리파이를 손상시키는 결과를 초래한다. 포트의 핀은 직접 브로드컴 BCM2837 SoC에 연결되어 있기 때문에 손상을 복구하기는 불가능할 것이다. GPIO포트 근처에서는 극도의 주의를 기울여야 한다.

이러한 범용 핀들 이외에도 GPIO 포트는 특별한 버스들을 위한 핀들을 가지고 있다. 버스들에 대해서 알아보자.

가. UART 직렬 버스

UART(Universal Asynchronous Receiver/Transmitter) 직렬 버스는 간단한 2선 직렬 인터페이스이다. cmdline.txt파일에서 직렬 포트를 설정했을 때 메시지를 출력하는데 사용되는 포트가 바로 이 직렬 버스이다. 라즈베리파이의 직렬 버스를 표시 장치에 연결하면 리눅스 커널의 메시지를 표시할 수 있다. 라즈베리파이가 부팅 과정에서 문제를 일으켜 디스플레이에 아무것도 표시되지 않는 경우 이 직렬 버스가 간편한 진단 도구가 되어준다.

그림 9-3　라즈베리파이3의 I2C와 SPI 핀 배열

UART 직렬 버스는 물리 핀 8, 10을 통해 접근한다. 핀 8은 발신 신호, 핀 10은 수신 신호선이다. 전송 송도는 cmdline.txt파일에서 설정할 수 있다. 통산 115,200 bps(Bits per second)이다.

나. I2C 버스

이름이 의미하듯 I2C(Inter-Integrated Circuit) 버스는 다수의 집적회로(ICs)간 통신을 제공하기 위해 디자인되었다. 라즈베리파이의 심장부인 브로드컴 BCM2837 SoC도 이들 집적회로 중의 하나이다 이들 핀들은 풀업 저항을 포함하고 있어 별도의 풀업저항을 달지 않아도 된다.

I2C버스는 핀 3과 5를 통해 접근할 수 있다. 핀 3은 SDA(Serial Data Line)이고 핀 5는 SCL(Serial Clock) 신호신이다. 이들 핀으로 제공되는 I2C는 사실 BCM237 칩이 제공하는 두 개의 I2C 버스 중의 하나이다. 다른 하나는 보드 상에 저항으로 터미네이트되어 있어 범용으로 사용할 수 없도록 되어 있다.

다. SPI 버스

SPI(Serial Peripheral Interface)버스는 주로 마이크로 컨트롤러와 다른 기기의 ISP(in-system programming)를 위한 용도로 디자인 되었다. UART 또는 I2C와는 달리 하나 이상의 타깃 장비와

통신할 수 있도록 칩 선택 선을 포함하여 네 개의 선을 가지는 버스로 되어 있다.

라즈베리파이의 SPI 버스는 핀 19, 21 및 23과 핀 24, 26에 있는 칩 선택선을 통해 사용할 수 있다. 핀 19는 MOSI(SPI 마스터 출력과 슬레이브 입력), 핀 21은 MISO(마스터 입력과 슬레이브 출력), 핀 23은 SCLK(통신 동기화를 위한 직렬 클럭), 핀 24와 26은 두 개까지의 독립 슬레이브 장치를 지원하는 칩 선택 신호선이다.

라즈베리파이의 BCM2837 SoC 프로세서에는 다른 버스들이 더 있지만 GPIO포트로 연결되어 있지 않아 사용할 수 없다.

제 10 장 사물인터넷 개발용 CAD : fritzing

사물인터넷 개발용 CAD라고 불리우는 fritzing은 디자이너, 예술가, 연구원 등 컴퓨터 전문가가 아닌 사람들이 보다 더 쉽게 사용할 수 있도록 고안된 CAD이다. 사실 아두이노나 라즈베리파이를 처음 접하는 사람들은 브레드보드에 센서나 부품을 꽂는 동작 하나하나도 부담스러워한다. 이 fritzing은 이 경우에도 어떻게 부품을 조립하고 어떻게 라즈베리파이와 연결하는가를 쉽게 깨우칠 수 있다.

10.1 fritzing 설치

가. 다운로드

fritzing을 다운로드해서 설치해보자.

다운로드 사이트는 http://fritzing.org/download/ 이다. 여기에서 Donate & Download 버튼을 클릭하면 된다.

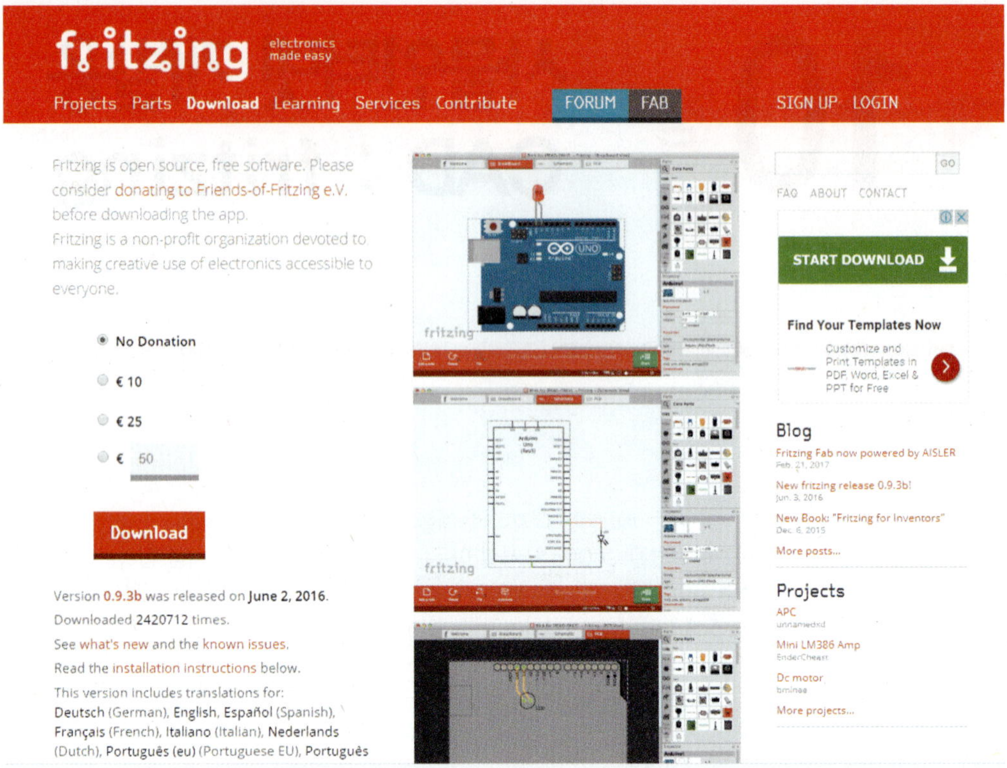

그림 10-1 fritzing 다운로드

다운로드 버튼을 클릭하면 다운받고자 하는 파일의 형태를 물어보는 화면이 뜬다. 이때 윈도우즈 64비트(사용하는 PC가 윈도우즈 32비트일 경우에는 윈도우즈 32비트)를 클릭하면 fritzing. 0.9.3b.64.pc.zip파일이 다운로드 된다. (이 책을 집필하는 2018년 1월 시점의 flitzing의 버전은 0.9.3)

나. 설치

다운로드한 파일의 압축을 풀고 이 폴더 전체를 적절한 곳에 옮기고 Fritzing.exe파일을 실행하면 바로 frizing이 실행된다. 따로 설치단계를 거치지 않는 Portable Excutable파일이므로 간편하게 사용가능하다.

아래그림은 정상적으로 실행된 frizing화면이다. 메인 메뉴 바로 아래의 메뉴탭을 보면 브레드보드, 스케메틱, PCB, Code가 보인다. 브레드보드는 아두이노 혹은 라즈베리파이에서 사용할 부품과 센서 회로를 구성하는 메인 화면이고, 스케메틱과 PCB는 이렇게 구성한 화면을 전자공학적인 회로도로 자동으로 구성해주는 화면이다. Code는 아두이노와 라즈베리파이 코드를 작성하는 탭이다.

여기서는 브레드보드 메뉴위주로 설명한다.

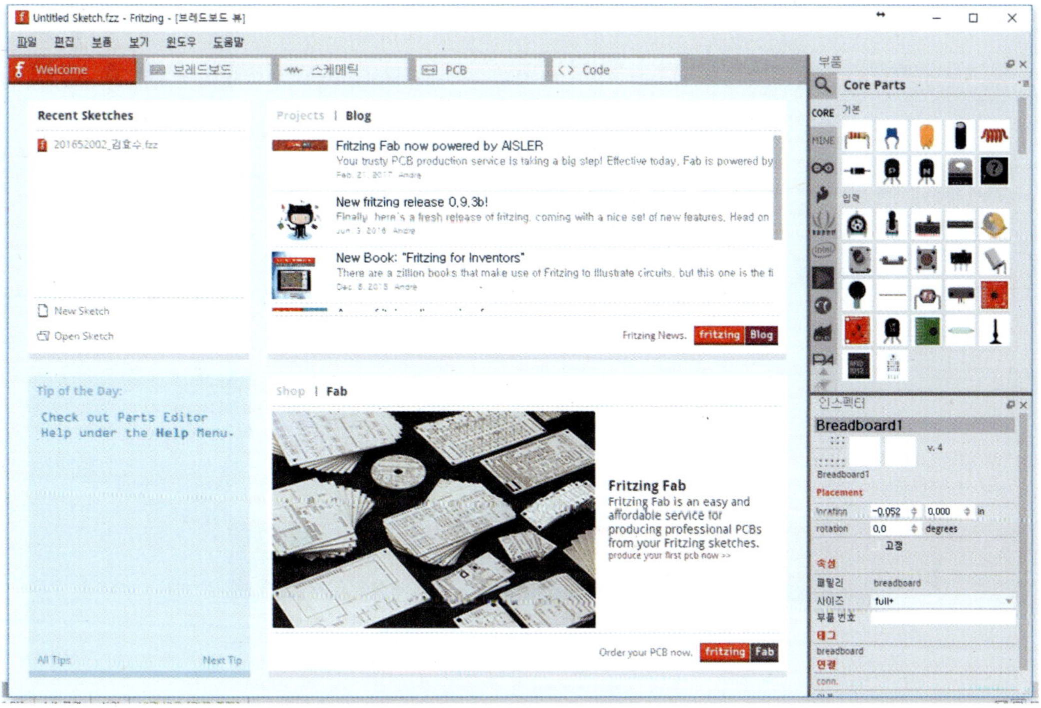

그림 10-2 frizing 실행화면

10.2 fritzing 실행

가. 브레드보드

브레드보드탭은 클릭하면 다음 그림처럼 실물과 똑같은 모양의 브레드보드가 보인다. 화면의 우측에는 이 보드에 결합할 라즈베리파이, 아두이노, 각종 센서, 전자부품을 선택하는 윈도우가 보인다.

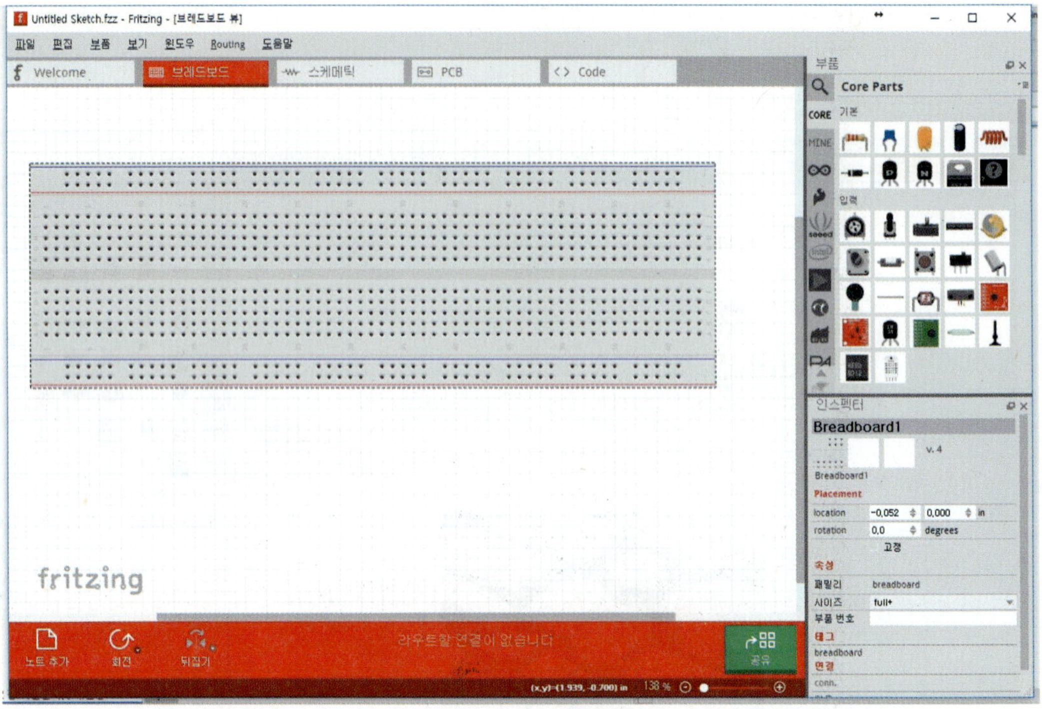

그림 10-3 fritzing 브레드보드 구성 시작화면

브레드보드는 세로로 5개씩의 구멍이 있는 세로열과 가장 윗부분 2줄, 가장 아랫부분 2줄로 구성된 푸른색 붉은색의 가로줄 4개로 구성된다.

당연히 세로로 5개의 구멍은 구리선으로 연결이 되어있고, 가로로 그어진 푸른색 붉은색의 4개 줄도 각각 줄 단위로 모두 다 연결되어있다.

이 브레드보드도 사이즈별로 바꿀 수 있다. 화면 우측 부품창의 검색버튼을 누르고 half breadboard라고 입력해보자.

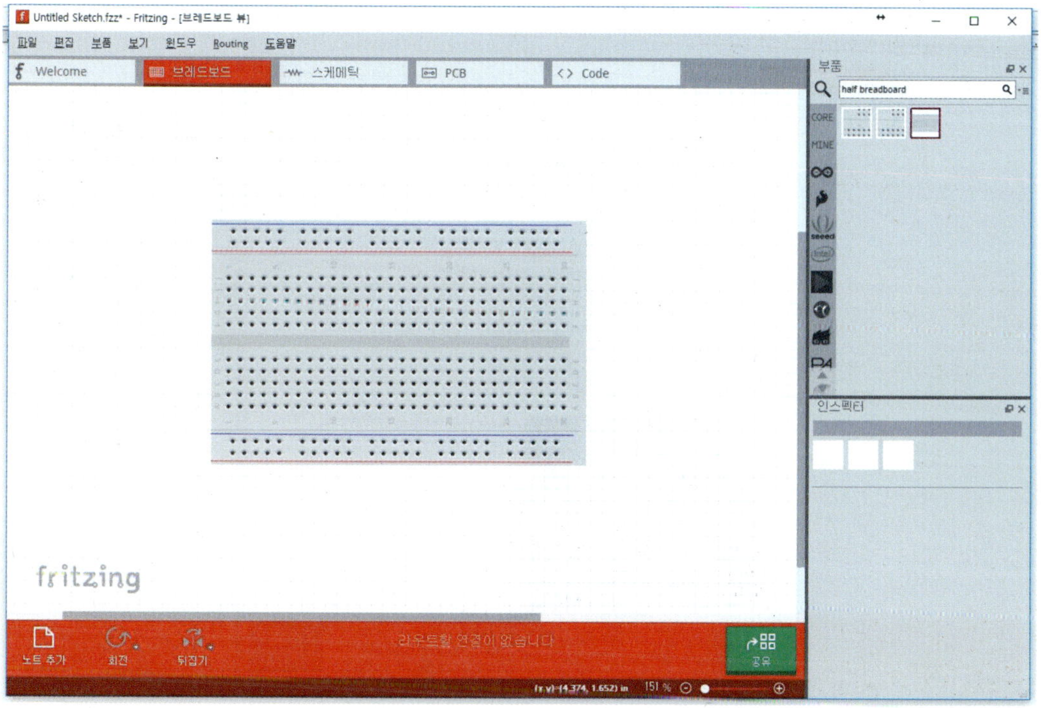

그림 10-4 Half size breadboard를 사용

검색창에 뜬 3개의 Half size 브레드보드 중에서 맨 오른쪽 브레드보드를 마우스로 드래그하여 메인화면으로 가져오면 위 그림처럼 설정이 된다.

이 브레드보드를 이용하여 회로를 구성해 보자.

나. 회로 구성

이 브레드보드에 아두이노와 LED를 결선하여 1초에 한 번씩 깜빡이는 회로를 구성해 보자. 필요 부품 리스트는 다음과 같다.

- 아두이노 UNO
- LED 1개
- 저항 1개

검색창에서 Arduino uno를 입력하여 아두이노 우노를 화면에 배치하고, 이어서 LED를 입력하고 빨간색 LED, resistance를 입력하여 저항을 브레드보드에 배치한다.

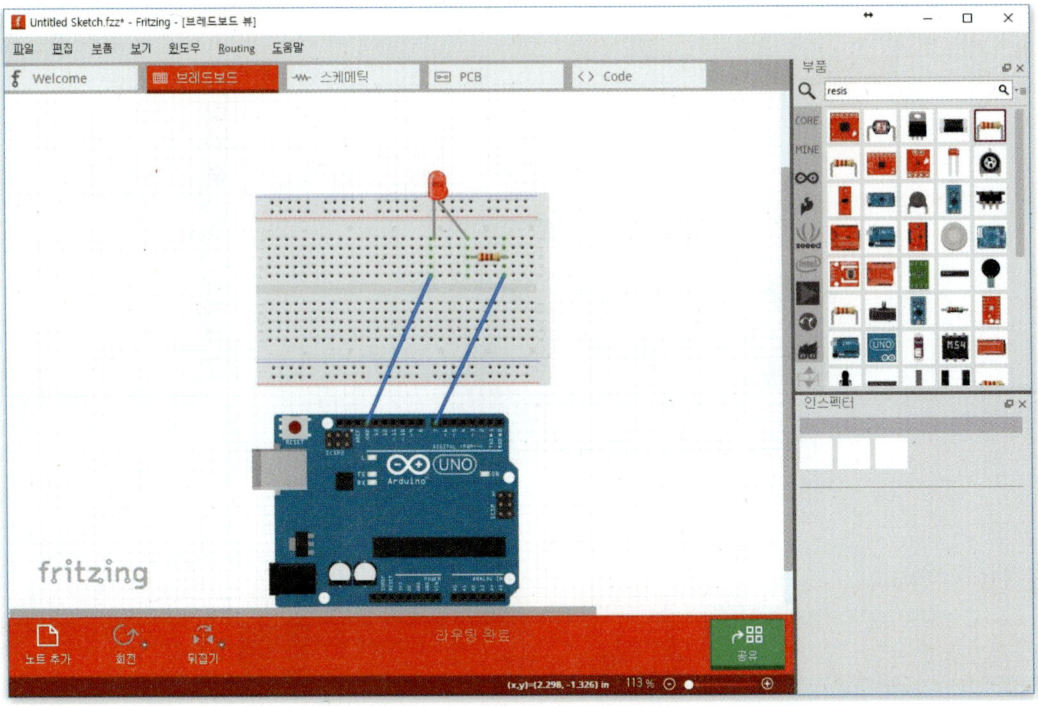

그림 10-5 부품과 아두이노 배치

부품의 배치가 끝나면 LED의 짧은 다리에서 아두이노 GND 핀으로 점퍼선을 연결하고 그 점퍼선을 오른쪽 버튼으로 클릭한 후, 와이어 색상을 검정색으로 바꾼다. 마찬가지 방식으로 LED의 긴다리에서 연결된 저항의 끝열에 빨간색 점퍼선을 추가하고 아두이노 7번 핀에 연결한다.

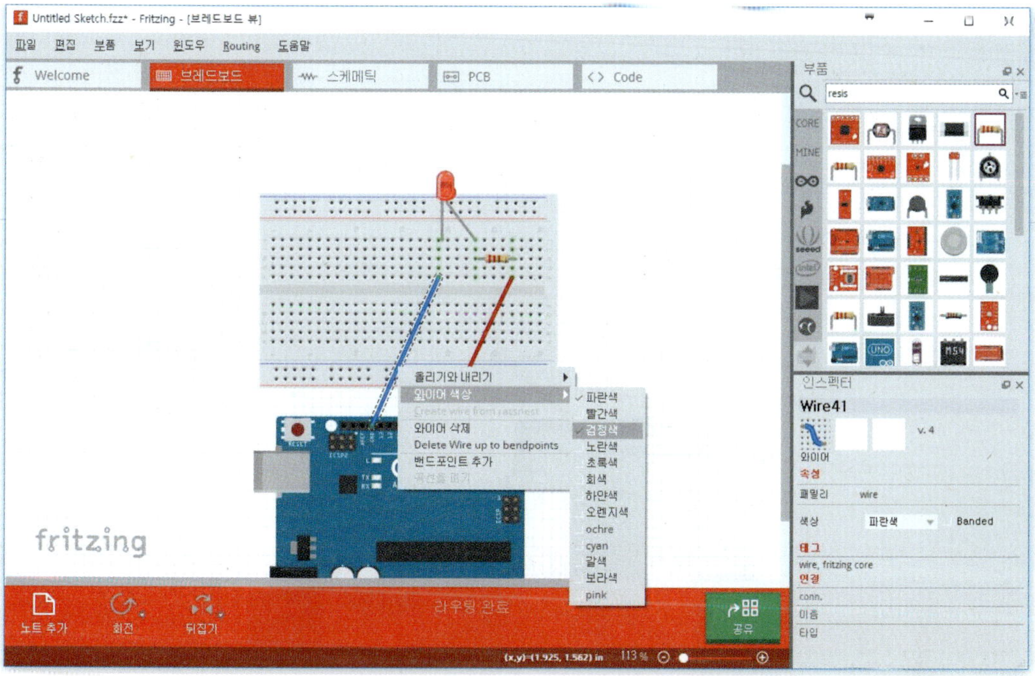

그림 10-6 와이어 색 변경

이제 기본 깜빡이(블링크) 회로가 완성되었다. fritzing 메뉴에서 다른이름으로 저장을 선택하고 적절한 파일이름을 입력하여 저장한다.

다. 점퍼선 처리

위 그림을 보면 부품과 보드를 연결하는 점퍼선이 시각적으로 자연스럽지 못해 보이는 것을 알 수 있다. 이것을 자연스럽게 보이게 하기 위해 인위적으로 늘이거나 줄여서 점퍼선을 수정하는 것은 결코 쉬운 일이 아니다.

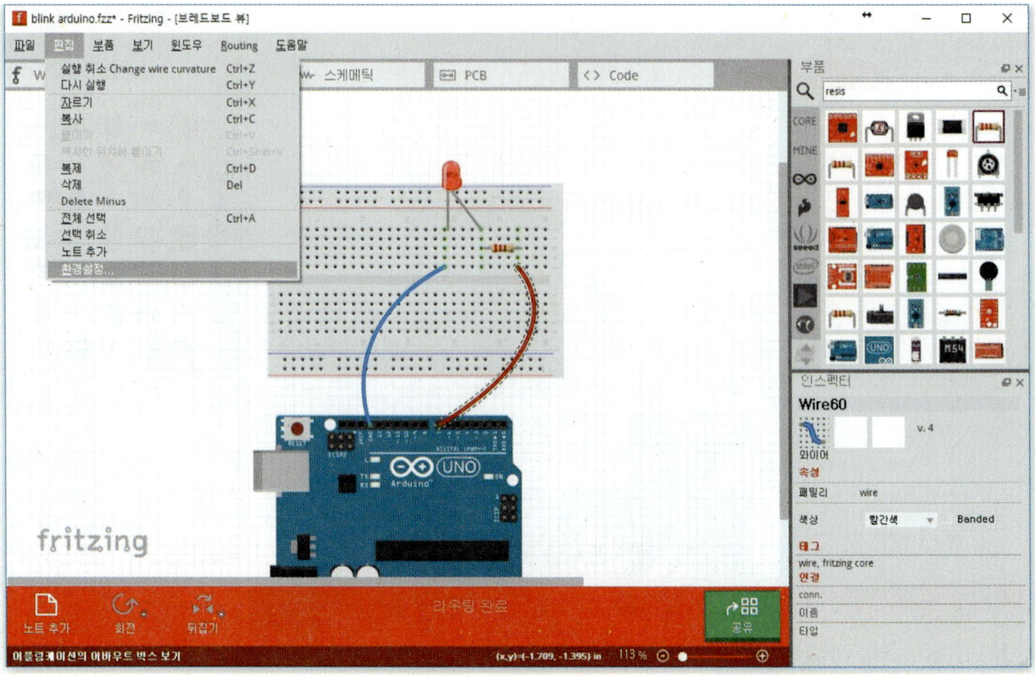

그림 10-7 환경설정

이것을 해결하기 위해서는 다음 그림처럼 메뉴의 편집-환경설정-브레드보드 뷰 탭에 있는 〈Curvy wires and legs〉 항목을 선택해주면 된다.

처리된 그림을 보면 보다 더 자연스러운 점퍼선 처리가 된 것을 확인할 수 있다.

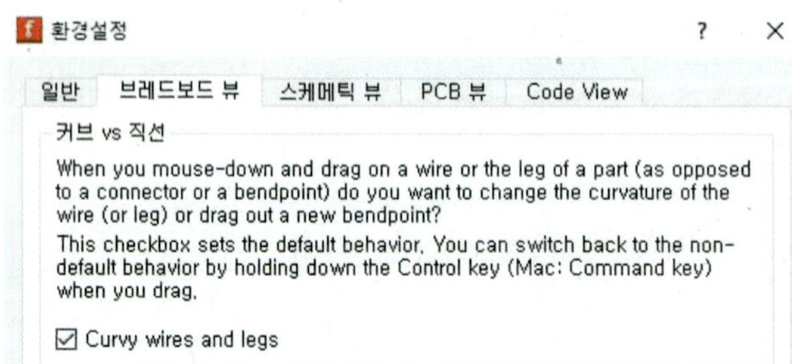

그림 10-8 Curvy wires and legs

이상과 같이 fritzing을 가지고 보드와 부품을 배열하고 점퍼선을 결선하여 회로도를 구성하는 과정에 관하여 알아보았다.

10.3 보드와 센서의 배치

가. 객체의 회전

fritzing에서 적절한 시각화를 위해 브레드보드, 각종부품, 아두이노, 라즈베리파이3와 같은 모든 객체의 회전이 가능하다. 물론 복사, 삭제도 가능하므로 적절하게 사용하면 된다. 아래 그림은 라즈베리파이3를 우측으로 90도 회전시키고, Half size 브레드보드를 좌측으로 45도 회전시킨 모습이다.

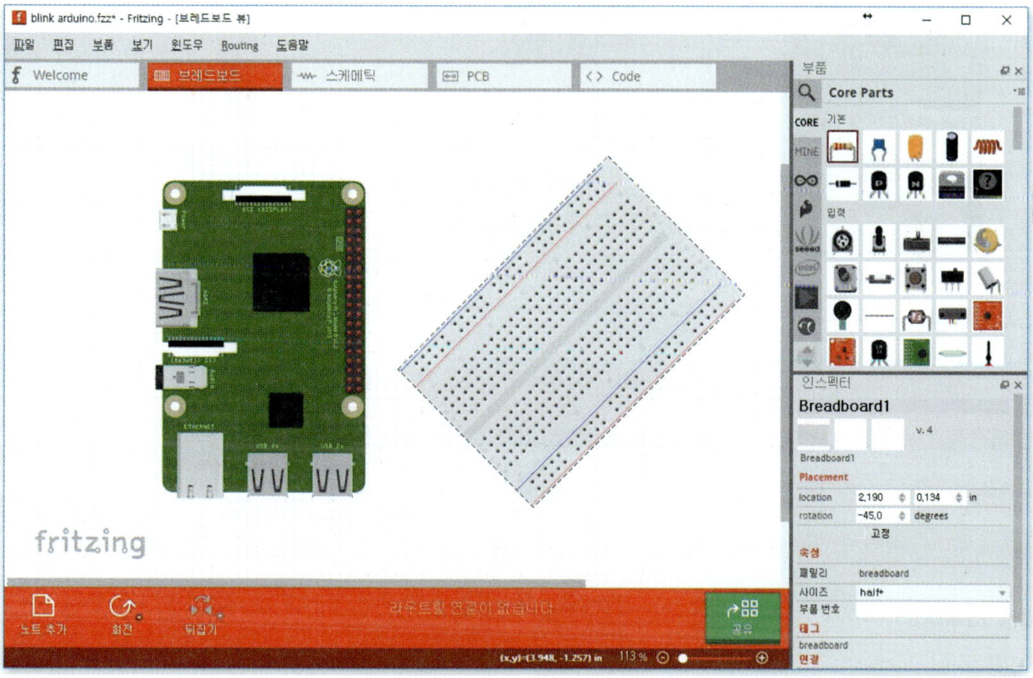

그림 10-9 보드의 회전

나. 라즈베리파이3 배치

화면의 우측 부품 창에서 검색창을 이용하면 가장 빠르게 부품을 검색할 수 있다. 검색창에서 raspberry를 키인하면 라즈베리파이의 버전별 아이콘이 다양하게 나타난다. 마우스를 각 아이콘에 가져다 대기만 해도 버전과 이름이 나타난다.

이 책에서는 라즈베리파이3가 대상이므로 〈Raspberry Pi 3〉 아이콘을 드레그하여 회면에 구성하면 된다.

다. 초음파 센서 SR-04

센서중에서 가장 많이 사용되는 초음파센서 SR-04를 검색하고 fritzing화면에 구성해 보자. 부품창의 검색에서 sr04라고 키인하면 된다.

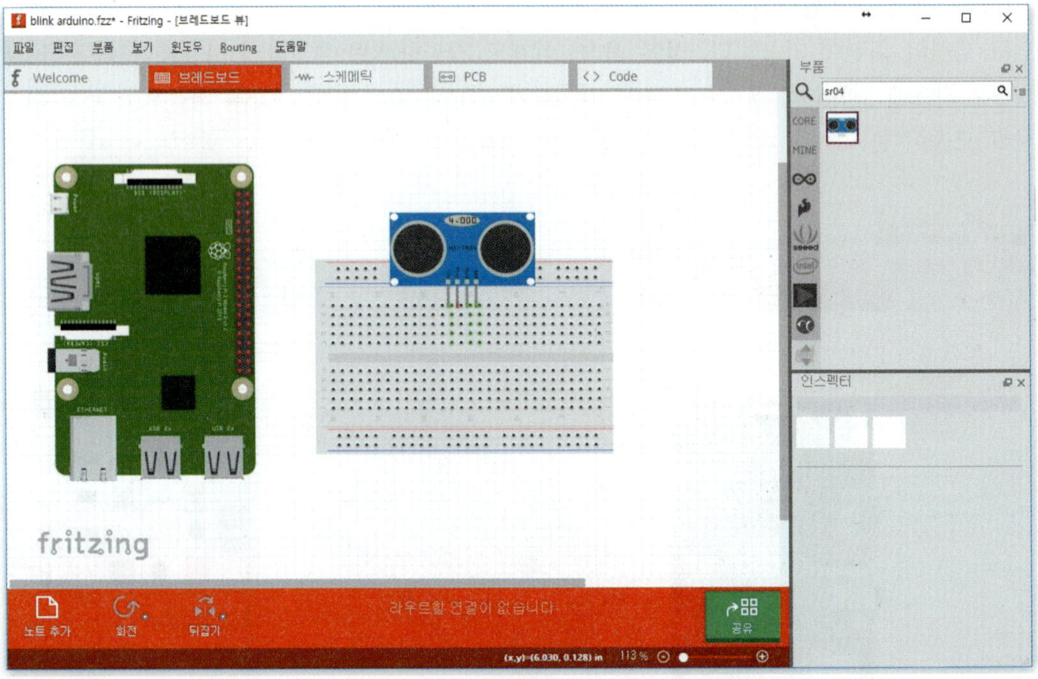

그림 10-10 초음파센서 SR-04 배치

라. 스위치

부품창 검색에서 switch라고 입력하면 매우 많은 스위치 부품들이 나타난다. 여기서 적절한 스위치를 선택하면 된다.

초기의 회로구성을 위한 기본적 스위치로는 pushbutton switch가 있다. 검색에서 push switch라고 입력해도 된다. 브레드보드에 버튼의 구성을 생각하면서 적절히 배치하면 된다.

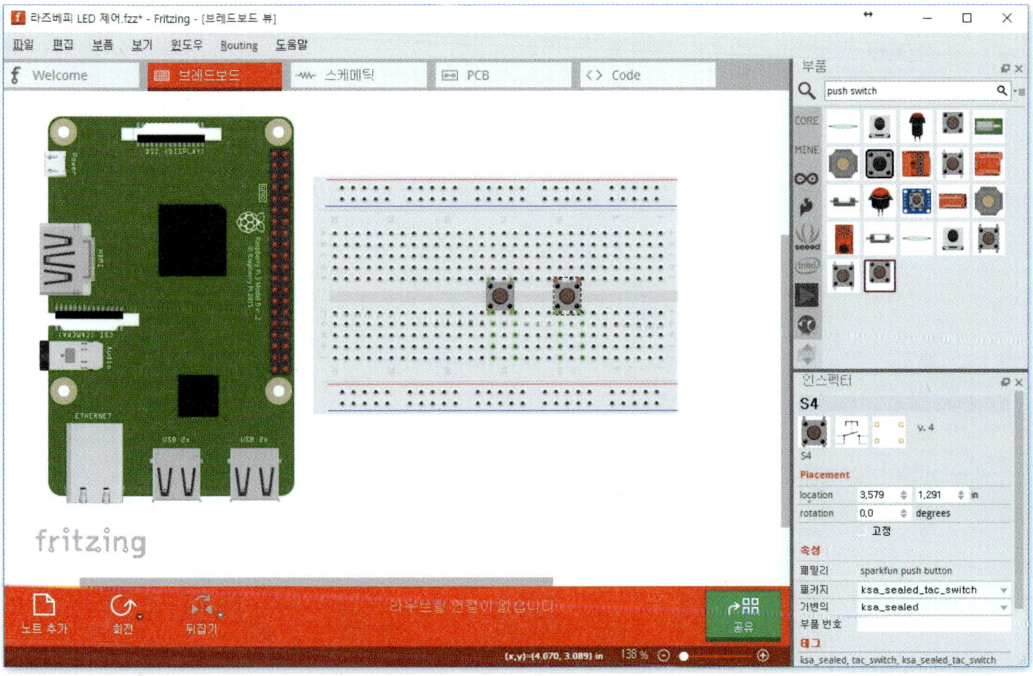

그림 10-11 푸시버튼 스위치 배치

note

제 11 장 C를 이용한 GPIO프로그래밍

라즈베리파이3를 사용하는 여러 가지 이유 중에서 가장 큰 것은 GPIO 제어를 통해서 사물인터넷 디바이스로 사용하는 것이고 그 다음은 탑재된 리눅스를 이용하여 각종 서버로 활용하기 위함이다. 여기서는 라즈베리파이에 내장된 GPIO를 제어하는 GPIO 프로그래밍에 관하여 학습한다. 가장 많이 사용되는 프로그래밍 언어인 C언어와 GPIO를 제어하기위한 대표적인 라이브러리인 wiringPi를 사용한다.

11.1 wiringPi 설치

가. 라즈베리파이 접속

와이파이 무선랜에 연결된 라즈베리파이3에 putty를 이용한 SSH로 접속해도 되고 또는 라즈베리파이에 키보드, 모니터, 마우스를 연결해서 직접 콘솔로 접속해도 된다.

putty로 접속하는 방식으로 설명한다. 맨 위 Host Name에 라즈베리파이의 IP주소를 입력하고 Open버튼을 누른다. 아이디와 패스워드를 입력하여 라즈베리파이에 접속하면 된다. 보다 더 자세한 내용은 이 책의 2장을 참고하면 된다.

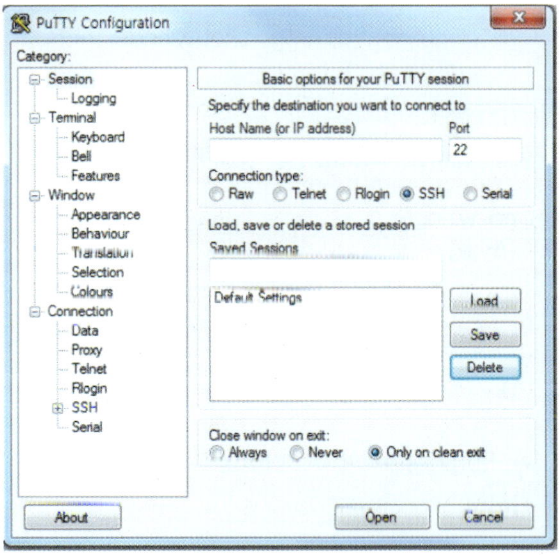

그림 11-1 putty 실행화면

나. 패키지 업데이트

```
sudo apt-get update
sudo apt-get upgrade
```

업데이트와 업그레이드가 완료되면 wiringPi로 GPIO를 제어해 본다.

물론, 실제로는 파이썬 GPIO 프로그래밍도 많이 쓰이지만 이 방식이 보다 더 리눅스 운영체제와 가까운 방식이므로 먼저 학습하도록 한다. 파이썬 GPIO는 3부 파이썬에서 학습한다.

TIP

wiringPi

wiringPi는 BCM2835 칩을 사용하는 라즈베리 파이에서 C 언어를 사용하여 GPIO를 제어하기위한 가장 기본적인 라이브러리이다.
라즈베리 파이는 마이크로콘트롤러가 아닌 엄연한 컴퓨터이므로 OS인 라즈비안이 있으며, 이로 인해 여러 가지 사용하기 편한 고급언어(C 또는 파이썬)로도 제어와 실행이 가능하다.
아두이노에서의 LED On Off 문제는 아두이노 편집기가 한 가지 언어 즉 C/C++ 만을 사용하기 때문에 이종 컴퓨터 언어에 의한 다양성 문제가 없어 상대적으로 라즈베리 파이에 비해서 간단했다.
하지만 라즈베리 파이의 경우 LXTermial의 인터프리터 명령 및 C 언어 뿐만 아니라 파이선도 워낙 폭넓게 사용되고 있기 때문에 이들에 대한 기본적인 경험 및 이해를 갖추어 둘 필요도 있으며 결국은 사용자의 선택의 문제일 것이다.

```
sudo apt-get install git-core
```

명령을 수행하고 완료되면

```
git clone git://git.drogon.net/wiringPi
```

을 입력한다.

이후에 바로 wiringPi를 설치한다.

```
cd wiringPi
./build
```

위 명령이 잘 수행되어 설치가 잘 끝났으면

```
gpio -v
```

이 명령은 gpio의 각 버전을 나타내 준다.

이어서

```
gpio readall
```

이 명령은 라즈베리파이의 모든 GPIO 핀을 확인하는 명령어이다. 이 명령이 수행되면 다음 그림과 같은 GPIO 핀맵이 나타난다.

```
+-----+-----+---------+------+---+---Pi 2---+---+------+---------+-----+-----+
| BCM | wPi |   Name  | Mode | V | Physical | V | Mode | Name    | wPi | BCM |
+-----+-----+---------+------+---+----++----+---+------+---------+-----+-----+
|     |     |    3.3v |      |   |  1 || 2  |   |      | 5v      |     |     |
|   2 |   8 |   SDA.1 |   IN | 1 |  3 || 4  |   |      | 5V      |     |     |
|   3 |   9 |   SCL.1 |   IN | 1 |  5 || 6  |   |      | 0v      |     |     |
|   4 |   7 | GPIO. 7 |   IN | 1 |  7 || 8  | 1 | ALT0 | TxD     | 15  | 14  |
|     |     |      0v |      |   |  9 || 10 | 1 | ALT0 | RxD     | 16  | 15  |
|  17 |   0 | GPIO. 0 |   IN | 0 | 11 || 12 | 0 | IN   | GPIO. 1 | 1   | 18  |
|  27 |   2 | GPIO. 2 |   IN | 0 | 13 || 14 |   |      | 0v      |     |     |
|  22 |   3 | GPIO. 3 |   IN | 0 | 15 || 16 | 0 | IN   | GPIO. 4 | 4   | 23  |
|     |     |    3.3v |      |   | 17 || 18 | 0 | IN   | GPIO. 5 | 5   | 24  |
|  10 |  12 |    MOSI |   IN | 0 | 19 || 20 |   |      | 0v      |     |     |
|   9 |  13 |    MISO |   IN | 0 | 21 || 22 | 0 | IN   | GPIO. 6 | 6   | 25  |
|  11 |  14 |    SCLK |   IN | 0 | 23 || 24 | 1 | IN   | CE0     | 10  | 8   |
|     |     |      0v |      |   | 25 || 26 | 1 | IN   | CE1     | 11  | 7   |
|   0 |  30 |   SDA.0 |   IN | 1 | 27 || 28 | 1 | IN   | SCL.0   | 31  | 1   |
|   5 |  21 | GPIO.21 |   IN | 1 | 29 || 30 |   |      | 0v      |     |     |
|   6 |  22 | GPIO.22 |   IN | 1 | 31 || 32 | 0 | IN   | GPIO.26 | 26  | 12  |
|  13 |  23 | GPIO.23 |   IN | 0 | 33 || 34 |   |      | 0v      |     |     |
|  19 |  24 | GPIO.24 |   IN | 0 | 35 || 36 | 0 | IN   | GPIO.27 | 27  | 16  |
|  26 |  25 | GPIO.25 |   IN | 0 | 37 || 38 | 0 | IN   | GPIO.28 | 28  | 20  |
|     |     |      0v |      |   | 39 || 40 | 0 | IN   | GPIO.29 | 29  | 21  |
+-----+-----+---------+------+---+----++----+---+------+---------+-----+-----+
| BCM | wPi |   Name  | Mode | V | Physical | V | Mode | Name    | wPi | BCM |
+-----+-----+---------+------+---+---Pi 2---+---+------+---------+-----+-----+
```

그림 11-2 핀 맵

이 표에서 가운데 두 줄, 1부터 40까지의 번호로 표시되어있는 것이 물리(Physical)적인 라즈베리파이3의 핀번호이다. 그 옆 wPi는 wiringPi GPIO번호이다. 그 옆 BCM은 파이썬을 학습할 때 따로 설명한다.

예를 들어 wiringPi GPIO 4번은 라즈베리파이3 물리(Physical)핀 번호 16번이다. wiringPi 프로그래밍에서 이 GPIO핀번호 4를 제어하고자 할 경우에는 물리핀 16번에 연결되어 있어야 한다는 의미이다. 이 핀번호에 관하여는 계속 반복하여 설명한다.

11.2 GPIO 제어 기초 : LED

가. 회로구성

앞 절에서 설명한 아두이노의 경우처럼 라즈베리파이 GPIO 프로그래밍도 LED점멸을 이용하여 설명한다. 아주 간단하다. 단순히 브레드보드상의 빨간색 LED가 1초 간격으로 On, Off를 반복하게 하는 기능이다.

회로구성

아래 회로도처럼 빨간색 LED를 연결한다.

그림 11-3 하드웨어 결선

위 그림을 보면 GND는 물리(Physical)핀 6번에, +핀은 물리핀 16번핀(GPIO 4번)에 연결한다.

나. 프로그래밍

LED를 제어하는 코드는 폴더를 새로 만들어서 저장해 본다.

```
mkdir led-gpio
cd led-gpio
```

편집기를 이용하여 c 프로그램을 작성한다.

```
nano led-gpio.c
```

소스코드작성

```
#include <stdio.h>
#inclide <wiringPi.h>
#define LED 4
int main(void)
{
        if (wiringPiSetup() == -1)
                return 1;
        pinMode (LED1, OUTPUT);

        for(;;)
        {
                digitalWrite(LED, 1);
                delay(1000);
                digitalWrite(LED, 0);
                delay(1000);
        }
                return 0;
}
```

프로그램 작성 후 Ctrl+x를 누르면 저장여부를 물어본다. 이때 y를 키인한 후 다시 한 번 엔터키를 키인하고 나온다.

이제 작성한 led-gpio.c 프로그램을 컴파일 해보자.

```
gcc -o led-gpio led-gpio.c -lwiringPi
```

에러메시지가 안뜨면 컴파일이 성공된 것이다. 동작 시켜보자.

```
sudo ./led-gpio
```

브레드보드상의 LED가 1초에 한 번씩 깜빡인다면 위에서 학습한 C언어와 wiringPi를 사용한 GPIO제어 프로그램이 성공한 것이다.

11.3 GPIO 제어 응용 : 초음파 센서

사물인터넷에서 가장 많이 사용되는 센서 중의 하나가 초음파 센서이다. 이것은 내 앞의 물체가 나와 얼마나 떨어져있는가를 알게 해주는 매우 중요한 센서이다.

초음파 센서를 사용하기 전에 초음파가 무엇이고 초음파센서는 어떤 기능을 하는가를 간단히 알아본다.

가. 초음파센서란?

초음파란 사람의 귀에 들리지 않을 정도로 높은 주파수(약 20 kHz 이상)의 소리를 말한다.

그림 11-4 초음파 센서

이와 같은 특성을 이용한 것이 초음파센서로 음파를 쏘아 보내고 반사되어 오는 음파까지의 시간차를 거리로 계산하여 측정하는 방식으로 동작된다. 주로 많이 사용되는 HC-SR04라는 초음파 센서를 활용하여 거리를 측정한다.

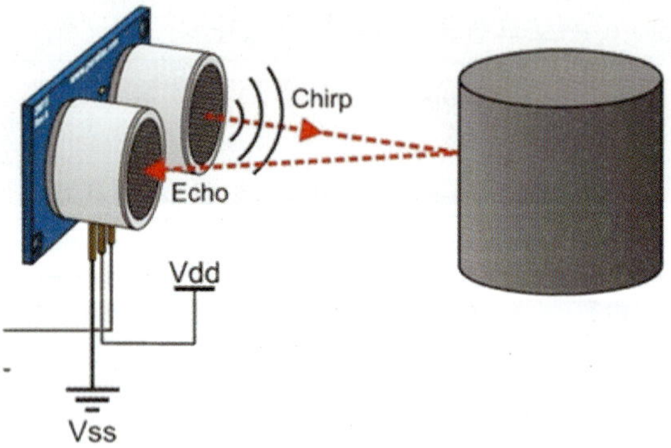

그림 11-5 초음파 동작

나. 동작원리

초음파센서는 위 그림처럼 두 개의 눈으로 구성된다. 송신부는 초음파를 발생시켜 송신(Trig)하는 기능을 수행하고 수신부는 송신된 초음파의 반사 신호를 수신(Echo)하는 기능을 한다. 그래서 거리측정은 이 두 개의 눈이 서로 송신하고 수신되는 시간의 차이에 따라 물체와의 거리를 계산하는 방식으로 동작한다.

성능 : 주파수가 높은 만큼 파장이 매우 짧기 때문에 거리 방향의 분해력이 우수하고 정밀도가 높은 계측 가능하다. 이러한 센서의 원리 때문에 거리감지 센서나 레인지센서로 불린다.

다. 하드웨어 회로구성

이제 이 초음파센서와 라즈베리파이를 다음 회로와 같이 연결해 보자.

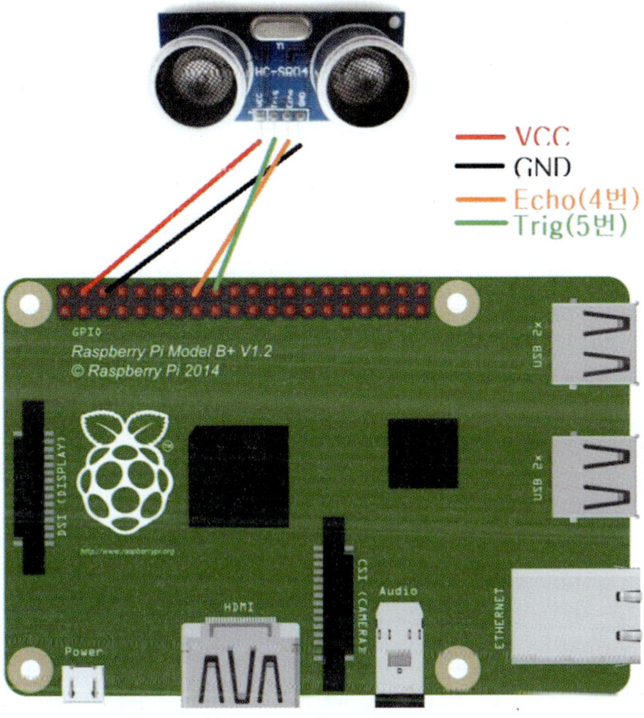

그림 11-6 초음파 센서 결선

이 HC-SR04 초음파센서는 그림처럼 4개의 핀으로 구성된다. 센서의 왼쪽에서부터 순서대로 Vcc(+), Trig(송신), Echo(수신), Gnd(−)이다.

여기서는 센서 맨 왼쪽편의 Vcc 핀에 5V, 맨 오른쪽의 GND핀에 GND를 연결한다. 송신을 담당하는 Trig는 물리핀 18에, 수신핀은 물리핀 16에 연결한다.

그림 11-7 초음파 센서 결선과 동작

라. 프로그래밍

이제 wiringPi로 초음파센서를 제어하는 작업을 해보자.

```
mkdir ultraSonic-gpio
cd ultraSonic-gpio
nano ultraSonic.c
```

소스코드작성

```
#include <stdio.h>
#inclide <wiringPi.h>
#define TRIGER 5  //물리핀 18
#define ECHO 4    //물리핀 16

int main(void)
{
        distance = 0;
        int pulse = 0;
        if (wiringPiSetup() == -1)
                return 1;
        pinMode (TRIGER, OUTPUT);
        pinMode (ECHO, INPUT);
        for(;;)
        {
                digitalWrite(TRIGER, LOW);
                usleep(2);
```

```
            digitalWrite(TRIGER, HIGH);
            usleep(20);
            digitalWrite(TRIGER, LOW);

            while(digitalRead(ECHO) == LOW);
                long startTime = micros();
            while(digitalRead(ECHO) == HIGH);
                long travelTimc = micros() - startTime;
            int distance = travelTime / 58;
            printf("Distance %dcm₩n", distance);
            delay(100);
        }
    }
```

프로그램을 컴파일해보자.

```
gcc -o ultraSonic-gpio ultraSonic-gpio.c -lwiringPi
```

컴파일이 에러 없이 끝나면 다음과 같이 실행해본다.

```
sudo ./ultraSonic-gpio
```

실행 화면 모습이다.

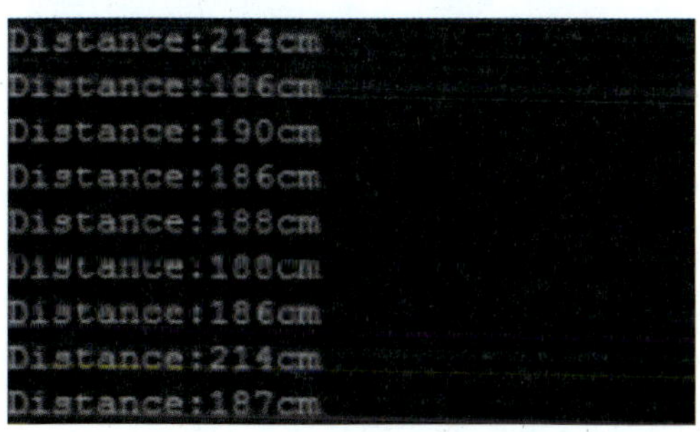

그림 11-8 거리 감지 결과

11.4 GPIO 제어 응용 : PIR 센서

초음파 센서는 특정 물체와 나와의 거리를 정확히 측정하는 센서이고 PIR센서는 움직이는 물체가 있는지 없는지를 감지하는 센서이다. 누가 더 중요한 센서라고 단정지을 수 없을 정도로 쓸모가 많은 센서들이다. 사물인터넷 구축에 가장 많이 사용하는 센서들 중의 하나이다. 여기서는 동작감지센서인 PIR센서를 사용하는 방법에 관하여 학습한다.

가. PIR센서의 원리

PIR(Passive infrared sensor) 센서는 적외선 센서이다. 인간이나 생물체의 움직임을 포착하는 센서이다. 주로 센서등, 동각감지기 등의 제작에 사용된다. PIR센서는 가정의 센서등에 많이 사용되는 센서이다. 아파트 복도 같은 곳에 많이 쓰이는데 사람 움직임이 감지되면 불이 켜졌다가 일정 시간이 지나고 다시 감지해서 움직임이 없으면 불이 꺼지게 된다.

그런데 멀어지거나 가까워지는 등의 행동을 감지하므로 움직이지 않으면 감지가 안된다. 아래 사진과 같이 3개의 핀으로 구성되어있고 사용법은 간단하다.

그림 11-9 PIR센서

나. 하드웨어 회로구성

필요한 부품은 라즈베리파이3, PIR센서, 점퍼선 3개이다. 이것을 사용하여 다음과 같이 회로를 구성하면 된다.

PIR센서는 VCC(5v), Data, GND(0v) 핀으로 이루어진다. 아래 그림처럼 라즈베리파이 2번핀을 센서의 VCC에, 라즈베리파이 6번핀을 센서의 GND에 연결한다. 그리고 라즈베리파이 물리핀 12번을 센서의 Data핀에 연결하면 된다.

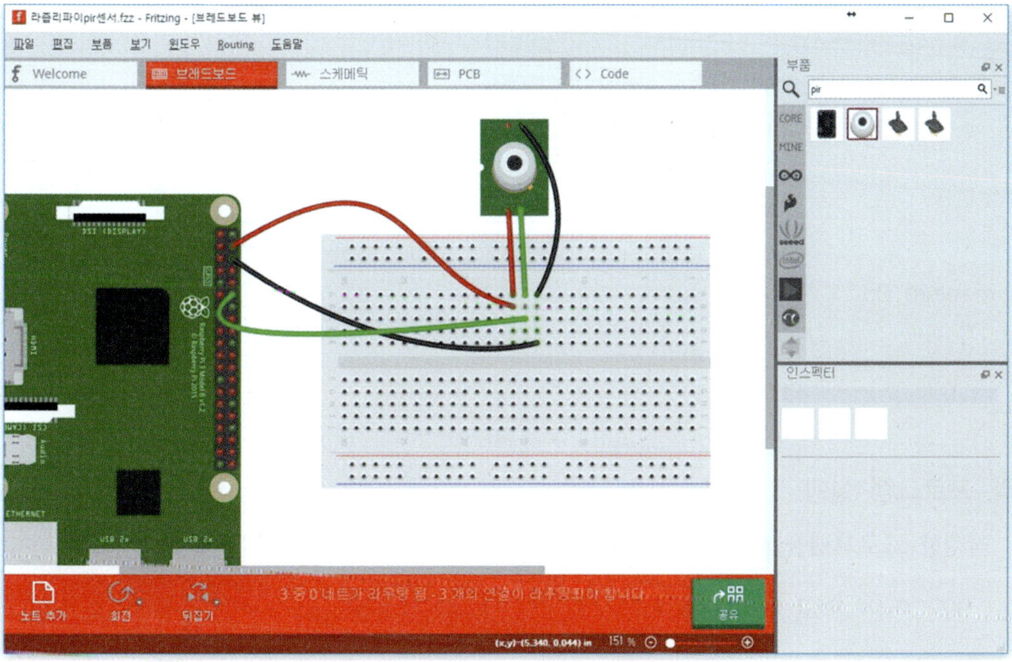

그림 11-10 PIR센서 결선

다. 프로그램 코딩

앞에서 말한 바와 같이 PIR센서는 물리핀 12에 연결하고, 다음과 같이 프로그래밍을 해보자.

```
#include <stdio.h>
#include <wiringPi.h>
#define PIR 1   //물리핀 12
int main(void)
{
        if (wiringPiSetup() == -1)
                return 1;
        pinMode (PIR,INPUT);


        for(;;)
        {
                if (digitalRead(PIR)) {
                  printf("Detected!!");
```

```
                }
                else {
                  printf("No Detected...");
                }
                delay(300);
        }
    return 0;
}
```

라. 프로그램 실행

작성한 프로그램을 pir.c로 저장한 후, gcc명령을 이용하여 컴파일해보자.

```
gcc -o pir pir.c -lwiringPi
```

컴파일이 에러 없이 끝나면 다음과 같이 실행해본다.

```
sudo ./pir
```

작동하는 PIR센서에 손을 흔들면 Detected 라는 문자가 화면에 출력되면 성공이다.

3부

파이썬

제 12 장 파이썬 프로그래밍 기초

라즈베리파이란 이름은 어디에서 비롯되었을까? 일반적으로 Apple, BlackBerry등 컴퓨터기기의 이름에 과일이름을 부여하는 오래된 전통에 의해서 산딸기를 뜻하는 라즈베리(Raspberry)란 명칭이 시작 되었다는 주장이 있다. 또 어떤 주장에 따르면 라즈베리파이에서 파이는 파이썬 프로그래밍 언어에 대한 오마주로 지었다고 한다. 맞는 말일까?
최근의 자료에 의하면, 1980~90년대 네델란드의 귀도 판 로썸(Guido van Rossum)이 완성한 이 파이썬이라는 인터프리터 언어의 이름은 BBC의 "Monty Python's Flying Circus"라는 유명 TV 프로그램에서 따왔다고 한다.

12.1 파이썬 소개

유연하면서도 강력한 파이썬은 원래 컴퓨터 과학과 수학을 위한 미국 국립표준기술연구소(NIST)의 연구원이던 귀도 판 로썸에 의해 개발되었다. 1956년 네델란드 출생의 귀도 판 로썸은 ABC언어의 개발팀에 참여했었는데, 이 경험을 살려 파이썬을 만들게 되었다고 한다. 처음 소개된 이후 파이썬은 가독성을 높이는데 초점을 두고 개발되었고, 명확하고 표현력 있는 문법으로 사용자를 증가시키고 있다.

귀도 판 로썸은 2005년부터 구글에서 일하다가, 지금은 드롭박스에서 개발자로 근무하고 있다.

그림 12-1 귀도 판 로썸

가. 구조의 단순함

파이썬은 단순하고 최소화된 언어다. 잘 쓰여진 파이썬 프로그램을 읽는 것은 좀 딱딱하게 쓰여진 영어 문장을 읽는 것과 크게 다르지 않다. 이러한 프로그램 코드같지 않아 보이는 특성은 파이썬의 가장 강력한 특성들 중 하나이다. 이로 인해 프로그래머는 개발용 언어 그 자체보다 자신이 해결하고자 하는 문제에 더 쉽게 집중할 수 있게 되었다.

TIP

ABC언어

ABC는 범용의 명령형 컴퓨터 프로그래밍 언어이면서 프로그래밍 환경이다. ABC는 네덜란드 CWI(Centrum voor Wiskunde en Informatica)의 레오 회르츠, 람베르트 메르텐스, 스티븐 펨버턴이 개발하였다. ABC는 상호작용적이고 구조적인 고수준 언어로, 배우고 쓰기 쉽고, 베이직, 파스칼 등을 대체할 목적으로 만들어졌다.

ABC는 수, 문자열, 리스트, 순서조, 배열의 다섯 가지 데이터 형을 가지고 있으며, 변수 선언은 필요 없다. 하향식 프로그래밍을 지원하며 블록 구조는 들여쓰기로 이루어진다. 무한정밀도 연산을 지원하며 리스트와 문자열의 길이에 제한이 없다.

ABC는 현재 인터프리터/컴파일러 모두 가능하며, 유닉스, 도스, 아타리, 매킨토시용으로 개발되어 있다.

ABC는 파이썬 언어에 큰 영향을 끼쳤다. 특히 블록 구조를 들여쓰기 하는 것은 그 직접적인 영향이다. 파이썬의 개발자인 귀도 반 로섬은 1980년대 초반 몇 년 동안 CWI에서 ABC 언어 개발에 참여하였다.

나. 학습하기 쉬운 언어

컴퓨터 언어에 익숙하지 않은 사람들은 이해하기 힘들겠지만 파이썬은 배우기 쉬운 언어이다. 왜냐하면 파이썬은 굉장히 쉬운 문법 체계를 갖고 있기 때문이다. 몇 가지 프로그래밍 언어를 배워보게되면 그 이유를 쉽게 알게 된다.

다. FLOSS(자유, 오픈 소스 소프트웨어)

파이썬은 FLOSS (Free/Libré and Open Source Software 자유, 오픈 소스 소프트웨어)의 좋은 예이다. 이것은 이 소프트웨어의 복사본을 마음대로 배포할 수 있고, 소스 코드가 공개되어 있어 언제든지 읽을 수 있으며, 필요한 부분을 고칠 수 있고, 새로운 자유 소프트웨어를 작성할 때 이 프로그램의 일부를 사용해도 된다는 것을 의미한다. 파이썬은 좀 더 나은 파이썬을 만들고자 하는 공동체의 노력에 의해 지속적으로 개선되고 있다.

라. 하이레벨 언어

파이썬으로 프로그램을 작성할 때, 메모리를 관리하는 등의 저수준의 세부적인 사항들을 신경 쓸 필요가 없다. 하이레벨 즉, 만들고자 하는 알고리즘에 집중이 가능하다.

12.2 Hello World

가. 파이썬 인터프리터 환경

라즈비안의 데스크톱 환경에 있는 Programming 메뉴에서 IDLE를 실행한다. IDLE는 기본적으로 파이썬 쉘 모드로 열린다. 따라서 초기 창에 입력한 내용은 무엇이던지 즉시 실행된다. 나중에 실행할 수 있는 새 파이썬 프로젝트를 만들려면 File 메뉴를 클릭하여 New Window를 선택하여 새 창을 연다.

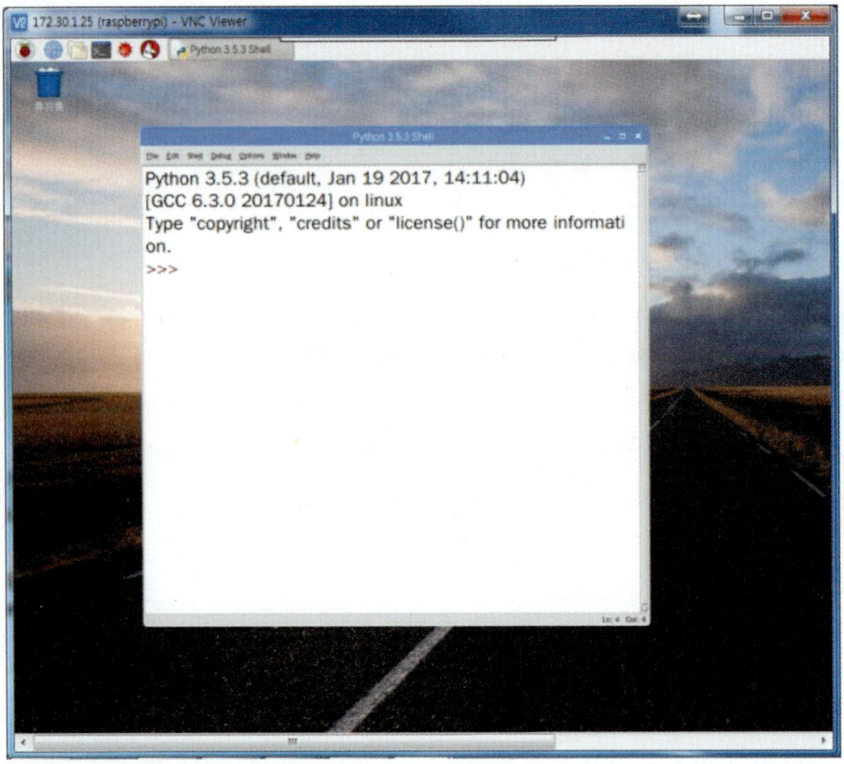

그림 12-2 IIDLE3 파이썬 쉘 창

IDLE 대신 IDLE3를 선택하면 파이썬 3.0 버전이 로드된다. 이 버전에는 IDLE에 포함된 파이썬에는 포함되지 않은 기능이 포함되어 있다. 하지만 그 기능들은 이 장에서는 사용되지 않는다. 어느 버전을 실행해도 상관없으며 이 예제는 양쪽 모두에서 실행된다.

파이썬 프롬프트가 시작되면 〉〉〉이라는 문자열이 보이는데 이것은 파이썬 명령을 입력할 수 있는 상태임을 뜻한다. 이것을 우리는 파이썬 인터프리터 프롬프트라 부른다. 파이썬 인터프리터 프롬프트에서 다음을 입력한다.

```
print “Hello World”
```

enter 키를 입력하면, Hello World 라는 문자열이 화면상에 출력됨을 확인할 수 있다. 화면에 보이는 파이썬 프로그램에 대한 세부 사항은 컴퓨터에 따라 조금씩 다를 수 있다. 다만, 프롬프트로부터 보이는 부분 (〉〉〉 이후로 보이는 부분)은 어떤 운영 체제를 이용하든지 동일하다.

```
$ python
Python 2.7.6 (default, Feb 23 2014, 16:08:15)
[GCC 4.2.1 Compatible Apple LLVM 5.0 (clang-500.2.79)] on darwin
Type "help", "copyright", "credits" or "license"" for more information.
>>> print "hello world"
hello world
>>>
```

파이썬은 여러분이 입력한 것에 대한 결과물을 곧바로 출력해준다는 점에 유의하면 된다.

방금 입력한 것은 하나의 파이썬 명령이다. 방금 print를 이용하여 여기에 넘겨준 값을 출력하도록 한 것이다. 다시 말하면 'Hello world'라는 문자열을 print에 넘겨주었고, 이 결과가 곧바로 화면에 출력된 것이다.

나. 인터프리터 종료

만일 GNU/Linux 혹은 Unix 쉘을 이용하는 중이라면, ctrl+d를 누르거나 exit()를 입력하여 프롬프트를 종료할 수 있다. (주의: enter 키를 입력하기 전에 exit 뒤에 괄호 ()를 붙여야 한다.)

만약 윈도우 명령 프롬프트를 이용하는 중이라면, ctrl+z키를 누르고 enter키를 입력하여 프롬프트를 종료할 수 있다.

다. 파이썬 프로그래밍 파일작성

인터프리터가 간편하기는 해도 파이썬 프로그램을 실행할 때마다 인터프리터 프롬프트를 실행하고 프로그램을 입력할 수는 없는 노릇이다. 따라서 프로그램을 파일로 저장해 두면, 원하는 만큼 언제든지 실행만 할 수 있어 편리하다.

파이썬 프로그램을 파일로 작성할 때는 셔뱅으로 알려진 줄로 시작하는 것이 좋은 습관이다. 셔뱅이란 이름은 행 처음에 오는 #과 !글자로부터 유래했다. 이 행은 운영체제에게 파이썬 파일들을 어디에서 찾아야 하는지를 알려준다. 이 행은 IDLE 내에서 실행되거나 터미널에서 별도로 파이썬을 호출하는 프로그램인 경우에는 전혀 필요가 없다. 프로그램의 파일명을 직접 호출하여 실행되는 경우에 필요한 것이다.

TIP 셔뱅

셔뱅(shebang)은 해시 기호와 느낌표(#!)로 이루어진 문자 시퀀스로, 스크립트의 맨 처음에 온다. 샤-뱅(sha-bang), 해시뱅(hashbang), 파운드-뱅(pound-bang), 해시-플링(hash-pling), 크런치뱅(crunchbang)이라고도 한다.
유닉스 계열 운영 체제에서 셔뱅이 있는 스크립트는 프로그램으로서 실행되며, 프로그램 로더가 스크립트의 첫 줄의 나머지 부분을 인터프리터 지시자(interpreter directive)로 구문 분석한다. 즉, 지정된 인터프리터 프로그램이 대신 실행되어 스크립트의 실행을 시도할 때 처음 사용되었던 경로를 인수로서 넘겨주게 된다. 예를 들면 스크립트의 경로가 path/to/script이고 다음의 줄로 시작한다면:
#!/bin/sh
프로그램 로더는 프로그램 /bin/sh를 대신 실행하되 path/to/script를 첫 번째 인수로 넘겨준다. 셔뱅 줄은 일반적으로 인터프리터에 의해 무시되는데 그 까닭은 "#" 문자가 수많은 스크립트 언어에서 주석 표시자이기 때문이다. 스킴처럼 해시 마크를 주석 시작으로 사용하지 않는 일부 언어 인터프리터들은 목적에 맞게 셔뱅 줄을 무시하기도 한다. 다른 해결 방안으로는 전처리기에 의존하여 스크립트의 나머지 부분이 컴파일러나 인터프리터에 넘겨지기 전에 셔뱅 줄을 제거하거나 평가하게끔 하는 방법이다.

파이썬 실행파일이 어디에 설치되었는지 상관없이 프로그램이 실행될 수 있도록 하기 위해 사용자 프로그램의 첫 줄은 다음과 같이 시작해야 된다.

```
#! /usr/bin/env python
```

이 행은 운영체제가 파이썬의 위치를 찾을 때 라즈베리파이에 어떤 리눅스 배포판을 사용하더라도 작동할 수 있도록 $PATH 환경변수(리눅스가 프로그램으로 실행될 수 있는 파일들의 위치를 저장해두는 곳)을 참조하도록 지시한다. $PATH 변수는 실행 가능한 파일들이 저장되어 있는 디렉토리들의 목록을 가지고 있어 사용자가 콘솔이나 터미널 창에서 실행할 프로그램명을 타이핑할 때 그 프로그램의 위치를 찾는데 사용된다.

메시지를 출력하려면 파이썬의 명령을 사용해야 된다. 명령어가 의미하듯 print 명령은 출력장치에 텍스트를 출력한다. 기본적으로 프로그램이 실행되고 있는 터미널 창이나 콘솔로 출력된다. 사용법은 간단하다. print 명령어 뒤에 따라오는 이중 따옴표 사이에 있는 모든 텍스트가 표준 출력 장치로 출력된다. 사용자의 새 프로젝트에 다음 행을 추가한다.

```
print "Hello World"
```

최종 프로그램은 다음과 같은 모양이 된다.

```
#! /usr/bin/env python
print "Hello, World!"
```

IDLE는 문법 강조 표시 기능을 지원하므로 아래 그림에서 보듯이 문법에 따라 각 단어의 색을 다르게 표시해준다. 지금처럼 간단한 예제에서는 그다지 필요가 없지만 복잡한 프로그램을 작성할 때는 오류가 있는 지점을 발견하는데 매우 유용한 기능이다.

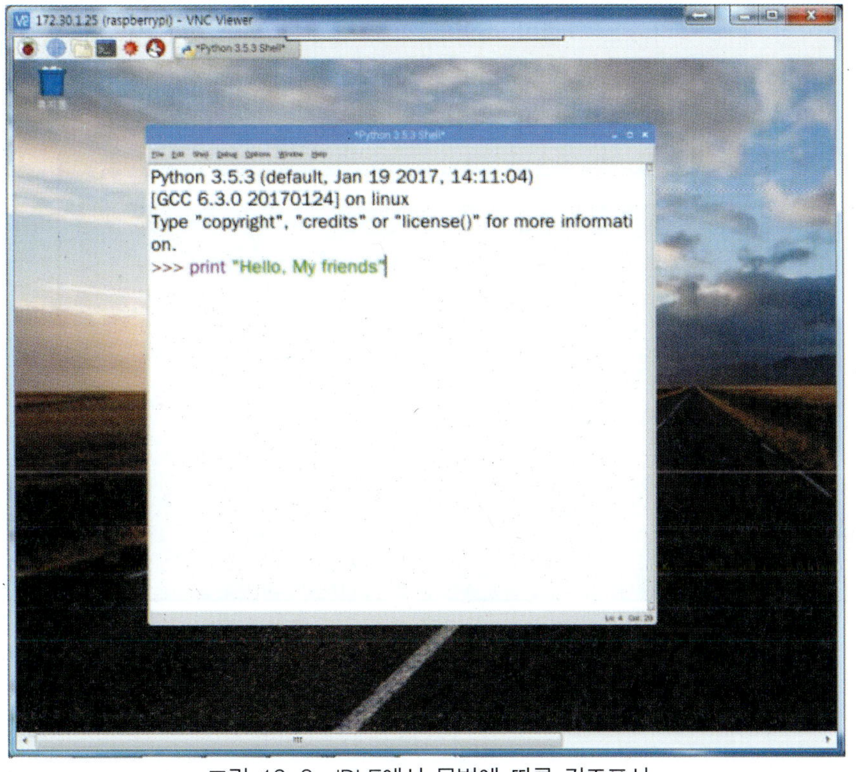

그림 12-3 IDLE에서 문법에 따른 강조표시

프로그램을 실행하기 전에 File 메뉴를 이용하여 프로그램을 helloworld.py란 이름으로 저장한다. IDLE는 파일 확장자에 .py를 자동으로 부여한다. 다른 확장자를 사용하더라도 파이썬이 프로그램을 실행하는 데는 상관이 없지만 .py라는 이름을 사용하면 파이썬 프로그램이라는 것을 쉽게 구분할 수 있다.

Run 메뉴에서 Run Module을 선택하거나 F5키를 눌러 프로그램을 실행한다. 그러면 IDLE는 파이썬 쉘 창으로 되돌아가 프로그램을 실행한다. Hello, World! 메시지가 파란색으로 표시된다. 표시가 되지 않으면 프로그램을 확인 해야 한다. print 문 뒤에 있는 텍스트 메시지의 앞과 뒤에 이중 따옴표가 제대로 있는지 특히 주의해서 본다.

텍스트 에디터를 사용해서 프로그램을 작성하는 경우에는 터미널 창을 열고 cd 명령어를 이용하여 프로그램을 저장한 디렉토리로 이동한다. 이후 다음 명령어를 키인하여 사용자 프로그램을 실행한다.

```
$ python helloworld.py
```

이 명령어는 운영체제가 파이썬을 실행한 후 helloworld.py 파일을 로드하여 실행하도록 한다. IDLE의 파이썬 셸과 달리 프로그램이 파일 끝까지 실행된 후 파이썬은 종료가 되고 터미널 창으로 제어가 되돌아온다. 결과는 동일하다. Hello, World!가 표준 출력으로 출력된다.

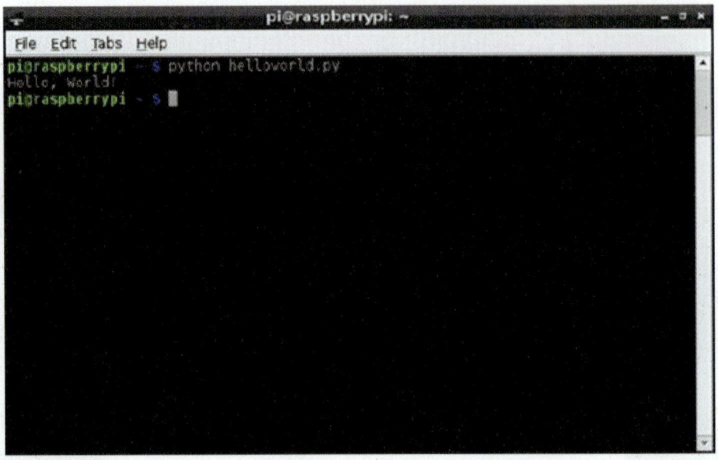

그림 12-4 터미널에서 helloworld.py 실행

12.3 작성된 파이썬 프로그램을 유틸리티로 사용

일반적으로 파이썬 프로그램을 실행하는 유일한 방법은 파이썬이 그 프로그램 파일을 열어서 실행하도록 하는 것이다. 하지만 프로그램 첫 줄에 셔뱅행을 써두었다면 파이썬을 호출하지 않고도 프로그램을 직접 실행할 수 있다. 이 방법은 사용자가 작성한 자신의 프로그램을 터미널에서 직접 실행시킬 수 있게 만드는 유용한 방법이다. 일단 프로그램을 시스템의 $PATH 환경변수에 있는 위치로 복사한 후에는 어느 위치에서든 프로그램명만을 타이핑하면 실행된다.

우선 파이썬 파일에 실행 가능 속성을 부여한다.

```
$ chmod +x helloworld.py
```

직접 실행한다.

```
$ ./helloworld.py
```

전체 경로를 입력하지 않고 실행하려면 $PATH에 등록되어 있는 디렉토리로 복사를 한다.

```
$ sudo cp helloworld.py /usr/local/bin/
```

이제 경로 없이 파일명만으로 실행이 가능하다.

```
$ helloworld.py
```

좀 더 기본 유틸리티처럼 사용하려면 확장자도 없애주면 된다.

```
$ sudo mv /usr/local/bin/helloworld.py /usr/local/bin/helloworld
```

이제는 helloworld라고 입력만 해도 실행이 된다.

12.4 계산기 프로그래밍 작성

이제 좀 더 흥미로운 대화형으로 작동하는 계산기 프로그램을 작성해보자. 첫 줄은 셔뱅 라인을 입력한다.

```
#! /usr/bin/env python
```

둘째 줄은 코멘트를 입력한다.

```
# Python program : Calculator
```

파이썬에서는 셔뱅라인을 제외한 #으로 시작하는 행은 코멘트로 처리된다. 행 중간에 # 기호가 있으면 그 앞까지만 실행된다.

다음 행은 사용자에게 이름을 입력하도록 요청한다.

```
userName = raw_input("What is your name?")
```

userName이라는 변수가 생성된다. raw input 명령은 괄호 안의 텍스트 메시지를 표준 출력에 표시하고 키보드로부터 표준 입력을 받는다. 등호(=)는 우측의 값이나 명령어 실행 결과를 왼쪽의 변수에 대입하는 기능을 한다. 텍스트 메시지 끝에 공백을 두어야 사용자가 입력한 텍스트가 질문 텍스트에 달라붙어 표시되는 것을 방지할 수 있다.

CAUTION

사용자에게 입력을 요구할 때 input 명령어를 사용하면 사용자가 자신의 프로그램을 주입하여 보안상의 위협을 초래할 수 있다. 항상 raw_input 명령어를 사용해야만 의도치 않은 동작을 막을 수 있다.

사용자 이름을 username 변수에 받았으면 이제 다음 행을 추가한다.

```
print "Welcome to the program, " , userName
```

이 print 명령은 텍스트 메시지를 출력하고 뒤이어 콤마(,)로 나뉘어진 뒷부분을 출력한다. 콤마는 출력할 부분이 뒤이어 더 있음을 의미한다. 이중 따옴표로 둘러싸인 앞부분은 그대로 출력되지만 그렇지 않은 뒷부분은 변수로 인식되어 그 안에 든 값이 출력된다.

TIP

출력될 문자열을 간편하게 포맷팅하는 방법은 print명령어 끝에 .format 지시자를 사용하는 것이다. .format을 써서 위의 print명령을 다시 써보면 다음과 같이 쓸 수 있다.

```
print "Welcome, {0}, to this program.".format(userName)
```

이 예제 프로그램은 점차 간단하지만 친숙한 계산기 프로그램 형태를 갖춰갈 것이다. 첫 번째 예제와 달리 이 예제는 사용자가 멈추기 전까지 계속 실행되도록 한다. 그렇게 하기 위해서 스크래치에서 했던 것처럼 반복문을 사용한다. 다음 두 행을 입력해서 반복문을 만든다.

```
goAgain = 1
while goAgain == 1:
```

첫 번째 행은 goAgain 변수를 만들고 그 값을 1로 설정한다. 두 번째 행은 반복문을 시작하되 goAgain이 1과 같은 동안 뒤에 오는 일련의 코드들을 반복한다. 뒤에 오는 반복될 코드들은 들여 쓰기 되어야 한다.

가장 기본적인 계산기 형태로써 두 개의 숫자를 입력으로 받아 두 숫자를 사용하여 계산을 해보자. 일단 두 개의 숫자를 입력 받는다.

```
firstNumber = int(raw_input("Type the first number: "))
secondNumber = int(raw_input("Type the second number: "))
```

여기서는 두 개의 숫자를 입력 받기 위해 raw_input을 사용할 뿐만 아니라 int를 사용한다. int는 integer의 약자로 입력 받은 문자열을 숫자로 변환한다. 계산기가 단어들을 가지고 계산할 수는 없으니 분명히 중요한 부분이다.

변수들에 두 개의 숫자를 저장했으므로 이제 계산을 할 수 있다. 덧셈, 뺄셈, 곱셈, 나눗셈을 한 후 사용자에게 결과를 출력해보자.

```
print firstNumber, " added to ", secondNumber, " equals ", firstNumber + secondNumber
print firstNumber, " minus ", secondNumber, " equals ", firstNumber - secondNumber
print firstNumber, " multiplied by ", secondNumber, " equals ", firstNumber * secondNumber
```

덧셈과 뺄셈은 당연히 덧셈기호와 뺄셈기호를 사용하지만 곱셈은 애스터리스크(*)를 사용한다. 문자열에 사용된 이중따옴표 사이에 공백이 없는 점을 주목하자. 파이썬은 숫자들과 문자열을 섞어서 출력할 때는 자동으로 공백을 넣어 띄워 준다. 나눗셈은 / 기호를 연산기호로 사용한다.

```
print firstNumber, " divided by ", secondNumber, " equals ", firstNumber / secondNumber
```

계산 부분은 완성이 되었지만 언제 반복문을 빠져나갈지 지시하는 부분이 없으므로 이 프로그램은 무한 반복을 벗어나지 못한다. 빠져나갈 수 있도록 하기 위해 다음 행들을 추가하자.

```
goAgain = int(raw_input("Type 1 to enter more numbers, or any other number to quit: "))
```

이제 사용자가 goAgain의 값을 바꿀 수 있어 while 루프를 제어할 수 있게 되었다. 사용자가 1을 입력하면 goAgain 변수는 계속 1이므로 루프는 다시 반복될 것이고, 다른 숫자를 입력하면 조건식의 결과는 더 이상 참이 아니므로 루프는 반복을 끝낼 것이다.

완성된 프로그램의 전체 코드는 다음과 같다.

```
#! /usr/bin/env python
# Example 2: A Python program
userName = raw_input("What is your name?")
print "Welcome to the program, ", userName
goAgain = 1
while goAgain == 1:
        firstNumber = int(raw_input("Type the first number: "))
        secondNumber = int(raw_input("Type the second number: "))
        print firstNumber, " added to ", secondNumber, " equals ", firstNumber + secondNumber
        print firstNumber, " minus ", secondNumber, " equals ", firstNumber - secondNumber
        print firstNumber, " multiplied by ", secondNumber, " equals ", firstNumber* secondNumber
        print firstNumber, " divided by " , secondNumber, " equals ", firstNumber / secondNumber
        goAgain = int(raw_input("Type 1 to enter more numbers, or any other number to quit: "))
```

프로그램을 calculator.py로 저장하고 실행한다. 이름을 입력하라는 메시지가 나오면 이름을 입력하고 두 개의 숫자를 입력한다. 프로그램을 끝내고 싶으면 1이 아닌 숫자를 입력하여 프로그램을 끝낸다.

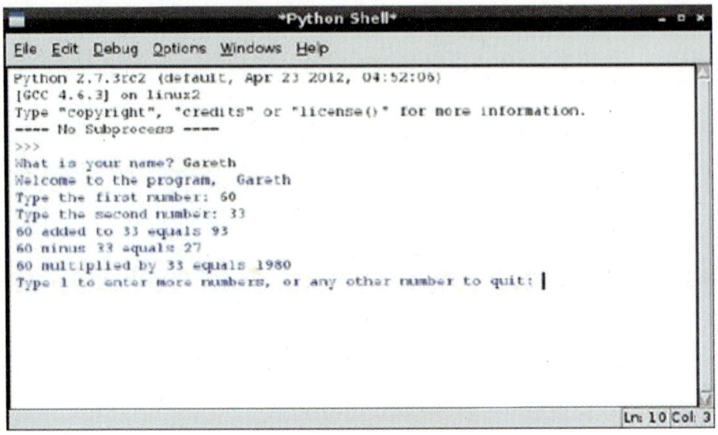

그림 12-5 IDLE에서 calculator.py 실행

파이선의 주요 개념을 소개가 위한 짧은 프로그램 예제들을 더 원하면 다음의 공식 예제사이트인 위키 페이지를 방문하면 된다.

http://wiki.python.org/moin/SimplePrograms

12.5 파이썬 문법 Basics

파이썬에 대한 보다 더 깊은 학습은 〈byte of Python〉 라는 책자와 사이트를 추천한다. 온라인으로 이 책을 먼저 보려면 이 책의 마지막 페이지를 참고하면 된다. 몇 가지 중요한 기본 사항을 이 장에서 학습해 보자.

가. 리터럴 상수

리터럴 상수는 5, 1.23과 같은 숫자나, 'This is a string' 혹은 "It's a string!"과 같은 문자열 등을 말한다. 이것들이 리터럴 상수라고 불리우는 이유는 이것들이 프로그램 내에 직접 문자 형태로(literally) 지정되는 값들이기 때문이다. 이러한 값들은 한번 지정되면 변하지 않는다. 예를 들면 숫자 2는 언제나 자기 자신이 2라는 숫자임을 나타내며 어떤 다른 의미도 갖지 않는다.

이들은 한번 지정되면 그 값을 변경할 수 없기 때문에 상수이다. 그 중에서도 특별히 이러한 값들을 리터럴 상수라고 부른다.

나. 숫자형

숫자형에는 정수형(Integer)과 부동 소수점 숫자형(Float)의 두 가지 종류가 있다. 정수형 숫자의 예는 2이다. 이것은 단순히 2라는 숫자를 의미하는 것이다. 부동 소수점 숫자의 예는 3.23, 52.3E-4 와 같은 값이다. E 표기법은 E뒤의 값이 10의 지수임을 나타낸다. 예를 들어 52.3E-4는 $52.3 * 10^{-4}$라는 값을 의미한다.

TIP

파이썬에서는 long 형이 따로 없다. 대신, int 형에 어떤 크기의 정수든지 담을 수 있다.

다. 문자열

문자열이란 문자의 나열을 뜻한다. 문자열은 간단하게 말하자면 문자들의 집합이다. 아마도 앞으로 작성하게 될 거의 모든 파이썬 프로그램에서 문자열을 사용하게 될 것이다. 따라서 아래 항목들을 주의 깊게 살펴보아야 한다.

(1) 작은 따옴표

작은 따옴표를 이용하여 문자열을 지정할 수 있다. 예를 들어 'Hello my friends!'와 같이 하면 된다. 모든 공백 문자, 즉 띄어쓰기나 탭 등은 입력한 그대로 유지된다.

(2) 큰 따옴표

큰 따옴표로 둘러싸인 문자열은 작은 따옴표로 둘러싸인 문자열과 완전히 동일하게 취급된다. 예를 들면, "What's your name?"과 같다 (큰 따옴표로 둘러싸인 문자열 안에 작은 따옴표가 포함되어도 된다.

(3) 따옴표 세 개

여러 줄에 걸친 문자열은 세 개의 따옴표로 표현할 수 있다 """ 또는 '''으로 쓸 수 있다. 세 개의 따옴표로 묶여진 문자열 안에서는 작은 따옴표든 큰 따옴표든 마음대로 사용할 수 있다. 예를 들면 다음과 같다.

```
'''This is a multi-line string. This is the first line.
This is the second line.
"What's your name?," I asked.
He said "Bond, James Bond."
'''
```

(4) 문자열 포맷팅

문자열을 생성하려고 할 때, 종종 다른 정보들을 포함하여 생성하고 싶을 때가 있다. 이것을 문자열 포맷팅이라고 하며, 이를 위해 format()을 이용한다.

다음을 str_format.py라는 이름으로 저장한다.

```
age = 50
name = 'KimKS'
print '{0} was {1} years old when he makes the thing'.format(name, age)
print 'Why is {0} playing with this Raspberry?'.format(name)
```

실행 결과:

```
$ python str_format.py
KimKS was 50 years old when he makes the thing
Why is KimKS playing with this Raspberry?
```

먼저 중괄호로 표현된 특별한 표시들이 포함된 문자열을 만들고, 그 후에 문자열의 format 메소드를 사용하여 이 표시들을 format 메소드에 주어진 인자들로 치환한 것이다.

위 예시에서는 문자열 내에서 첫번째로 {0} 이 사용되었으며 이것은 format 메소드에 주어진 첫번째 인자, 즉 변수 name에 해당된다. 마찬가지로, 두번째 사용된 표시는 {1} 이며 이것은 format 메소드에 주어진 두번째 인자인 age에 해당된다. 파이썬은 숫자를 셀 때 항상 0부터 세기 시작한다는 점에 유의한다. 즉, 첫 번째 인자의 인덱스는 0이며, 두 번째는 1이다. 또한 다음과 같이 문자열 더하기를 이용하여 동일한 결과를 얻을 수도 있다.

```
name + ' is ' + str(age) + ' years old'
```

그러나 이것은 척 보기에도 깔끔하지 못하며, 작성 중 실수하기도 쉽다. 또 이 경우 각 변수를 일일이 명시적으로 문자열로 변환해주어야 하지만, format 메소드를 이용할 경우에는 알아서 자동으로 변환해 준다. 또 format 메소드를 이용할 경우 변수들을 신경 쓰지 않고 문자열의 내용을 수정하기 쉽고, 문자열에 신경쓰지 않고도 변수의 위치나 순서 등을 변경하기가 더 쉽다.

(5) 이스케이프(Escape)문자

작은 따옴표(')를 포함하고 있는 문자열 하나를 정의하고 싶다고 해보자. 이 경우 어떻게 이 문자열을 정의하면 될까? 예를 들면 What's your name? 과 같은 문자열을 정의하는 것이다. 물론 "What's your name?"이라고 하면 되겠지만, 'What's your name?'과 같은 방식을 사용할 수는 없다. 왜냐면 이 경우 문자열의 시작과 끝이 어디부터 어디까지인지 모호해지기 때문이다. 따라서 문자열 안에 포함된 작은 따옴표가 문자열의 끝을 의미하는 것이 아니라는 것을 파이썬에게 알려줘야 한다. 이것은 이스케이프 문자라 불리우는 것을 이용하면 해결할 수 있다. 사용법은 작은 따옴표 앞에 ₩ 문자(enter 키 위에 있다)를 붙여 ₩' 와 같은 방식으로 표기하면 된다. 이를 이용하면, 위의 문자열은 'What's your name?'과 같이 표기할 수 있다. 위 문자열을 정의하는 또 다른 방법은 큰 따옴표를 사용하여 "What's your name?"과 같이 표기하는 것이다. 큰 따옴표로 지정된 문자열 안에 포함된 큰 따옴표도 마찬가지로 이스케이프 문자를 이용하여 표기할 수 있다. 또한, ₩ 문자를 표기하고 싶을 경우에는 ₩₩라고 표기한다.

한편 두 줄짜리 문자열을 정의하고 싶을 경우 어떻게 하면 될까? 한 가지 방법은 위에서 다루었듯이 따옴표 세 개로 문자열을 정의하거나, 혹은 이스케이프 문자를 이용하여 줄바꿈 문자 (newline character) ₩n을 사용하여 줄바꿈을 표현할 수 있다.

다음 예제를 확인하세요.

```
'This is the first line₩nThis is the second line'
'This is the first line₩tThis is the second line'
```

아래 줄의 이스케이프 문자는 '₩t'로 표현되는 탭 문자이다.

또 한 가지 유용한 것은 문자열을 정의할 때 줄의 끝에 ₩ 문자를 붙여 주면, 그 다음 줄에 정의된 문자열을 끊김 없이 이어 붙여 문자열을 정의하게 된다. 예를 들면 다음과 같다.

```
"This is the first sentence. ₩
This is the second sentence."
```

위 예제는 다음 예제와 동일하다.

```
"This is the first sentence. This is the second sentence."
```

(6) 순 문자열

문자열 내에 포함된 이스케이프 문자 등을 처리하지 않고 그대로 출력하고 싶을 때, 문자열 앞에 r 또는 R 문자를 붙여 순(Raw) 문자열임을 표기한다. 다음 예제를 확인해보자.

```
r"Newlines are indicated by ₩n"
```

정규 표현식을 사용할 때는 항상 순 문자열을 사용하면 된다. 그렇지 않으면 문자열 내에 이스케이프 문자가 너무 많아져 알아볼 수 없게 된다.

순 문자열을 사용하면, '₩₩1'을 r'₩1'로 짧게 표기가 가능하다.

라. 변수

리터럴 상수만 사용하여 프로그램을 작성할 수는 없다. 뭔가 정보를 담고, 수정할 수 있는 어떤 공간이 필요하다. 즉, 변수를 이용하는 것이 좋다. 변수는 이름 그대로 변할 수 있는 공간을 말하며, 여기에는 무엇이든 저장할 수 있다. 변수들은 단순히 정보를 저장할 때 사용되는 컴퓨터의 기억 장치의 한 부분을 가져다가 적당한 이름을 붙여 사용하는 것이다. 리터럴 상수와는 달리, 변수들은 프로그램 내에서 여러 방법을 통해 변경되고 사용되기 때문에 한눈에 알아보기 쉬운 이름을 지어준다.

예제 변수와 리터럴 상수 사용하기

다음 프로그램을 입력 후 실행하시오.

```
# Filename : var.py
i = 5
print i
i = i + 1
print i
s = '''This is a multi-line string.
This is the second line.'''
print s
```

실행결과

```
5
6
This is a multi-line string.
This is the second line.
```

동작원리

위 프로그램의 동작 원리는 다음과 같다. 먼저, 리터럴 상수 5라는 값을 변수 i에 할당 연산자(=)를 이용하여 할당하였다. 이러한 한 줄을 명령이라고 부르는데, 이 경우 변수명 i를 값 5에 할당하는 행위를 지정해 준 것이기 때문이다. 다음으로, i에 할당된 값을 print 명령을 이용하여 출력한다. 그러면 변수에 지정된 값이 화면에 나타난다. 그리고 i에 할당된 값에 1을 더한 후 그 값을 다시 변수에 할당한다. 이제 이 값을 출력하면, 예상대로, 6이라는 값이 출력된다. 리터럴 문자열 상수 또한 앞에서 설명한 과정과 동일한 과정을 거쳐 변수 s에 저장된 후 화면에 출력된다.

마. 논리적/물리적 명령행

물리적 명령행이란 프로그램 코드 내에 직접 표현된 한 줄을 의미하는 반면, 논리적 명령행은 파이썬 인터프리터 관점에서의 한 명령 단위를 의미한다. 파이썬은 각각의 물리적 명령행이 곧 논리적 명령행일 것이라고 내부적으로 간주하고 프로그램을 실행한다. 논리적 명령행이란 예를 들면 print 'hello world' 같은 것이다. 만약 이것이 실제 코드 상으로도 한 줄로 표현되어 있다면 (편집기에서 보이는 그대로를 말한다), 이 한 줄은 물리적 명령행이라고도 말할 수 있다.

일반적으로 파이썬으로 프로그래밍할 경우, 한 명령을 한 행에 적어 전체적인 코드를 파악하기 쉽게 작성하기를 권한다. 만약 여러분이 한 물리적 명령행에 둘 이상의 논리적 명령행을 넣고 싶다면, 세미콜론 (;)을 이용하여 논리적 명령행의 끝을 명시적으로 파이썬 인터프리터에게 알려줄 수 있다. 다음 예제를 확인해보자.

```
i = 5
print i
```

위 예제는 다음 예제와 같다.

```
i = 5;
print i;
```

이것은 다음 예제와도 같다.

```
i = 5; print i;
```

또한 다음 예제와도 같다.

```
i = 5; print I
```

하지만, 향후에 한 물리적 명령행에 두 개 이상의 논리적 명령행을 사용하지 말 것을 강력히 권한다. 즉, 세미콜론을 사용하지 말아야한다.

한 명령행이 너무 길어서 보기가 불편한 경우, 백슬래시 문자(₩)를 이용하여 한 논리적 명령행을 여러 물리적 명령행으로 나눌 수 있다. 이를 명시적 행간 결합이라 부른다.

```
s = 'This is a string. ₩
This continues the string.'
print s
```

실행결과

```
This is a string. This continues the string.
```

다음과 같이 쓸 수도 있다.

```
print ₩
i
```

위 예제는 다음과 같다.

```
print i
```

가끔, 백슬래시 없이 행간을 합칠 수 있는 경우도 있다. 이것은 명령행의 중간에 괄호가 있을때, 즉 대괄호나 중괄호를 열었을 경우 괄호를 닫을 때까지 백슬래시 없이도 모두 같은 명령행으로 간주되기 때문이다. 이것은 비명시적 행간 결합이라고 부른다.

바. 들여쓰기

파이썬에서 공백은 중요한 역할을 한다. 한 행의 앞에 붙어있는 공백이 정말 중요하다. 이것을 들여쓰기라고 부른다. 한 논리적 명령행의 앞에 붙어있는 공백(빈 칸 혹은 탭)은 논리적 명령행의 들여쓰기 단계를 의미하며, 이것은 한 명령의 범위를 구분하는 데 사용된다. 이것은 같은 들여쓰기 단계에 있는 명령들은 반드시 같은 들여쓰기를 사용해야 함을 의미한다.

이러한 같은 들여쓰기를 사용하고 있는 명령들의 집합을 블록(block)이라고 부른다. 뒷장에서 예제를 통해 블록에 대해 다루어 본다. 지금 기억하셔야 할 것은 잘못된 들여쓰기는 오류를 일으킨다는 것이다.

예제 들여쓰기

```
i = 5
```

다음 행에서 오류가 발생합니다! 행 앞에 잘못된 공백이 한 칸 있습니다.

```
 print 'Value is ', i
print 'I repeat, the value is ', i
```

위 예제를 실행하면 다음과 같이 오류가 발생한다.

```
File "whitespace.py", line 5
  print 'Value is ', i
  ^
IndentationError: unexpected indent
```

두번째 행 앞에 공백이 한칸 있다는 점을 확인하라. 위와 같은 오류는 파이썬이 우리에게 프로그램의 문법이 잘못되었음을, 즉 프로그램이 뭔가 잘못 작성되었다는 것을 알려 주는 것이다. 들여쓰기를 할 때에는 공백 4개를 이용한다. 이것은 파이썬 언어에서 공식적으로 추천하는 방법이다. 좋은 편집기들은 이 사항을 자동으로 준수한다. 또, 들여쓰기를 할 때에는 항상 같은 개수의 공백을 사용해야 한다는 점에 유의해야 한다.

12.6 연산자와 수식

앞으로 작성하게 될 모든 프로그램 명령문(논리적 명령행)은 수식을 포함하게 된다. 아주 간단한 수식의 한 예는 2+3이다. 수식은 연산자와 피연산자로 나눌 수 있다.

연산자란 무언가를 계산할 때 쓰이는 한 기능을 뜻하며, +와 같이 기호로 나타내어지거나 또는 특별한 키워드로 나타내어진다. 또 연산자는 계산에 사용될 데이터를 필요로 하는데, 이들을 피연산자라고 부른다. 이 경우, 피연산자는 2와 3이다.

가. 연산자와 수식

+ (덧셈 연산자)

두 객체를 더한다.

3 + 5 는 8을 반환한다. 'a' + 'b' 는 'ab' 를 반환한다.

– (뺄셈 연산자)

한 숫자에서 다른 숫자를 뺀다. 첫 번째 피연산자가 주어지지 않으면, 0으로 간주된다. -5.2 는 음수를 표현하고 50 - 24 는 26을 반환한다.

* (곱셈 연산자)

두 숫자의 곱 혹은 지정된 숫자만큼 반복된 문자열을 반환한다.

2 * 3 은 6이고 'la' * 3 은 'lalala' 를 반환한다.

** (거듭제곱 연산자)

x의 y제곱을 반환한다.

3 ** 4는 81을 반환한다. (이 값은 3 * 3 * 3 * 3과 같다.)

/ (나눗셈 연산자)

x를 y로 나눈 몫을 반환한다. 13 / 3은 4를 반환한다. 13.0 / 3은 4.333333333333333을 반환한다.

% (나머지 연산자)

x를 y로 나눈 나머지를 반환한다.

13 % 3은 1을 반환하고 -25.5 % 2.25는 1.5를 반환한다.

〈〈 (왼쪽 시프트 연산자)

지정된 숫자에 대해 지정된 비트 수 만큼 왼쪽 시프트 연산한다. (모든 숫자는 메모리상에서 0 또는 1의 비트로 구성된 이진수로 표현된다.)

2 〈〈 2 는 8을 반환한다. 2는 이진수로 10으로 표현된다. 이것을 왼쪽으로 2비트 시프트 연산하면 이진수 1000이 되고, 이것을 정수로 표현하면 8이 된다.

〉〉 (오른쪽 시프트 연산자)

지정된 숫자에 대해 지정된 비트 수만큼 오른쪽 시프트 연산한다.

11 〉〉 1은 5를 반환한다. 11은 이진수로 1011로 표현된다. 이것으로 오른쪽으로 1비트 시프트 연산하면 이진수 101이 되고, 이것을 정수로 표현하면 5가 된다.

& (비트 AND 연산자)

비트 AND 연산값을 반환한다. 5 & 3은 1을 반환한다.

| (비트 OR 연산자)

비트 OR 연산값을 반환한다. 5 | 3은 7을 반환한다.

^ (비트 XOR 연산자)

비트 XOR 연산값을 반환한다. 5 ^ 3은 6을 반환한다.

< (작음)

x가 y보다 작은지 여부를 반환한다. 모든 비교 연산자는 True(참) 또는 False(거짓)을 반환한다. 각 반환값의 첫글자는 대문자라는 점에 유의한다.

5 < 3는 False를 반환한다. 3 < 5는 True를 반환한다. 다음과 같이 여러 숫자에 대해 한꺼번에 비교 연산을 수행할 수 있다. 3 < 5 < 7은 True이다.

> (큼)

x가 y보다 큰지 여부를 반환한다.

5 > 3은 True를 반환한다. 만약 두 피연산자가 모두 숫자라면, 같은 숫자형으로 변환된 후 크기를 비교한다. 피연산자가 숫자형이 아닐 경우, 항상 False를 반환한다.

<= (작거나 같음)

x가 y보다 작거나 같은지 여부를 반환한다. x = 3; y = 6; x <= y는 True를 반환한다.

>= (크거나 같음)

x가 y보다 크거나 같은지 여부를 반환한다.

x = 4; y = 3; x >= 3는 True를 반환한다.

== (같음)

두 객체가 같은지 여부를 반환한다. x = 2; y = 2; x == y는 True를 반환한다.

x = 'str'; y = 'stR'; x == y는 False를 반환한다.

x = 'str'; y = 'str'; x == y는 True를 반환한다.

!= (같지 않음)

두 객체가 같지 않은지 여부를 반환한다. x = 2; y = 3; x != y는 True를 반환한다.

not (불리언 NOT 연산자)

x가 True라면, False를 반환한다. x가 False라면, True를 반환한다.

x = True; not x는 False를 반환한다.

and (불리언 AND 연산자)

x and y를 계산할 경우, x가 False이면 False를 반환하며 True이면 y와의 and 연산값을 반환한다. x = False; y = True; x and y를 계산할 경우, x가 False이므로 y값에 관계없이 x and y의 값은 False임이 자명하므로, x의 값이 False임이 확인되는 즉시 곧바로 결과값 False가 반환되며 이때 y의 값은 계산되지 않는다. 이것을 단축 계산(short-circuit evalulation)이라고 부른다.

or (불리언 OR 연산자)

x가 True이면 True가 반환되며, False이면 y와의 or 연산값을 반환한다.

x = True; y = False; x or y는 True가 반환된다. 여기서도 위와 같이 단축 계산이 적용된다.

나. 연산 및 할당 연산자

아래 예제와 같이, 변수의 값에 어떤 연산을 한 뒤 다시 그 변수에 연산값을 할당하는 경우가 자주 발생한다.

```
a = 2
a = a * 3
```

이런 경우, 아래와 같이 연산과 할당을 한 번에 줄여 쓸 수 있다.

```
a = 2
a *= 3
```

즉 (변수) = (변수) (연산자) (수식)이 (변수) (연산자) = (수식)의 형태가 된다.

다. 연산 순서

'2 + 3 * 4'와 같은 수식을 계산한다고 하자. 덧셈이 먼저일까, 곱셈이 먼저일까?

곱셈을 먼저 계산해야 한다. 초등학교 시절에 이미 배우는 내용이지만, 이것은 곱셈 연산이

덧셈 연산보다 연산 순서에서 우위에 있기 때문이다.

(1) 연산자 우선순위

아래 표는 파이썬에서의 연산 순서를 나타낸다. 맨 위부터 가장 늦게 계산되는 순서대로 나열한 것이다. 이것은 특정한 수식이 주어졌을 때, 파이썬은 이 표의 가장 아래에 위치한 연산부터 차례대로 계산하게 된다는 것을 의미한다.

아래 표는 파이썬 레퍼런스 매뉴얼에서 가져온 것이다. 연산 순서를 적절히 조절하기 위해서는 괄호를 적당한 위치에 사용하는 것이 좋다. 또, 적절한 괄호의 사용은 프로그램을 좀 더 읽기 쉽게 해준다. 프로그램 작성시 아래의 연산 순서 변경 항목을 이용하여 참고하기 바란다.

연산자	연산자 이름
lambda	람다 수식
if - else	조건 수식
or	불리언 OR
and	불리언 AND
not x	불리언 NOT
in, not in, is, is not, 〈, 〈=, 〉, 〉=, !=, ==	비교 연산, 요소 연산, 관계 연산
|	비트 OR
^	비트 XOR
&	비트 AND
〈〈, 〉〉	시프트 연산
+, -	덧셈 및 뺄셈
*, /, //, %	곱셈, 나눗셈, 나눗셈 후 내림 연산, 나머지 연산
+x, -x, ~x	양수 표현, 음수 표현, 비트 NOT 연산
**	거듭제곱
x[index], x[index:index], x(arguments…), x.attribute	원소 접근, 슬라이스, 함수 호출, 속성 참조
(expressions…), [expressions…], {key: value…}, {expressions…}	괄호 또는 튜플, 리스트, 사전, 집합

아직 위 모든 연산자들에 대해 다 다루지 않았지만, 곧 다루게 된다. 같은 연산 순서를 갖는 연산자들은 위 표에서 같은 행에 위치하고 있다. 예를 들어, + 연산자와 - 연산자는 같은 연산 순서를 가지고 있다.

(2) 연산순서 변경

괄호를 사용하여 수식을 좀 더 읽기 쉽게 할 수 있다. 예를 들어, 2 + (3 * 4)라고 쓰면 2 + 3 * 4로 쓰는 것에 비해 연산자 순서를 잘 모르는 사람도 쉽게 읽을 수 있기 때문이다. 그렇지만, 괄호를 적당히 사용하는 것이 중요하다. (2 + (3 * 4))와 같이 괄호를 너무 많이 사용하는 것은 피해야 한다.

또 괄호를 사용하면 연산의 순서를 바꿀 수 있다. 예를 들어 위 수식에서 덧셈을 곱셈보다 먼저 계산하고 싶을 경우 (2 + 3) * 4라고 적을 수 있다.

(3) 같은 연산순서를 가진 경우

기본적으로 연산자는 왼쪽에서 오른쪽으로 차례대로 계산된다. 즉, 같은 연산 순서를 가진 연산자들의 경우 왼쪽에서 오른쪽으로 순서대로 계산됨을 의미한다. 예를 들어, 2 + 3 + 4는 (2 + 3) + 4와 같이 계산된다. 다만, 할당 연산자와 같은 몇몇 특별한 연산자들은 오른쪽에서 왼쪽으로 계산된다. 예를 들어 a = b = c는 a = (b = c)와 같이 계산된다.

예제 수식예제

예제이름을 expression.py로 저장하시오.

```
length = 5
breadth = 2
area = length * breadth
print 'Area is', area
print 'Perimeter is', 2 * (length + breadth)
```

출력결과

```
$ python expression.py
Area is 10
Perimeter is 14
```

동작원리

먼저 직사각형의 높이와 너비가 각각 length와 breadth라는 변수에 저장된다. 이제 앞서 배운 수식을 이용하여, 두 변수를 이용해 직사각형의 면적과 둘레를 계산한다. 첫 번째로

area라는 변수에 length * breadth라는 수식의 결과가 저장되며, 이 값은 print 명령에 의해 화면에 출력된다. 두 번째로는 print 명령에 곧바로 2 * (length + breadth)라는 수식을 직접 입력하고, 그 결과를 화면에 출력한다.

파이썬이 얼마나 예쁘게 결과를 보여주는지 확인해보자. 우리가 'Area is'라는 문자열이나 'area'라는 변수에 공백을 지정하지 않았음에도, 파이썬이 그 둘 사이에 자동으로 공백을 넣어 줌으로 결과물이 깔끔하고 멋지게 출력될 수 있도록 해 주기 때문에 프로그램을 좀 더 읽기 쉽게 작성할 수 있다. 이것은 파이썬이 프로그래머를 좀 더 편하게 해주는 하나의 좋은 예라고 할 수 있다.

12.7 흐름 제어 Flow Control

지금까지 우리가 본 파이썬 프로그램들은 전부 맨 윗줄부터 차례대로 실행되기만 했다. 이러한 실행 흐름을 바꿀 수 있어야 한다. 예를 들어, 프로그램이 현재 시간에 따라 'Good Morning' 혹은 Good Evening을 출력하는 결정을 내리도록 할 수 있어야 하기 때문이다.

예상하겠지만, 흐름 제어문이 이러한 프로그램을 제작가능하게 해준다. 파이썬에서는 if, for, while이라는 세 종류의 흐름 제어문을 사용할 수 있다.

가. if 문

if 문은 조건을 판단할 때 사용된다. if (만약) 조건이 참이라면, if 블록의 명령문을 실행하며 else (아니면)이면 else 블록의 명령문을 실행한다. 이 때 else 조건절은 생략이 가능하다.

예제

프로그램의 이름을 if.py로 저장하시오

```
number = 23
guess = int(raw_input('Enter an integer : '))
if guess == number:
    # New block starts here
    print 'Congratulations, you guessed it.'
    print '(but you do not win any prizes!)'
```

```
        # New block ends here
elif guess < number:
        # Another block
        print 'No, it is a little higher than that'
        # You can do whatever you want in a block ...
else:
        print 'No, it is a little lower than that'
        # you must have guessed > number to reach here

print 'Done'
# This last statement is always executed,
# after the if statement is executed.
```

실행결과

```
$ python if.py
Enter an integer : 50
No, it is a little lower than that

Done
$ python if.py
Enter an integer : 22
No, it is a little higher than that
Done

$ python if.py
Enter an integer : 23
Congratulations, you guessed it.
(but you do not win any prizes!)
Done
```

동작원리

이 프로그램에서는, 사용자로부터 숫자를 입력받아 그 숫자가 프로그램에 지정된 숫자와 같은지 확인한다. 먼저 number 변수에 원하는 숫자를 넣는다. 여기서는 23이다. 그리고 raw_input() 함수를 통해 사용자로부터 입력을 받는다. 여기서 함수란 재사용 가능한 프로그램 조각을 의미한다. 다음 장에서, 함수에 대해 좀 더 자세히 배운다. 파이썬에 내장된 raw_input

함수에 문자열을 넣어 주면 화면에 이 문자열이 출력되며, 또 사용자의 입력을 기다리게 된다. 이제 사용자가 무엇인가를 입력하고 enter키를 누르면, raw_input() 함수는 사용자가 입력한 것을 문자열의 형태로 반환해 준다. 이제 int를 이용하여 이것을 정수형으로 변환한 뒤, 그 값을 변수 `guess`에 대입한다. 사실 여기에서 사용된 `int`는 클래스라고 불리우지만, 일단 여기서는 이것이 문자열을 숫자형으로 변환해 준다는 것만 기억한다. (다만 이 때 사용된 문자열은 올바른 숫자를 포함하고 있어야 한다.) 다음으로, 사용자가 입력한 숫자와 프로그램에서 사용하는 숫자를 비교한다. 만약 이 두 숫자가 같으면, 성공했다는 메시지를 화면에 출력한다. 이때 들여쓰기를 이용하여 어디부터 어디까지가 이 블록에 해당하는지를 표시했다는 것을 확인해본다. 이러한 이유로 파이썬에서 들여쓰기는 굉장히 중요하다. 앞서 강조한것처럼 "일관성 있게 들여쓰는" 습관을 들여야 한다. 또한 if 문의 뒷부분에 콜론(:)이 붙어 있는 것을 확인해본다. 콜론은 그 다음 줄부터 새로운 블록이 시작된다는 것을 의미한다.
이제, 사용자가 입력한 숫자가 프로그램이 정한 숫자에 비해 작다면, 사용자에게 좀 더 큰 숫자를 입력하라고 알려 준다. 여기에 사용된 것은 elif 절인데, 이것은 두 개의 if 문을 중첩해서 사용해야 할 경우 (즉 if else를 쓰고 else 밑에 또 다시 if else를 써야 될 경우) 이것을 ifelif-else로 한번에 줄여서 쓸 수 있게 해 주는 것이다. 즉 elif는 프로그래밍을 좀 더 쉽게 해주고 더 많은 들여쓰기를 해야 하는 수고도 줄여 준다. elif와 else문을 사용할 경우, 논리적 명령행의 마지막에는 항상 콜론이 붙어 있어야 하며 그 다음 줄에는 다른 들여쓰기 단계로 시작되는 새로운 명령문 블록이 시작되어야 한다. 또한 if문의 if-block안에 또다른 if문을 넣고, 또 넣고 하는 식으로 작성할 수 도 있다. 이 경우 이것을 중첩된 if 문이라 부른다. elif와 else 절은 생략이 가능하다. 최소한의 올바른 if문 사용법은 다음과 같다.

```
if True:
    print 'Yes, it is true'
```

if - elif - else 문의 실행이 끝나면, 파이썬은 if 문을 담고 있는 블록의 다음 줄부터 실행을 재개한다. 위 예제의 경우 그 블록은 최상위 블록 (프로그램이 실행된 시점의 블록)이 되며, 따라서 그 다음에 실행될 명령문은 print 'Done'이 된다. 그 이후는 프로그램의 끝이므로 실행이 종료된다.

이 예제는 굉장히 간단한 프로그램이지만, 이를 통해서도 충분히 많은 것들에 대해 이야기했다. 하지만 이 모든 내용은 상당히 직관적이다 (만약 당신이 C/C++ 경험이 있다면 훨씬 더 쉽다고 느껴지기까지 할 것이다).

TIP switch 문

파이썬에는 switch 문이 없다. 대신 if..elif..else 문을 이용해야 한다.

나. while 문

while 문은 특정 조건이 참일 경우 계속해서 블록의 명령문들을 반복하여 실행할 수 있도록 한다. while 문은 반복문의 한 예이다. 또한 while 문에는 else 절이 따라올 수 있다.

예제

프로그,램의 이름을 while.py로 저장하시오.

```
number = 23
running = True
while running:
    guess = int(raw_input('Enter an integer : '))
    if guess == number:
        print 'Congratulations, you guessed it.'
        # this causes the while loop to stop
        running = False
    elif guess < number:
        print 'No, it is a little higher than that.'
    else:
        print 'No, it is a little lower than that.'
else:
    print 'The while loop is over.'
    # Do anything else you want to do here
print 'Done'
```

실행결과

```
$ python while.py
Enter an integer : 50
No, it is a little lower than that.
Enter an integer : 22
```

```
No, it is a little higher than that.
Enter an integer : 23
Congratulations, you guessed it.
The while loop is over.
Done
```

동작원리

이 프로그램도 위 예제와 같이 숫자 알아맞히기 게임이다. 그러나 더 나은 점은 사용자가 답을 맞출 때 까지 계속 숫자를 입력할 수 있다는 것이다. 즉, 앞의 예제에서 작성한 프로그램처럼 다른 숫자를 입력해 보기 위해 프로그램을 또 실행시킬 필요가 없다. 이 예제는 while문의 사용법을 잘 보여준다.

먼저 while 루프가 실행되기 전 변수 running이 True로 설정되어 있으므로, while문에 딸려 있는 while 블록이 실행되며 raw_input과 if문이 실행된다. 이 블록의 실행이 끝나면, while 문은 변수 running의 값을 다시 한번 확인하고, 이 값이 참인 경우 while 블록을 다시 한번 실행하며, 거짓인 경우 else블록을 실행한 뒤 루프를 빠져나와 다음 명령문이 실행된다.

else 블록은 while 루프 조건이 False 인 경우 실행된다. 물론 루프 조건을 처음으로 확인했을 경우에도 이 블록이 실행될 수 있다. while 루프에 else절이 딸려있는 경우, break명령으로 루프를 강제로 빠져나오지 않는 이상 이 블록은 항상 실행되게 된다. 여기서 True와 False라는 값들은 불리언 형식이라고 불리우며, 각각은 숫자 1과 0이다.

TIP **while문과 else**

c와 c++ 경험자는 파이썬의 while루프에 else절이 사용될 수 있음을 반드시 기억하시오.

다. for 문

for..in 문은 객체의 열거형(Sequence)을 따라서 반복하여 실행할 때 사용되는 파이썬에 내장된 또 하나의 반복문으로, 열거형에 포함된 각 항목을 하나씩 돌아가며 실행한다. 열거형에 대해서는 이후에 좀 더 자세히 설명한다. 일단 여기서는, 열거형이란 여러 항목이 나열된 어떤 목록을 의미한다고 생각하면 된다.

예제

프로그램의 이름은 for.py로 저장하시오

```
for i in range(1, 5):
    print i
else:
    print 'The for loop is over'
```

실행결과

```
$ python for.py
1
2
3
4
The for loop is over
```

동작원리

이 프로그램은 화면상에 숫자를 나열한다. 파이썬에 내장된 range 함수를 통해 이러한 숫자의 나열을 생성한다. 여기서는 range 함수에 1과 5, 두 개의 숫자를 넣어 주었으며, 그러면 이 함수는 첫 번째 숫자 이상, 그리고 두 번째 숫자 미만까지의 숫자 목록(리스트)을 반환한다(리스트는 자료 구조에서 학습한다.) 예를 들어, range(1,5) 는 리스트 [1, 2, 3, 4]를 반환한다. 기본적으로, range는 1씩 증가하는 숫자의 리스트를 반환한다. 그러나 range에 세 번째 숫자를 입력하면, 이 세 번째 숫자만큼씩 증가하는 숫자들의 리스트를 얻을 수 있다. 예를 들어, range(1,5,2)는 [1,3]을 반환한다. 반환되는 리스트는 두 번째 숫자 미만까지 반환되며, 이하까지 반환되는 것이 아니라는 점을 꼭 기억해야 한다.
range함수는 호출될 때 해당 범위 내의 모든 숫자를 한 번에 생성하여 반환해 주기 때문에, 매우 큰 숫자 범위를 지정해 주면 시간이 오래 걸릴 수 있다. 따라서 아주 큰 범위의 숫자를 다룰 때는 한 번에 하나씩 숫자를 생성하도록 하는 편이 낫다. 이 경우 for 문에 xrange()를 대신 사용할 수 있다.
위 예제의 for 루프는 range 함수에서 반환된 리스트를 따라 반복하여 실행된다. 즉, for i in range(1,5)는 for i in [1, 2, 3, 4]와 동일하다. 이것은 리스트에 들어 있는 각각의 숫자(각 숫자는 곧 객체이다.)를 한 번에 하나씩 i에 대입하고, 이렇게 대입된 각 i 값을 이용하여 for에 딸린 블록을 실행한다. 이 경우, for 블록에서 하는 일은 단순히 i 값을 화면에 출력해 주는 것이다. 또한, 추가로 else 절을 포함시켜 줄 수 있다. 이것이 포함되면, break 문으로 루프를 강제로 빠져나오지 않는 한 루프를 다 돌고 난 뒤에는 이 절이 항상 실행되게 된다.

for..in 루프는 어떤 종류의 열거형 자료형과도 함께 사용될 수 있다. 여기서는 range라는 내장 함수를 통해 숫자 리스트를 생성하여 사용하였으나 일반적으로는 아무 종류의 객체를 담고 있는 아무 열거형에서도 사용이 가능하다.

TIP

파이썬의 for

파이썬의 for 루프는 C/C++ 에서 제공하는 for 루프와는 근본적으로 다르다. 파이썬의 for는 차라리 C#의 foreach 루프와 비슷하며, Java 1.5의 for (int i : IntArray)와도 비슷하다. C/C++ 처럼 for (int i = 0; i < 5; i) 와 같이 사용하고 싶은 경우, 파이썬에서는 단순히 for i in range(0,5)라고 입력하기만 하면 된다.
파이썬의 for 루프는 더 단순하며, 더 보기 좋고 오류가 발생하기도 어렵다.

라. break 문

break 문은 루프 문을 강제로 빠져나올 때, 즉 아직 루프 조건이 False가 되지 않았거나 열거형의 끝까지 루프가 도달하지 않았을 경우에 루프 문의 실행을 강제로 정지시키고 싶을 때 사용된다. 중요한 점은 만약 break 문을 써서 for 루프나 while 루프를 빠져나왔을 경우, 루프에 딸린 else 블록은 실행되지 않는다는 점이다.

예제

프로그램의 이름은 break.py로 저장하시오.

```
while True:
    s = raw_input('Enter something : ')
    if s == 'quit':
        break
    print 'Length of the string is', len(s)
print 'Done'
```

실행결과

```
$ python break.py
Enter something : Programming is fun
Length of the string is 18
Enter something : When the work is done
Length of the string is 21
Enter something : if you wanna make your work also fun:
```

```
Length of the string is 37
Enter something : use Python!
Length of the string is 11
Enter something : quit
Done
```

동작원리

이 프로그램에서는 사용자의 입력을 반복해서 받고, 입력받은 문자열의 길이를 출력한다. 다만 사용자가 입력한 문자열이 quit일 경우, break문으로 루프를 빠져나와 프로그램을 정지하도록 특별한 조건을 넣어 주었다. 입력받은 문자열의 길이는 내장함수 len을 이용하여 계산할 수 있다. break 문은 for 루프 내에서도 이용될 수 있다.

마. continue 문

continue문은 현재 실행중인 루프 블록의 나머지 명령문들을 실행하지 않고 곧바로 다음 루프로 넘어가도록 한다.

예제

프로그램의 이름은 continue.py로 저장하시오.

```
while True:
    s = raw_input('Enter something : ')
    if s == 'quit':
        break
    if len(s) < 3:
        print 'Too small'
        continue
    print 'Input is of sufficient length'
```

실행결과

```
$ python continue.py
Enter something : a
Too small
Enter something : 12
```

```
Too small
Enter something : abc
Input is of sufficient length
Enter something : quit
```

동작원리

이 프로그램에서는 사용자로부터 입력을 받아 처리한다. 그러나 입력받은 문자열의 길이가 적어도 3 이상인 경우에만 문자열을 처리한다. 즉, 내장함수 len을 통해 입력받은 문자열의 길이를 알아낸 후 그 길이가 3보다 작으면, continue문을 이용하여 그 이하의 명령문을 실행하지 않고 다음 루프로 넘어가도록 한다. 입력받은 문자열의 길이가 3이상일 경우에만 그 이하의 명령문이 실행되고, 지정된 작업이 실행된다. continue 문은 for 루프 내에서도 이용될 수 있음을 기억해야 한다.

12.8 함수 Function

함수는 재사용 가능한 프로그램의 한 부분을 말한다.
프로그램의 한 부분? 이해하기가 더 어려워 보인다.

이 말은 특정 블록의 명령어 덩어리를 묶어 이름을 짓고, 그 이름을 프로그램 어디에서나 사용함으로써 그 블록에 포함된 명령어들을 몇 번이고 다시 실행할 수 있게 하는 것이다. 이를 보고 〈함수를 호출한다〉라고 한다. 사실 우리는 이미 앞에서 len이나 range와 같은 많은 내장 함수들을 사용해 왔다. 이러한 함수라는 것은 프로그램을 작성할 때 아마도 가장 중요한 단위가 될 것이다. 따라서 이 장에서는 함수라는 것을 다양한 관점에서 살펴보도록 한다. 함수는 def 키워드를 통해 정의된다. def 뒤에는 함수의 식별자 이름을 입력하고, 괄호로 감싸여진 함수에서 사용될 인자(arguments)의 목록을 입력하며 마지막으로 콜론을 입력하면 함수의 정의가 끝난다. 새로운 블록이 시작되는 다음 줄부터는 이 함수에서 사용될 명령어들을 입력해 준다. 복잡해 보이지만, 아래 예제를 통해 함수를 정의하는 것이 얼마나 간단한지 알아본다.

예제

프로그램의 이름은 function1.py로 저장한다.

```
def say_hello():
    # block belonging to the function
    print 'hello world'
# End of function

say_hello() # call the function
say_hello() # call the function again
```

실행결과

```
$ python function1.py
hello world
hello world
```

동작원리

여기에서는 위에서 설명한 문법을 이용하여 say_hello 라는 함수를 정의하였다. 이 함수는 어떤 인자도 넘겨받지 않으므로, 괄호 내에 매개 변수를 정의하지 않았다. 함수의 인수란 함수로 넘겨지는 입력값들을 말하며, 함수는 이 값을 처리하여 결과를 넘겨준다. 함수를 두 번 호출하는 것은 같은 코드를 두 번 작성하는 것과 같은 효과를 가진다.

가. 함수와 매개변수

함수를 정의할 때 매개 변수를 지정할 수 있다. 매개 변수란 함수로 넘겨지는 값들의 이름을 말하며, 함수는 이 값들을 이용해 무언가를 할 수 있다. 매개 변수는 변수와 거의 같이 취급되지만, 매개 변수의 값들은 함수가 호출되어질 때 넘겨받은 값들로 채워지며 함수가 실행되는 시점에서는 이미 할당이 완료되어 있다는 점이 다르다.

매개 변수는 함수를 정의할 때 괄호 안에 쉼표로 구분하여 지정한다. 함수를 호출할 때에는, 동일한 방법으로 함수에 값을 넘긴다. 이 때 함수를 정의할 때 주어진 이름을 매개 변수라고 부르고, 함수에 넘겨준 값들을 인자라고 부른다.

예제

프로그램의 이름은 function_param.py로 저장하시오.

```
def print_max(a, b):
    if a > b:
        print a, 'is maximum'
    elif a == b:
        print a, 'is equal to', b
    else:
        print b, 'is maximum'
# directly pass literal values
print_max(3, 4)
x = 5
y = 7
# pass variables as arguments
print_max(x, y)
```

실행결과

```
$ python function_param.py
4 is maximum
7 is maximum
```

동작원리

여기서는 두 매개 변수 a와 b를 사용하는 print_max라는 함수를 정의하였다. 그리고 간단한 if…else문을 이용하여 크기를 비교하고 둘 중에 더 큰 값을 출력한다.

print_max 함수를 처음 호출할 때에는 값을 직접 인자로 입력하여 넘겨주었다. 반면 두 번째 호출시에는 변수를 인자로 입력하여 주었다. 이것은 print_max(x, y)는 변수 x 에 지정된 값을 변수 a에 입력해 주고 변수 y의 값을 변수 b에 입력해 주는 것을 의미한다. 따라서 이 함수는 두 경우 모두 동일하게 동작된다

나. 지역변수

정의한 함수 안에서 변수를 선언하고 사용할 경우, 함수 밖에 있는 같은 이름의 변수들과 함수 안에 있는 변수들과는 서로 연관이 없다. 이러한 변수들을 함수의 지역(local) 변수라고

하며, 그 범위를 변수의 범위(스코프, scope)라고 부른다. 모든 변수들은 변수가 정의되는 시점에서의 블록을 스코프로 가지게 된다.

예제

프로그램은 function_local.py로 저장하시오.

```
x = 50
def func(x):
    print 'x is', x
    x = 2
    print 'Changed local x to', x
func(x)
print 'x is still', x
```

실행결과

```
$ python function_local.py
x is 50
Changed local x to 2
x is still 50
```

동작원리

먼저 함수의 첫 번째 줄에서 x라는 이름을 가진 변수에 담긴 값을 출력한다. 이 때 함수 정의 위에 정의된 변수의 값을 함수의 매개 변수 x로 넘겨받은 값이 출력된다. 다음으로, x에 값 2를 대입한다. 그러나 x는 함수의 지역 변수이므로, 함수 안에서 x의 값이 대입된 값으로 변하는 반면 메인 블록의 x는 변하지 않고 그대로 남아 있다. 프로그램에서 사용된 마지막 print문을 통해 메인 블록의 x값을 출력해 보면, 그 이전에 호출된 함수 안에서 시행된 지역 변수값의 변화가 적용되지 않았음을 확인할 수 있다.

다. global문

함수나 클래스 내부에서 상위 블록에서 선언된 변수의 값을 변경하고 싶을 경우, 파이썬에게 이 변수를 앞으로 지역 변수가 아닌 전역(global) 변수로 사용할 것임을 알려 주면 된다. 이때 global 문을 이용한다. global 문을 사용하지 않으면, 함수 외부에서 선언된 변수의 값을 함수 내부에서 변경할 수 없다. 함수 안에서 동일한 이름으로 선언된 변수가 없을 경우, 함수 밖의 변수값을 함수 안에서 읽고 변경할 수도 있다. 그러나 이것은 프로그램을 읽을 때 변수가 어디서 어떻게 선언되었는지 파악하기 힘들게 만들기 때문에 추천할만한 방법이 아니며, 가능한 이런 프로그램을 만들면 안 된다. global 문을 사용하면 그 블록의 밖에서 그 변수가 선언되어 있음을 알려 주므로 프로그램이 좀 더 명확해진다.

예제

프로그램의 이름은 function_global.py로 저장하시오.

```
x = 50
def func():
    global x
    print 'x is', x
    x = 2
    print 'Changed global x to', x
func()
print 'Value of x is', x
```

실행결과

```
$ python function_global.py
x is 50
Changed global x to 2
Value of x is 2
```

동작원리

global 문을 통해 x가 전역 변수임을 파이썬에게 알려준다. 따라서 이후로 x에 값을 대입하면 메인 블록의 x값 또한 변경된다. 하나의 global 문으로 여러 개의 전역 변수를 동시에 지정해 줄 수도 있다. global x, y, z처럼 하면 된다.

라. 기본 인수값

어떤 특별한 경우, 함수를 호출할 때 인수를 선택적으로 넘겨주게 하여 사용자가 값을 넘겨주지 않으면 자동으로 기본값을 사용하도록 하는 것이 편할 때가 있다. 이런 경우, 기본 인수값을 지정하면 된다. 함수를 선언할 때 원하는 매개 변수 뒤에 대입 연산자 (=)와 기본값을 입력하여 기본 인수값을 지정한다.

이 때, 기본 인수값은 반드시 상수이어야 한다. 좀 더 정확히 말하자면, 불변값이어야 한다. 불변값에 대해서는 뒤에서 다룬다.

예제

프로그램은 function_default.py로 저장하시오.

```
def say(message, times=1):
    print message * times
say('Hello')
say('World', 5)
```

실행결과

```
$ python function_default.py
Hello
WorldWorldWorldWorldWorld
```

동작원리

함수 say는 지정된 숫자만큼 문자열을 반복하여 출력하는 함수이다. 숫자를 지정하지 않으면, 기본값이 적용되어, 문자열이 한 번 출력된다. 이 결과는 매개 변수 times의 기본 인수값을 1로 지정해 줌으로써 얻어진다.

프로그램에서 처음 say를 호출할 때에는 함수에 문자열만 넘겨주어 한번 출력하게 한다. 두 번째 호출에서는 문자열과 인수 5를 넘겨주어 함수가 문자열을 5번 반복하게 한다. 매개 변수 목록에서 마지막에 있는 매개 변수들에만 기본 인수값을 지정해 줄 수 있다. 예를 들어, def func(a, b=5)는 옳은 함수 정의이지만 def func(a=5, b)는 옳지 않다.

마. 키워드 인수

여러 개의 매개 변수를 가지고 있는 함수를 호출할 때, 그 중 몇 개만 인수를 넘겨주고 싶을 때가 있다. 이때 매개 변수의 이름을 지정하여 직접 값을 넘겨줄 수 있는데 이것을 키워드 인수라고 부른다. 함수 선언시 지정된 매개 변수의 순서대로 값을 넘겨주는 것 대신, 매개 변수의 이름(키워드)를 사용하여 각각의 매개 변수에 인수를 넘겨주도록 지정해준다. 키워드 인수를 사용하는데 두 가지 장점이 있다. 첫째로, 인수의 순서를 신경쓰지 않고도 함수를 쉽게 호출할 수 있는 점이고 둘째로는, 특정한 매개 변수에만 값을 넘기도록 하여 나머지는 자동으로 기본 인수값으로 채워지게 할 수 있다.

예제

프로그램은 function_keyword.py로 저장하시오

```
def func(a, b=5, c=10):
    print 'a is', a, 'and b is', b, 'and c is', c
func(3, 7)
func(25, c=24)
func(c=50, a=100)
```

실행결과

```
$ python function_keyword.py
a is 3 and b is 7 and c is 10
a is 25 and b is 5 and c is 24
a is 100 and b is 5 and c is 50
```

동작원리

위의 func라는 이름의 함수는 기본 인수값이 지정되지 않은 한 개의 매개 변수와, 기본 인수값이 지정된 두 개의 매개 변수, 총 세 개의 매개 변수를 가지고 있다.
첫 번째 호출 func(3, 7) 에서, 매개 변수 a는 값 3, 매개 변수 b는 7을 넘겨 받으며, c에는 기본 인수값 10이 주어진다. 두 번째 호출 func(25, c=24) 에서는, 첫 번째 인수인 25가 변수 a에 넘겨진다. 그리고 매개 변수 c는 키워드 인수를 통해 값 24가 지정되며, 변수 b에는 기본값 5가 주어진다. 세 번째 호출 func(c=50, a=100) 에서는, 모든 값을 지정하는데 키워드 인수가 사용된다. 함수 정의에는 a 다음에 c가 정의되어 있지만, 키워드 인수를 사용하면 그 순서에 상관없이 c를 먼저 지정하고 a를 나중에 지정할 수도 있다.

ㅂ. VarArgs 매개변수

가끔 함수에 임의의 개수의 매개 변수를 지정해주고 싶을 때가 있다 이때 VarArgs 매개변수를 사용한다 아래 예제와 같이 별 기호를 사용하여 임의의(Variable) 개수의 인수(Arguments)를 표현한다.

예제

프로그램의 이름은 function_varargs.py로 저장하시오.

```
def total(initial=5, *numbers, **keywords):
    count = initial
    for number in numbers:
        count += number
    for key in keywords:
        count += keywords[key]
    return count
print total(10, 1, 2, 3, vegetables=50, fruits=100)
```

실행결과

```
$ python function_varargs.py
166
```

동작원리

앞에 별 기호가 달린 매개 변수, 예를 들어 *param과 같이 매개 변수를 지정해 주면 함수에 넘겨진 모든 위치 기반 인수들이 'param'이라는 이름의 튜플로 묶여서 넘어온다. 또 이와 비슷하게 앞에 별 두 개가 달린 매개 변수, 예를 들어 **param 과 같이 매개 변수를 지정해 주면 함수에 넘겨진 모든 키워드 인수들이 param이라는 이름의 사전으로 묶여서 넘어온다. 여기서는 이 프로그램의 동작원리를 이해 못해도 상관없다. 튜플과 사전을 공부하고 난 이후에 이해가 될 것이다.

사. return 문

return 문은 함수로부터 되돌아(return) 나올 때, 즉 함수를 빠져 나올 때 사용된다. 이 때 return값처럼 값을 지정해 주면, 함수가 종료될 때 그 값을 반환하도록 할 수 있다.

예제

프로그램의 이름은 function_return.py로 저장하시오.

```
def maximum(x, y):
    if x 〉 y:
        return x
    elif x == y:
        return 'The numbers are equal'
```

```
    else:
        return y

print maximum(2, 3)
```

실행결과

```
$ python function_return.py
3
```

동작원리

여기에서 사용된 maximum함수는 매개 변수들 중 최대값을 반환한다. 위 경우에는 함수에 넘겨진 숫자들 중 최대값을 반환하는 프로그램인데 간단한 if..else 구문을 통해 더 큰 값을 찾고, 최종 값을 반환(return)한다. return 문 뒤에 아무 값도 지정하지 않는 경우, return None을 실행하는 것과 같다. None 이란 파이썬에서 사용되는 특별한 형식으로 아무것도 없음을 의미한다. 예를 들면, 어떤 변수의 값이 None 이라는 것은 변수에 할당된 값이 없다는 것을 의미한다. return 문을 함수에 지정하지 않으면, 함수는 끝날 때 자동으로 return None 구문을 암시적으로 호출한다. 아래 예제에서 return 문이 시정되지 않은 some_function 이라는 함수를 선언하고 print some_function()을 실행하여 그 결과를 확인해 본다.

```
def some_function():
    pass
```

pass 문은 아무 기능이 없는 구문이다. 이것은 빈 블록을 지정해 줄 때 사용된다.
사실 파이썬에는 최대값을 찾는 내장 함수 max가 이미 포함되어 있다. 따라서 가능하면 이 내장 함수를 사용하는 편이 낫다.

아. DocString

파이썬은 설명(Documentation) 문자열(String)이 있다.(짧게 줄여서 DocStrings) DocString은 작성한 프로그램을 알아보기 쉽게 해 주고, 또 이후 프로그램에 대한 설명서를 작성할 때 유용하게 사용될 수 있는 중요한 도구이다. 아래 예제와 같이, DocString은 프로그램이 실행중일 때도 읽어올 수 있다.

예제

프로그램명은 function_docstring.py로 저장하시오.

```
def print_max(x, y):
    '''Prints the maximum of two numbers.
    The two values must be integers.'''
    # convert to integers, if possible
    x = int(x)
    y = int(y)
    if x > y:
        print x, 'is maximum'
    else:
        print y, 'is maximum'

print_max(3, 5)
print print_max.__doc__
```

실행결과

```
$ python function_docstring.py
5 is maximum
Prints the maximum of two numbers.

    The two values must be integers.
```

동작원리

함수에 포함된 첫 논리적 명령행에 적어둔 문자열은 함수의 DocString이라고 불리는 것이다. 여기에서 설명하는 DocString은 모듈과 클래스에도 똑같이 적용된다. 각각에 대해서는 각 챕터에서 좀 더 자세히 알아보도록 한다. DocString은 일반적으로 첫째줄의 첫문자는 대문자로, 마지막 문자는 마침표로 끝나도록 작성한다. 그리고 두번째 줄은 비워 두고, 세번째 줄부터는 이것이 어떤 기능을 하는지에 대해 상세하게 작성한다. 앞으로 당신이 함수의 DocString를 작성할 때 이 규칙을 따르기를 강력히 권한다. print_max함수의 DocString은 함수의 doc속성을 통해 접근할 수 있다 (밑줄이 두 개 임을 다시 한번 확인한다.). doc은 함수 객체가 갖고 있는 기본 속성이다.

파이썬에서 help()를 이용해 보셨다면, 당신은 이미 DocString을 본 적이 있는 것이다. help()가 하는 일은 주어진 대상의 doc 속성을 가져와 화면에 보여주는 것이기 때문이다. 위에서 만든 함수에 대해서도 마찬가지로 동작한다. 이 프로그램에 help(print_max)라고 한 줄 추가해 보라. help 창을 닫으려면 q키를 누르면 된다.
이를 이용하여 여러분의 프로그램에 대한 명세서를 자동으로 만들어주는 프로그램들이 있다. 따라서 당신이 어떤 함수를 작성하시던지 DocString을 작성할 것을 강력히 권한다. 파이썬과 함께 설치되는 pydoc 또한 help()와 비슷한 방법으로 DocString을 이용하여 동작한다.

12.9 자료구조 Data Structure

자료 구조란 간단하게, 어떤 〈자료〉를 담는 〈구조〉를 말한다. 다른 말로 하면, 서로 연관있는 어떤 자료들의 집합을 저장하는 데 사용된다. 파이썬에는 네 종류의 자료 구조가 있는데, 각각 리스트, 튜플, 사전, 집합이다. 이들 각각의 사용법에 대해 알아보고 또 각각이 얼마나 편리한지 확인해본다.

가. 리스트

리스트란 순서대로 정리된 항목들을 담고 있는 자료 구조이다. 즉, 리스트에는 항목의 목록을 저장할 수 있다. 이것은 메모로 적는 일종의 장바구니 목록 같은 것 인데, 실생활에서 실제 사용하는 리스트와는 다르게, 파이썬에서는 쉼표로 각 항목을 구분한 다는 것만 다르다.

리스트를 정의할 때는 대괄호 []를 이용해서 정의한다. 한번 리스트를 만들어 두면 여기에 새로운 항목을 추가하거나 삭제할 수 있으며, 특정 항목이 존재하는지 검색할 수도 있다.

예제

프로그램은 ds_using_list.py로 저장하시오.

```
# This is my shopping list
shoplist = ['apple', 'mango', 'carrot', 'banana']

print 'I have', len(shoplist), 'items to purchase.'

print 'These items are:',
for item in shoplist:
print item,
```

```
print '₩nI also have to buy rice.' shoplist.append('rice')
print ''My shopping list is now', shoplist

print 'I will sort my list now' shoplist.sort()
print 'Sorted shopping list is', shoplist

print 'The first item I will buy is', shoplist[0] olditem = shoplist[0]
del shoplist[0]
print 'I bought the', olditem
print 'My shopping list is now', shoplist
```

실행결과

```
$ python ds_using_list.py
I have 4 items to purchase.
These items are: apple mango carrot banana I also have to buy rice.
My shopping list is now ['apple', 'mango', 'carrot', 'banana', 'rice'] I will sort my list now
Sorted shopping list is ['apple', 'banana', 'carrot', 'mango', 'rice'] The first item I will buy is apple
I bought the apple
My shopping list is now ['banana', 'carrot', 'mango', 'rice']
```

동작원리

장 보러 갈 때 장바구니 목록을 변수 shoplist에 담아 두었다고 하자. shoplist에는, 구매할 항목들의 이름 문자열들만이 담겨 있다. 사실 리스트에는 어떤 종류의 객체든지 담을 수 있으며 숫자, 문자 심지어는 리스트 안에 리스트도 담을 수 있다.

여기서는 for..in 반복문을 사용하여 리스트 안에 담겨 있는 항목들을 하나씩 반복하여 읽어왔다. 이제 리스트가 하나의 열거 형식의 예가 됨을 알게 되었을 것이다.

print 문 맨 뒤에 추가한 쉼표는 출력될 내용 뒤에 줄바꿈 기호 대신 공백을 출력하도록 지정₩해준다. 쉼표는 파이썬에게 앞으로 출력될 내용을 같은 줄에 이어서 출력하라고 알려준다.

다음으로, 앞서 설명했던 리스트 객체의 append 메소드를 이용해서 리스트에 항목을 한 개 추가한다. 그리고 추가된 항목이 제대로 추가되었는지 확인하기 위해 print 문에 리스트를 넘겨주어 리스트의 내용을 화면에 출력한다.

이제 리스트의 sort 메소드를 이용하여 리스트의 내용을 정렬한다. 여기서 이 메소드는 해당

리스트 자체를 변화시키며 수정된 리스트를 또 반환해주지 않는데 이 점을 이해하는 것이 중요하다. 즉 정적인 문자열과 달리 리스트는 변화될 수 있는 성질을 지녔다.
다음으로 시장에서 물건을 구매하면 이제 장바구니 목록에서 해당 항목을 지워야 할 것이다. 이 때 del 문을 사용하여 항목을 삭제한다. 항목을 삭제할 때는 어떤 항목을 지울지 del 문에 알려 주면 리스트로부터 해당 항목이 삭제된다. 여기서는 del shoplist[0] 이라고 입력하여 첫 번째 항목을 삭제할 것임을 알려 준다. 그리고 리스트 객체가 갖고 있는 모든 메소드에 대해 알고 싶으시면, help(list)를 입력한다.

나. 튜플

튜플은 여러 개의 객체를 모아 담는데 사용된다. 튜플은 리스트와 비슷하지만, 리스트 클래스에 있는 여러 가지 기능이 없다. 또 튜플은 수정이 불가능하며, 그래서 주로 문자열과 같이 고정적인 객체들을 담을 때 사용된다.

튜플은 생략할 수 있는 괄호로 묶인 쉼표로 구분된 여러 개의 항목으로 정의된다.

튜플에 저장된 값들은 수정이 불가능하기 때문에, 단순 값들의 목록을 다루는 구문이나 사용자 정의 함수에서 주로 사용된다.

예제

프로그램은 ds_using_tuple.py로 저장하시오.

```
# I would recommend always using parentheses # to indicate start and end of tuple

# even though parentheses are optional.
# Explicit is better than implicit.
zoo = ('python', 'elephant', 'penguin')
print 'Number of animals in the zoo is', len(zoo)

new_zoo = 'monkey', 'camel', zoo
print 'Number of cages in the new zoo is', len(new zoo)
print 'All animals in new zoo are', new_zoo
print 'Animals brought from old zoo are', new_zoo[2]
print 'Last animal brought from old zoo is', new_zoo[2][2]
print 'Number of animals in the new zoo is', ₩
len(new_zoo)-1+len(new_zoo[2])
```

실행결과

```
$ python ds_using_tuple.py
Number of animals in the zoo is 3
Number of cages in the new zoo is 3
All animals in new zoo are ('monkey', 'camel', ('python', 'elephant', 'penguin')) Animals brought from old zoo are ('python', 'elephant', 'penguin')

Last animal brought from old zoo is penguin
Number of animals in the new zoo is 5
```

동작원리

변수 zoo는 여러 항목들을 담고 있는 튜플이다. 보는 바와 같이 len함수를 통해 튜플의 길이를 알아올 수 있다. 튜플은 열거형 자료의 하나이다.
이제 동물원(zoo) 안의 동물들을 새로운 동물원으로 옮겨야 한다고 할 때, 이를 위해 새로운 동물원 new_zoo 튜플에 원래 있던 동물들과 함께 기존의 동물원에 있던 동물들을 옮겨온다. 다시 파이썬으로 돌아와서, 이와 같이 튜플 안에 튜플을 담아도 튜플의 성질을 잃지 않는다. 리스트에서 했던 것과 같이, 튜플 안에 있는 항목의 위치를 대괄호로 묶어 지정해주면 각 항목에 접근할 수 있다. 이를 인덱싱 연산자라고 부른다. new_zoo 의 세 번째 항목에 접근하려면 new_zoo[2] 와 같이 하며, 이 세 번째 항목은 튜플이므로 이것의 세 번째 항목에 접근하려면 new_zoo[2][2]와 같이 하면 된다.

TIP **공백 튜플**

비어있는 튜플은 괄호 안에 아무것도 적지 않고 myempty = ()와 같이 생성할 수 있다. 그러나, 항목 한 개만 담고 있는 튜플을 정의할 때는 주의해야 한다. 이 경우 첫 번째 항목의 뒤에 쉼표를 붙여 주어 파이썬에게 이것이 숫자 연산에 사용되는 괄호가 아니라 객체를 담는 튜플을 의미하는 것이라고 단서를 주어야 한다. 예를 들어, 항목 2를 담고 있는 튜플을 정의하려면 singleton = (2 ,)와 같이 한다.

다. 사전

사전은 전화번호부 같은 것인데, 누군가의 이름을 찾으면 그 사람의 주소와 연락처를 알 수 있는 것과 같다. 이 때 그 사람의 이름에 해당하는 것을 키라고 부르고, 주소와 연락처 등에 해당하는 것을 값이라 부른다. 전화번호부에 동명이인이 있을 경우 어떤 정보가 맞는 정보인지 제대로 알아낼 수 없듯이, 사전의 키는 사전에서 유일한 값이어야 한다.

사전의 키는 정적 객체(문자열 등등)이어야 하지만, 값으로는 정적 객체나 비정적 객체 모두 사용 할 수 있다. 이것을 간단하게 다시 말하면 사전의 키로는 단순 객체만 사용할 수 있다고 말한다.

사전을 정의할 때 키와 값의 쌍은 d = {key1 : value1, key2 : value2 } 와 같이 지정한다. 이 때 키와 값은 콜론으로 구분하며 각 키-값 쌍은 쉼표로 구분하고 이 모든 것을 중괄호 `{}`로 묶어 준다는다.

여기서 사전의 키-값 쌍은 자동으로 정렬되지 않는다. 이를 위해서는 사용하기 전에 먼저 직접 정렬을 해준다.

앞으로 여기서 사용하게 될 사전은 dict클래스의 인스턴스/객체이다.

예제

프로그램의 이름은 ds_using_dict.py로 저장하시오.

```
# 'ab' is short for 'a'ddress''b'ook
ab = {  'Swaroop' : 'swaroop@swaroopch.com', 'Larry': 'larry@wall.org',
        'Matsumoto' : 'matz@ruby-lang.org', 'Spammer'  :'spammer@hotmail.com'
    }
print "Swaroop's address is", ab['Swaroop']

# Deleting a key-value pair
del ab['Spammer']
print '₩nThere are {} contacts in the address-book₩n'.format(len(ab))

for name, address in ab.items():
    print 'Contact {} at {}'.format(name, address)

# Adding a key-value pair
ab['Guido'] = 'guido@python.org'

if 'Guido' in ab:
    print "₩nGuido's address is", ab['Guido']
```

실행결과

```
$ python ds_using_dict.py
Swaroop's address is swaroop@swaroopch.com

There are 3 contacts in the address-book

Contact Swaroop at swaroop@swaroopch.com
Contact Matsumoto at matz@ruby-lang.org
Contact Larry at larry@wall.org

Guido's address is guido@python.org
```

동작원리

먼저 설명한 표기법을 이용하여 사전 ab를 생성한다. 그러면 앞서 리스트와 튜플 을 설명할 때 언급했던 인덱싱 연산자에 키를 지정해 주어 사전의 키-값 쌍에 접근할 수 있다.
키-값 쌍 또한 del 문으로 삭제할 수 있다. del 문에 인덱싱 연산자에 해당키를 지정해 준 사전을 넘겨 주기만 하면 된다. 이 때 그 키에 해당하는 값은 알 필요가 없다.
다음으로, 사전의 items 메소드를 사용하여 각 키-값 쌍에 접근한다. 이 메소드는 키와 값 순 으로 구성된 튜플들을 묶은 튜플 하나를 반환한다. 그 후 for..in 문을 사용하여 각각을 변수 name과 address에 반복하여 지정하고 그 값을 출력한다.
위 예제의 'Guido' 와 같이 인덱싱 연산자를 사용하여 새 키-값 쌍을 추가할 수도 있다.
또, 사전 안에 키-값 쌍이 존재하는지 in 연산자를 통해 확인할 수 있다.
dict 클래스의 모든 메소드 목록을 확인하려면 help(dict)를 입력한다.

라. 열거형

열거형들은 리스트, 튜플, 문자열을 말한다. 그러면 열거형이란 무엇이고 열거형에서는 무엇이 중요할까? 열거형의 주요한 두 가지 기능은 멤버십 테스트(in과 not in 연산)와 열거형의 특정 항목을 얻어올 수 있는 인덱싱 연산이다.

또한 리스트, 튜플, 문자열과 같은 세 가지 열거형은 슬라이스 연산 기능을 가지고 있는데, 이것은 열거 형의 일부분을 잘라낸(slice) 것을 반환하는 연산, 즉 부분 집합을 반환해 주는 연산이다.

예제

프로그램의 이름을 ds_seq.py로 저장하시오.

```
shoplist = ['apple', 'mango', 'carrot', 'banana']
name = 'swaroop'

# Indexing or 'Subscription' operation #
print 'Item 0 is', shoplist[0]
print 'Item 1 is', shoplist[1]
print 'Item 2 is', shoplist[2]
print 'Item 3 is', shoplist[3]
print 'Item -1 is', shoplist[-1]
print 'Item -2 is', shoplist[-2]
print 'Character 0 is', name[0]

# Slicing on a list #
print 'Item 1 to 3 is', shoplist[1:3]
print 'Item 2 to end is', shoplist[2:]
print 'Item 1 to -1 is', shoplist[1:-1]
print 'Item start to end is', shoplist[:]

# Slicing on a string #
print 'characters 1 to 3 is', name[1:3]
print 'characters 2 to end is', name[2:]
print 'characters 1 to -1 is', name[1:-1]
print 'characters start to end is', name[:]
```

실행결과

```
$ python ds_seq.py
Item 0 is apple
Item 1 is mango
Item 2 is carrot
Item 3 is banana
Item -1 is banana
Item -2 is carrot
```

```
Character 0 is s
Item 1 to 3 is ['mango', 'carrot']
Item 2 to end is ['carrot', 'banana']
Item 1 to -1 is ['mango', 'carrot']
Item start to end is ['apple', 'mango', 'carrot', 'banana']
characters 1 to 3 is wa
characters 2 to end is aroop
characters 1 to -1 is waroo
characters start to end is swaroop
```

동작원리

먼저, 열거형의 각 항목을 얻어오기 위해 어떻게 인덱스를 사용하는지 알아본다. 이를 다른 말로 서브스크립션 연산이라고 한다. 위 예제에서 보인 것과 같이 대괄호 내에 특정 숫자를 지정하면, 파이썬은 열거형에서 해당 숫자의 위치에 있는 항목을 얻어온다.(파이썬은 숫자를 0부터 시작한다) 따라서 shoplist[0]과 shoplist[3]은 각각 열거형 shoplist의 첫 번째와 네 번째 항목을 읽어오는 연산이다.

인덱스에는 음수가 지정될 수도 있다. 이 경우, 열거형의 마지막부터 위치가 계산된다. 따라서, shoplist[-1]은 열거형의 마지막 항목을 의미하며 shoplist[-2]는 열거형의 마지막 항목 바로 뒤의 항목을 의미한다.

슬라이스 연산은 대괄호 안에 콜론으로 구분한 숫자들을 입력해 주는 것이다. 슬라이스 연산은 앞서 설명한 인덱싱 연산과 굉장히 비슷하다. 이 경우 숫자는 반드시 지정해 줄 필요는 없지만 콜론은 반드시 들어간다.

슬라이스 연산에서 콜론 앞의 첫 번째 숫자는 슬라이스를 시작할 위치를 의미하며 콜론 뒤의 두 번 째 숫자는 슬라이스를 멈출 위치이다. 만약 첫 번째 숫자가 지정되지 않았을 경우, 파이썬은 열거형의 맨 처음부터 슬라이스를 시작한다. 두 번째 숫자가 지정되지 않았을 경우, 파이썬은 열거형의 맨 끝에서 슬라이스를 멈춘다. 이 때 슬라이스는 시작 위치부터 슬라이스를 시작하며 끝 위치의 직전까지 수행된다. 즉, 시작 위치에 해당하는 항목은 슬라이스에 포함되나 마지막 위치에 해당하는 항목은 포함되지 않는다.

따라서, shoplist[1:3] 은 위치 1에 해당하는 항목부터 시작하여 위치 2에 해당하는 항목을 포함하지만, 위치 3에 해당하는 항목은 포함하지 않는다. 따라서 두 개의 항목의 슬라이스가 반환된다. 이와 비슷하게, shoplist[:]는 전체 열거형의 복사본이 반환된다.

슬라이스 숫자로도 음의 위치를 지정해 줄 수 있다. 음수는 열거형의 마지막부터 위치를 계산하는 것을 의미한다. 예를 들어, shoplist[:-1]은 마지막 항목을 제외한 모든 항목을 포함하고 있는 슬라이스를 반환한다.

슬라이스 숫자에 세 번째 인수를 지정해 줄 수 있는데, 이것은 슬라이스 스텝에 해당한다. 기본값은 1이다.

```
>>> shoplist = ['apple', 'mango', 'carrot', 'banana']
>>> shoplist[::1]
['apple', 'mango', 'carrot', 'banana']
>>> shoplist[::2]
['apple', 'carrot']
>>> shoplist[::3]
['apple', 'banana']
>>> shoplist[::-1]
['banana', 'carrot', 'mango', 'apple']
```

보시는 바와 같이 스텝이 2일 경우 위치 0, 2, … 에 해당되는 항목들이 반환되며 스텝이 3일 경우 0, 3, … 에 해당되는 항목들이 반환된다.

파이썬 인터프리터에서 여러 가능한 슬라이스 숫자의 조합들을 시험해 보면 그 결과들 곧바로 확인해 볼 수 있다. 이 모든 사항은 모든 열거형에 적용되므로, 튜플, 리스트, 문자열의 경우 모두 동일한 방법을 사용할 수 있다.

마. 집합

집합은 정렬되지 않은 단순 객체의 묶음이다. 집합은 포함된 객체들의 순서나 중복에 상관없이 객체를 묶을 때 사용한다.

집합끼리는 멤버십 테스트를 통해 한 집합이 다른 집합의 부분집합인지 확인할 수 있으며, 두 집합의 교집합 등을 알아낼 수도 있다.

```
>>> bri = set(['brazil', 'russia', 'india'])
>>> 'india' in bri
True
>>> 'usa' in bri
False
>>> bric = bri.copy()
>>> bric.add('china')
```

```
>>> bric.issuperset(bri)
True
>>> bri.remove('russia')
>>> bri & bric # OR bri.intersection(bric)
{'brazil', 'india'}
```

동작원리

직접 위 코드를 인터랙티브 파이썬에서 수행해 본다. 집합에 관한 내용이므로 직관적으로 알 수 있다.

바. 참조

객체를 생성하고 변수에 할당해 줄 때, 사실 실제 객체가 변수에 할당되는 것은 아니다! 변수에는 객체의 참조가 할당된다. 참조란, 그 변수의 이름이 여러분의 컴퓨터 메모리 어딘가에 저장되어 있는 실제 객체의 위치를 가리키는 것을 말한다. 이를 객체에 이름을 바인딩 한다고 한다.

일반적으로는 이에 대해 크게 신경쓸 필요가 없다. 다만, 참조로 인해 발생하는 몇 가지 현상에 대해 알고 있을 필요가 있다.

예제

프로그램 이름은 ds_reference.py로 저장하시오.

```
print 'Simple Assignment'
shoplist = ['apple', 'mango', 'carrot', 'banana']
# mylist is just another name pointing to the same object!
mylist = shoplist

# I purchased the first item, so I remove it from the list
del shoplist[0]

print 'shoplist is', shoplist
print 'mylist is', mylist
# Notice that both shoplist and mylist both print
# the same list without the 'apple' confirming that
# they point to the same object
```

```
print 'Copy by making a full slice'
# Make a copy by doing a full slice
mylist = shoplist[:]
# Remove first item
del mylist[0]

print 'shoplist is', shoplist
print 'mylist is', mylist
# Notice that now the two lists are different
```

실행결과

```
$ python ds_reference.py Simple Assignment

shoplist is ['mango', 'carrot', 'banana']
mylist is ['mango', 'carrot', 'banana']
Copy by making a full slice
shoplist is ['mango', 'carrot', 'banana']
mylist is ['carrot', 'banana']
```

동작원리

리스트와 같은 어떤 열거형이나 복잡한 객체 (정수형과 같이 단순 객체를 제외하고)의 복사본을 생성하고 싶을 때에는, 슬라이스 연산자를 이용하여 복사본을 생성한다. 단순히 한 변수를 다른 변수에 할당하게 되면 두 변수는 같은 객체를 "참조" 하게 되며 실제 복사본이 생성되지 않는다.

사. 문자열 메소드

앞서 문자열에 대해 이미 상세히 다루었지만, 몇 가지 더 알아보자. 문자열도 객체이므로 여러 메소드를 가지고 있는데 이를 통해 문자열의 앞 뒤 공백을 제거한다거나 하는 일들을 할 수 있다. 파이썬에서 사용되는 모든 문자열은 str클래스의 객체이다. 다음 예제에 이 객체가 제공하는 몇 가지 유용한 메소드들을 보이고 있다. str클래스의 모든 메소드의 목록을 확인하려면 help(str)을 실행한다.

예제

프로그램 이름은 ds_str_methods.py로 저장하시오.

```
# This is a string object
name = 'Swaroop'

if name.startswith('Swa'):
    print 'Yes, the string starts with "Swa"'

if 'a' in name:
    print 'Yes, it contains the string "a"'

if name.find('war') != -1:
    print 'Yes, it contains the string "war"'

delimiter = '_*_'
mylist = ['Brazil', 'Russia', 'India', 'China']
print delimiter.join(mylist)
```

실행결과

```
$ python ds_str_methods.py
Yes, the string starts with "Swa"
Yes, it contains the string "a"
Yes, it contains the string "war"
Brazil_*_Russia_*_India_*_China
```

동작원리

여기서는 문자열이 제공하는 여러 메소드에 대해 알아본다. startswith 메소드는 문자열이 주어진 문자열로 시작하는지 여부를 반환한다. in 연산자는 문자열에 주어진 문자열이 포함되어 있는지 확인한다.

find 메소드는 문자열 내에 포함된 특정 문자열의 위치를 반환한다. 이 때 주어진 문자열을 찾지 못한 경우 find는 -1을 반환한다. 또 str클래스는 join이라는 좋은 메소드를 가지고 있는데, 이것은 주어진 문자열들을 해당 문자열을 구분자로 하여 결합한 하나의 큰 문자열을 만들어 반환한다.

12.10 파이썬 고급 학습

이 장에서는 파이썬 프로그래밍을 맛보기 수준으로 살펴보았다. 언어 하나를 충분히 다루려면 훨씬 많은 분량이 필요하기 때문에 여기서 마친다. 파이썬 언어에 대해 더 자세히 알고자하면 다음의 다양한 사이트들을 참고하기 바란다.

- 맛보기 파이썬 공식 초보자 가이드:

  http://wiki.python.org/moin/BeginnersGuide

- 다운로드 가능한 무료 인터랙티브 튜토리얼:

  http://www.learnpython.org

- Zed A. Shaw의 Learn Python The Hard Way (Shavian Publishing 2012), 〈파이썬을 위한 베스트 프랙티스 코딩〉을 볼 수 있다. 책 이름과는 달리 초보자에게도 적합하다. 책을 구입할 수 도 있고 다음 사이트에서 무료로 읽을 수도 있다.

  http://learnpythonthehardway.org/

note

제 13 장 파이썬 게임/소켓 프로그래밍

앞에서는 파이썬의 기초 프로그래밍에 관하여 학습하였다. 프로그래밍을 공부한다는 것은 대상 언어와 상관없이 거의 똑같다. 언어의 기본 문법이란 순환문, 데이터의 타입 그리고 함수와 같은 다양한 기능들을 이용하여 자신이 만들고자하는 알고리즘을 구축할 수 있으면 된다. 이 장에서는 이러한 기초 프로그래밍 능력을 바탕으로 보다 더 재미있는 프로그래밍을 해본다. 재미있다는 것은 정적인 것을 벗어나서 동적인 표현을 말하는 것이며, 특히 인터넷을 이용한 소켓 프로그래밍의 학습은 무한한 연결성을 지향하는 파이썬의 능력을 확인해 보는 좋은 학습대상이 된다.

13.1 pygame을 이용한 게임 프로그래밍

파이썬의 강력함을 보이기 위해서 이번 예제에서는 고전 게임인 스네이크(또는 니블즈)에 기반한 완전한 기능을 가지는 아케이드 게임을 만들어 보자. 이 예제에서는 게임을 위한 외부 파이썬 라이브러리인 pygame을 사용한다.

pygame은 원래 Pete Shinners에 의해 개발되었으며 파이썬에서 게임을 쉽게 작성할 수 있도록 디자인 된 기능들을 더한 파이썬 모듈들의 모음이다. pygame 모듈은 근래의 게임들에 필요한 사운드, 그래픽 및 심지어는 네트워크 지원 기능 등을 제공한다. pygame을 사용하지 않고도 파이썬에서 게임을 작성할 수는 있겠지만 이미 pygame 라이브러리에서 제공하는 코드들을 이용하는 것이 훨씬 쉽다.

pygame 프로그램을 작성하기 전에 pygame 라이브러리를 설치해야 한다. 데비안 배포판을 사용 중이면 콘솔 또는 터미널 창에서 다음 명령어를 입력하면 된다.

```
$ sudo apt-get install python-pygame
```

다른 배포판인 경우 pygame 공식 사이트 http://www.pygame.org/download.shtml에서 pygame 소스 파일을 다운로드 받을 수 있다. 자세한 설치 방법도 설명되어 있다.

pygame 프로그램을 작성하는 것은 다른 파이썬 프로그램을 작성하는 것과 다를 바 없다. IDLE에서 새 문서 창을 열고 첫 줄에 다음 셔뱅 라인을 추가한다.

```
#! /usr/bin/env python
```

다음 줄에는 파이썬에게 이 프로그램이 pygame 모듈을 사용한다는 것을 알려주기 위해 import문을 사용한다. import문은 필요한 외부 모듈들(또 다른 파이썬 파일들)을 로드하여 현재 프로그램에서 그 모듈들을 사용할 수 있도록 해준다. 다음 두 줄을 입력한다.

```
import pygame, sys, time, random
from pygame.locals import *
```

첫 줄은 pygame 모듈과, 함께 사용될 sys, time 및 random 모듈들을 임포트 한다. 전형적으로 임포트 된 모듈내의 명령은 모듈명, 명령 형태로 호출한다. 반면에 둘째 줄은 pygame.locals 모듈의 모든 명령들을 로드 하도록 지시한다. 그런 경우 이들 명령을 사용할 때는 앞에 모듈명을 붙일 필요 없이 명령만 사용하여 호출한다. 이외의 모듈들 〈pygame.locals와는 별개인 pygame.-clock 같은〉은 전체 이름을 사용해야 한다.

pygame을 예제에서 사용하기 위해서는 셋업이 필요하다. 다음 두 줄을 입력한다.

```
pygame.init()
fpsClock = pygame.time.Clock()
```

첫 줄은 pygame이 자신을 초기화하도록 한다. 둘째 줄은 게임의 속도를 조절하는데 사용할 fpsClock변수를 생성한다. 다음은 게임 내의 개체들이 그려질 새로운 게임 디스플레이 surface를 셋업한다.

```
playSurface = pygame.display.set_mode((640, 480))
pygame.display.set_caption('Raspberry Snake')
```

다음으로 프로그램에서 사용할 색상들을 정의한다. 색상정의가 반드시 필요한 것은 아니지만 같은 색을 여러 번 다시 사용할 때 색상값을 외울 필요가 없고 pygame.Color 명령을 매번 다시 호출하는 번거로움을 덜어준다. 다음 내용을 입력하자.

```
redColour = pygame.Color(255, 0, 0)
blackColour = pygame.Color(0, 0, 0)
whiteColour = pygame.Color(255, 255, 255)
greyColour = pygame.Color(150, 150, 150)
```

다음의 몇 행은 몇 가지 변수들을 초기화한다. 각 변수들이 무엇을 위한 것인지는 일단 접어두고 우선 입력만 하자.

```
snakePosition = [100, 100]
snakeSegments = [[100,100], [80,100], [60,100]]
raspberryPosition = [300,300]
raspberrySpawned = 1
direction = 'right'
changeDirection = direction
```

세 개의 변수들이 〈snakePosition, snakeSegments, raspberryPosition〉 쉼표로 구분된 값들의 목록으로 설정되어 있는 것을 주목하자. 이것은 하나의 변수명에 여러 개의 값이 저장되는 list변수를 생성하게 된다. 뒤에서 리스트에 저장된 개별 값들을 어떻게 접근하는지 보게 된다.

다음은 새로운 함수를 정의해보자 그러면 나중에 수정할 일이 생기더라도 한 곳만 수정하면 된다. gameOver함수를 다음과 같이 정의한다.

함수

함수란 일련의 파이썬 코드의 묶음으로 나중에 프로그램의 다른 부분에서 호출될 수 있다.
함수는 코드의 중복을 막고 프로그램을 이해하기 쉽게 해준다.
여러 곳에서 사용될 명령어 묶음이 있다면 이를 def 문을 이용해 함수로 정의하여 사용하면 된다.

```
def gameOver():
    gameOverFont = pygame.font.Font('freesansbold.ttf', 72)
    gameOverSurf = gameOverFont.render('Game Over', True, greyColour)
    gameOverRect = gameOverSurf.get_rect()
    gameOverRect.midtop = (320, 100)
    playSurface.blit(gameOverSurf, gameOverRect)
    pygame.display.flip()
    time.sleep(5)
    pygame.quit()
    sys.exit()
```

반복문처럼 함수를 위한 코드는 반드시 들여쓰기 되어야 한다.

gameOver함수는 스크린에 커다란 폰트로 Game Over 문자열을 쓰고 5초간 멈췄다가 pygame과 프로그램 자체를 종료하기 위해 몇 가지 pygame명령들을 사용한다. 게임은 시작도 하지 않았는데 게임을 종료하기 위한 코드를 작성하는 것이 이상하게 느껴질 수도 있다. 그러나 함수는 항상 호출이 되기 전에 미리 정의가 되어야 하는 것이다. 새로 작성된 함수는 함수 이름 〈gameOver〉를 호출하기 전까지는 실행되지 않는다.

이제 프로그램의 메인 부분을 작성할 차례이다. 메인 부분은 끝나지 않는 while 반복문(무한 반복) 내에 위치한다. 게임은 플레이어가 벽에 부딪치거나 자신의 꼬리에 닿아 죽을 때까지 계속 실행된다. 다음 행을 입력하여 메인 반복문을 시작한다.

```
while True:
```

True는 평가해보나 마나 언제나 참이므로 반복문은 중간에 gameOver 함수를 호출하여 프로그램을 끝내기 전까지는 무한히 반복된다.

다음 행들을 계속 입력한다. 들여쓰기에 주의해야 한다.

```
for event in pygame.event.get():
if event.type == QUIT:
        pygame.quit() sys.exit()
elif event.type == KEYDOWN:
```

while문 뒤에 오는 첫 번째 행은 반드시 들여쓰기 되어야 한다. 여러 번의 중첩이 되게 되므로 들여쓰기에 주의한다.

if문에서는 발생한 이벤트가 QUIT인지(사용자가 Esc키를 눌렀을 때 발생하도록 아래에서 작성하였다)를 비교하여 pygame과 프로그램 자신을 종료한다.

elif는 else if를 줄인 것으로 앞의 if문에서의 평가 결과가 거짓일 때 실행되어 발생한 이벤트 종류가 KEYDOWN 종류인지를 확인한다. - 사용자가 키보드 상의 키를 눌렀을 때 발생한다. 사용자가 어떤 키를 눌렀을 때 실행되도록 다음 행들을 입력한다. 들여쓰기에 주의한다.

```
if event.key == K_RIGHT or event.key == ord('d'):
        changeDirection = 'right'
if event.key == K_LEFT or event.key == ord('a'):
        changeDirection = 'left'
if event.key == K_UP or event.key == ord('w'):
        changeDirection = 'up'
if event.key == K_DOWN or event.key == ord('s'):
        changeDirection = 'down'
if event.key == K_ESCAPE:
        pygame.event.post(pygame.event.Event(QUIT))
```

이 명령어들은 게임상에서 움직이고 있는 플레이어의 스네이크의 방향을 제어하는데 사용되는 changeDirection변수의 값을 변경한다. if 선언문안의 or는 하나 이상의 조건을 사용할 수 있게 해준다. 이 경우 두 가지 방식으로 스네이크를 제어할 수 있게 되는데 플레이어는 커서 키들을 사용하거나 W, A, S, D키를 사용하여 스네이크를 상, 하, 좌, 우로 움직이게 할 수 있다. 프로그램 시작할 때는 changeDirection값이 right로 초기 설정되어 있어 스네이크는 오른쪽으로 움직인다.

프로그램의 시작 시에 초기화한 변수들을 되돌아보면 direction이라는 또 다른 변수를 볼 수 있는데 이 변수는 현재 스네이크가 진행 중인 방향을 가지고 있어서 changeDirection 변수와 더불어 플레이어의 방향전환이 유효한지를 결정하는데 사용된다. 현재 스네이크가 진행 중인 방향과 정 반대로 진행히려고 하면 키 입력을 무시하도록 한다.

```
if changeDirection == 'right' and not direction == 'left':
        direction = changeDirection
if changeDirection == 'left' and not direction == 'right':
        direction = changeDirection
if changeDirection == 'up' and not direction == 'down':
        direction = changeDirection
if changeDirection == 'down' and not direction == 'up':
        direction = changeDirection
```

사용자 입력이 모두 걸러진 뒤이므로 스네이크를 〈스크린 상에 일련의 블록들로 표시된다〉 움직일 수 있다. 매번 블록 크기만큼 이동시킨다. 다음 코드를 입력한다.

```
if direction == 'right':
        snakePosition[0] += 20
if direction == 'left':
        snakePosition[0] -= 20
if direction == 'up':
        snakePosition[1] -= 20
if direction == 'down':
        snakePosition[1] += 20
```

+=과 -= 연산자는 변수의 값을 오른쪽에 있는 값 만큼 증가시키거나 감소시킨다. snakePosition 변수 뒤의 브라켓 속의 숫자는 변수의 몇 번째 항목을 참조할 것인지를 가리킨다. snakePosition[0]에는 스네이크의 X좌표 위치를 snakePosition[1]에는 Y좌표 위치를 담고 있다. 인덱스 값은 0에서부터 시작한다.

snakePosition 변수는 계속 2개의 값을 가지지만 프로그램의 처음에 생성한 snakeSegments변수는 그렇지 않다. 이 리스트 변수는 스네이크 머리 뒤의 몸통들의 위치를 저장한다. 스네이크는 라즈베리를 먹을 때 마다 길이가 늘어나므로 리스트 변수의 크기도 커져야 한다. 게임이 진행될수록 몸통을 피하기가 점점 더 어려워진다. 스네이크의 머리가 몸통과 닿으면 게임은 끝난다. 스네이크의 몸통이 길어지도록 하기 위해 다음 코드를 입력한다.

```
snakeSegments.insert(0, list(snakePosition))
```

snakeSegments 리스트에 새로운 값을 추가하기 위해 insert명령을 사용했다. 파이썬이 이 행에 도달할 때 마다 스네이크의 몸통을 한 칸씩 증가시킬 것이다. 추가되는 위치는 스네이크의 현재 머리 위치이다. 스네이크가 라즈베리를 먹을 때마다 길이를 증가시키도록 다음과 같이 입력한다.

```
if snakePosition[0] == raspberryPosition[0] and snakePosition[1] == raspberryPosition[1]:
        raspberrySpawned = 0
else:
        snakeSegments.pop()
```

첫 번째 행은 스네이크의 머리 위치가 라즈베리 위치와 같은지를 비교한다. 일치하면 현재 라즈베리의 개수를 나타내는 raspberrySpawned 값을 0으로 설정하고 그렇지 않으면 pop 명령을 사용하여 snakeSegments의 제일 오래된 값을 꺼낸다. 결과적으로 머리와 가장 떨어져 있는 꼬리를 하나 짧아지게 한다. 플레이어 입장에서는 스네이크의 꼬리부분이 자라지 않았으므로 그냥 이동한 것으로 보이게 된다. 라즈베리를 먹었을 때는 리스트의 마지막 항목이 제거되지 않으므로 스네이크가 한 칸 자란 것이 된다.

게임에 라즈베리가 하나밖에 없으면 재미가 없으므로 플레이어가 라즈베리를 먹어버리면 새로운 라즈베리를 다시 만들어 놓자.

```
if raspberrySpawned == 0:
        x = random.randrange(1, 32)
        y = random.randrange(1, 24)
        raspberryPosition = [int(x*20), int(y*20)]
        raspberrySpawned = 1
```

raspberrySpawned가 0이면 라즈베리가 먹힌 것이므로 프로그램 시작부분에서 임포트한 random 모듈을 사용해서 플레잉 서피스의 임의의 위치 값을 생성한 후 몸통 한 조각의 크기인 20픽셀을 곱해서 실제 스크린 상의 위치 값을 구해 raspberryPosition에 지정한다. raspberry-Spawned값을 1로 설정해 1개의 라즈베리가 있음을 표시해준다.

이제 스네이크가 움직이고, 자라고, 라즈베리가 먹히고, 생성되도록 해줄 차례이다. 이런 절차를 게임개발에서는 respawning이라고 한다. 하지만 화면상에 실제로 그려진 것은 아직 아무것도 없다.

```
playSurface.fill(blackColour)
for position in snakeSegments:
    pygame.draw.rect(playSurface, whiteColour, Rect(position[0], position[1], 20, 20))
    pygame.draw.rect(playSurface, redColour, Rect(raspberryPosition[0], raspberryPo-
sition[1], 20, 20))

pygame.display.flip()
```

이 코드들은 pygame이 플레잉 서피스의 배경을 검은색으로 칠하고 스네이크의 머리와 몸통을 흰 색으로 그리고 라즈베리를 빨간색으로 그리도록 한다. 마지막 줄 pygame.display.flip()은 pygame이 스크린을 갱신하도록 한다. 플레이 서피스에 그리는 모든 작업은 플레이어에게 보이지 않는 뒷면에 그려졌다가 pygame.display.flip()을 호출했을 때 전면에 노출되어 보이게 된다.

현재 상태에서는 스네이크가 영원히 죽지 않는다. 다음 코드를 추가하여 스네이크가 죽는 처리를 한다.

```
if snakePosition[0] > 620 or snakePosition[0] < 0:
    gameOver()
if snakePosition[1] > 460 or snakePosition[1] < 0:
    gameOver()
```

스네이크가 좌/우로 벽에 부딪치거나 상/하로 벽에 부딪치면 gameOver를 호출하고 이 프로그램의 초기에 정의한 것처럼 화면에 메시지를 출력하고 게임을 끝낸다. 스네이크의 머리가 자신의 몸통과 부딪쳤을 때도 죽도록 해야 한다.

```
for snakeBody in snakeSegments[1:]:
    if snakePosition[0] == snakeBody[0] and snakePosition[1] == snakeBody[1]:
        gameOver()
```

for문은 각 snakeSegments의 두 번째 항목부터 마지막 항목까지 반복하면서 위치를 꺼내어 snakeBody에 대입하고 for문 내에서는 snakeBody의 X, Y좌표가 snakePosition과 같으면 gameOver()를 호출하여 게임을 종료한다.

마지막으로 fpsClock 변수를 사용하여 게임의 속도를 조절한다. 이 변수가 없으면 게임이 너무 빨리 실행된다.

```
fpsClock.tick(20)
```

게임이 너무 느리다 싶으면 이 값을 증가시키고, 너무 빠르면 감소시키면 된다. 프로그램을

raspberrysnake.py파일에 저장하고 IDLE의 Run메뉴에 있는 Run Module을 이용하여 실행시켜 본다. 게임이 로드되는 대로 시작될 것이다(그림 12-6 참조).

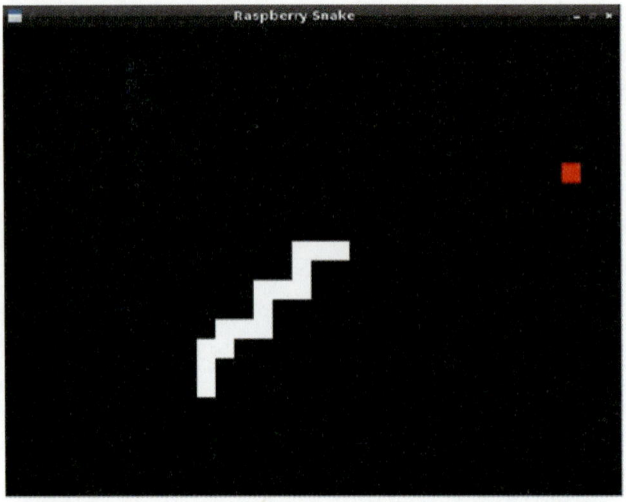

그림 13-1 라즈베리파이에서 스네이크 게임 플레이

pygame은 이 예제에서 사용된 것뿐만 아니라 오디오 재생, 더 나은 그래픽을 위한 스프라이트 핸들링 및 마우스 제어 등 많은 기능을 제공한다.

pygame의 고급 기능들을 배우기 위해서는 공식 웹사이트인 http://www.pygame.org/wiki/tutorials를 방문해보는 것도 좋다.

13.2 소켓 프로그래밍

파이썬으로 네트워크 프로그래밍을 해보기 위해서 IRC(Internet Relay Chat) 채널에 접속하는 사용자를 모니터링 하는 도구를 만들어 보자.

우선 셔뱅라인과 프로그램의 목적을 설명하는 행을 입력한다.

```
#! /usr/env python
# IRC Channel Checker, written for the Raspberry Pi User guide by Tom Hudson
```

그 다음 프로그램에 필요한 모듈들을 임포트한다.

```
import sys, socket, time
```

앞의 예제에서 sys와 time모듈은 사용을 해 봤지만 socket모듈은 처음이다. socket모듈은 파이썬에서 네트워 소켓을 열고, 닫고, 읽고, 쓸 수 있도록 해주는 모듈이다. 이 예제에서는 socket 모듈을 통해 원격지의 IRC서버에 접속한다.

몇 개의 상수를 정의한다. 상수는 변수처럼 자신에게 할당된 값을 가진다. 하지만 변수와 달리 처음에 할당된 값을 변경할 수 없다. 상수는 변수와 구별하기 쉽도록 모두 대문자를 사용하여 정의한다. 다음 두 줄을 프로그램에 추가해보자.

```
PRL_NAMREPLY = '353'
RPL_ENDOFNAMES = '366'
```

이 값들은 IRC 상태코드들로, 서버에 의해 언제 특정 동작이 완료되었는지를 알려줄 목적으로 제공된다. 다음으로 서버 접속을 위한 변수들을 정의한다.

```
irc = {

    'host' : 'chat.freenode.net',
    'port' : 6667,
    'channel' : '#raspiuserguide',
    'namesinterval' : 5
}
```

첫 번째 행은 dict 데이터 형을 생성하도록 한다. dictionary의 약자로 하나의 주 변수 〈이 경우 에는 irc〉에 여러 개의 변수를 저장할 수 있도록 해준다. 개별 변수들은 나중에 프로그램에서 불러 쓸 수 있다. 개별 변수들을 써서 프로그램을 작성할 수도 있지만 dict 데이터 형을 사용하면 훨씬 프로그램을 읽기 쉽다. dict 형은 첫 행에 좌 대괄호를 사용해서 열고 마지막 행에 우 대괄호를 사용해서 닫는다.

host변수에는 프로그램이 접속할 서버의 FQDN(fully-qualified domain name)을 설정해준다. 이 예제에서는 chat.freenode.net을 사용하였다. 다른 서버를 사용하고 싶다면 이 도메인명을 바꿔주면 된다. 물론 IP주소를 사용해도 된다.

port변수는 IRC가 사용하고 있는 네트워 포드 번호를 지정한다. 일반적으로 IRC서 버는 6667을 사용한다. channel변수는 사용자를 모니터하기 위해 어느 채널에 참여하지를 지정한다. namesinterval은 사용자 목록을 갱신하기 위해 프로그램이 얼마나 대기할지를 초단위로 지정한다.

사용자와 관련된 변수들을 정의하기 위해 두 번째 dict를 정의한다.

```
user = {
	'nick' : 'botnick',
	'username' : 'botuser',
	'hostname' : 'localhost',
	'servername': 'localhost',
	'realname'  : 'Raspberry Pi Names Bot'
}
```

nick 변수에는 프로그램이 사용할 IRC 닉네임을 설정한다. 이 IRC서버에 직접 접속할 생각이면 이곳에 자신의 닉네임을 사용하면 안 된다. 대신 자신의 닉네임 뒤에 -bot을 붙여서 사람이 아니라 프로그램이라고 나타낸다. username과 realname에도 이 사용자가 누구인지를 설명할 수 있는 설명을 붙인다. hostname과 servername변수는 localhost 혹은 자신의 인터넷 주소로 변경해도 된다.

socket모듈은 사용자가 socket 개체를 생성하도록 요구한다. 이 개체는 네트웍 연결을 제공한다.

```
s = socket.socket(socket.AF_INET, socket.SOCK_STREAM)
```

다음으로 앞에서 정의한 변수들에서 지정한 IRC서버에 접속한다.

```
print 'Connecting to %(host)s:%(port)s…' % irc
try:
	s.connect((irc['host'], irc['port']))
except socket.error:
	print 'Error connectiong to IRC server
	%(host)s:%(port)s' % irc
sys.exit(1)
```

try 및 except 명령이 오류 처리를 위해 사용되었다. 프로그램이 서버에 접속하는데 실패 〈라즈베리파이가 인터넷에 연결이 되어 있지 않거나 서버가 죽어 있는 경우〉 하는 경우 오류 메시지를 출력하고 프로그램을 정상 종료 한다. s.connect 행은 irc사전에 있는 host와 port 변수에 해당하는 IRC서버에 접속을 시도한다.

프로그램이 오류로 끝나지 않았으면 IRC서버에 잘 접속된 것이다. 채널에서 사용자 이름들을 조회하기에 앞서 프로그램 자신을 서버에 입증할 필요가 있다. socket모듈의 send명령을 사용하여 몇 가지 명령을 서버에 보낸다.

```
s.send('NICK %(nick)s)r]n' % user)
s.send('USER %(username)s %(hostname)s %(servername)s :%(realname)s)r]n' % user)
s.send('JOIN %(channel)s)r]n' % irc)
s.send('NAMES %(channel)s₩r₩n' % irc)
```

send 함수는 표준 출력 〈대개는 콘솔이나 터미널 창〉 대신 네트웍 접속으로 출력하는 것을 제외하면 print함수와 거의 동일하게 동작한다. 이 경우 프로그램은 문자열을 IRC서버에 보내 nick 변수에 있는 문자열을 닉네임으로 인식하고 username, hostname, servername 및 realname 변수에 있는 문자열들로 사용자 세부 정보를 인식하도록 한다. 그 다음 channel 변수에 있는 채널에 참석하는 명령을 보낸다. 그 다음 그 채널에 있는 사용자 목록을 받기 위한 명령을 보낸다. 이 프로그램은 조금만 변형하면 FTP서버에 있는 파일들의 목록을 받거나 POP3 서버의 읽지 않은 메일 목록을 받도록 하는데 사용할 수 있다.

소켓으로부터 데이터를 읽는 것은 조금 더 복잡하다. 우선 서버에서 수신된 데이터가 처리가능해 질 때까지 보유하는 역할을 할 수신 버퍼로, 빈 문자열 변수를 만든다.

```
read_buffer = ''
```

이중 따옴표가 아니라 두 개의 홑 따옴표이다.

그 다음, 이름 목록을 저장할 빈 리스트 변수를 만든다.

```
names = []
```

리스트 형은 스네이크 게임에서 위치를 저장하기 위해 사용했던 것과 동일하다. 일반적인 변수와 달리 리스트 형은 여러 개의 값을 저장할 수 있다. 이 경우, IRC 채널에 있는 사용자 명을 저장한다.

다음은 계속해서 서버에 사용자명을 질의하고 화면에 출력하는 무한 루프를 만든다.

```
while True:
        read_buffer += s.recv(1024)
```

소켓 모듈이 1024 바이트(1KB)를 IRC서버로부터 수신해서 read_buffer 변수에 덧붙인다. 1024는 임의로 정한 값이다.

버퍼의 문자열들을 행으로 나눈다.

```
lines = read_buffer.split('₩r₩n')
read_buffer = lines.pop();
```

첫 번째 줄은 수신 버퍼의 문자열에서 개행 제어 문자인 "₩r₩n"을 찾아내어 문자열을 행 단위로 나누어 lines 리스트 변수에 넣는다. 두 번째 줄은 lines에 들어 있는 맨 마지막 문자열만을 꺼내어 다시 read_buffer에 대입한다. 서버로부터 문자열을 수신할 때 1kB 단위로 받았기 때문에 마지막 문자열은 아직 개행이 되지 않은 미완성 행이기 때문에 다음번에 수신되는 문자열의 앞부분에 합쳐져야 하기 때문이다.

이 시점에서 lines 변수에는 서버로부터의 완전한 행의 응답 메시지들이 담겨있다. 이 문자열들을 처리하여 채널 참석자들의 이름을 얻는다.

```
for line in lines:
        response = line.rstrip().split(' ', 3)
        response_code = response[1]
        if response_code == RPL_NAMREPLY:
                names_list = response[3].split(':')[1]
                names += names_list.split(' ')
```

lines변수의 매 행에 대해 서버가 보낸 숫자로 된 IRC 응답 코드를 찾는다. 여러 가지의 응답 코드가 있을 수 있지만 여기서는 오로지 앞서 정의한 두 개의 응답 코드 353(이름 목록이 뒤따른다는 의미)과 356 (목록이 끝났다는 의미) 만을 찾는다.

if 문은 응답 행의 첫 부분으로 응답 코드를 확인한 뒤 이름들을 잘라내어 names 변수에 저장한다.

이제 names 리스트 변수에는 프로그램의 요청에 따라 서버가 응답한 모든 이름들이 담겨있다. 하지만 참석자 이름의 끝을 의미하는 366이 수신되기 전까지는 모든 참석자 이름이 수신된 것은 아니다. 마지막 행에서 새로 수신된 이름들을 names에 그냥 대입하지 않고 기존 이름들에 더하는 이유가 바로 그 때문이다. 이 부분이 실행될 때 마다 프로그램은 전체 참석자 이름 목록 중 일부분만을 수신할 것이다. 전체 참석자 목록이 수신되었을 때 무엇을 할지는 다음 코드를 보자.

```
if response_code == RPL_ENDOFNAMES:
        # Display the names
        print '₩r₩nUsers in %(channel)s:' % irc
        for name in names
                print name names = []
```

355 응답 코드를 받으면 이제 완성된 참석자 이름 목록을 표준 출력에 출력하고 names 리스트 변수를 비운다.

마지막으로 다음 코드를 입력하여 프로그램을 끝낸다.

```
time.sleep(irc['namesinterval'])
s.send('NAMES %(channel)s\r\n' % irc)
```

일정 시간 쉬었다가 다시 참석자 이름 조회 명령을 보낸다. 이 시간 간격이 너무 짧으면 IRC 서버가 프로그램 접속을 강제로 끊을 수 있으므로 주의해야한다.

프로그램을 ircuerlist.py로 저장하고 프로그램을 실행한다. 이 프로그램을 처음 실행하면 처음에는 서버에 접속하는데 좀 시간이 걸린다. 하지만 일단 접속이 되고 나면 참석자 이름 목록(그림 12-7 참조)이 빠른 속도로 출력된다. 프로그램을 끝내려면 CTRL + C를 입력한다.

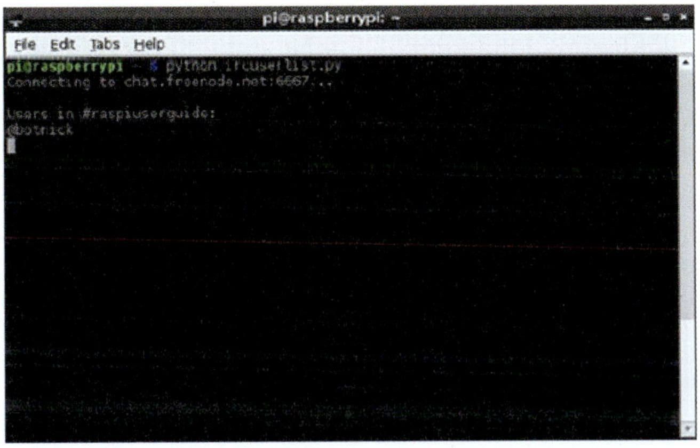

그림 13-2 파이썬으로 IRC 채널에 있는 사용자 목록 출력

note

제 14 장 파이썬 GPIO프로그래밍 기초

14

라즈베리파이와 파이썬을 학습하는 가장 큰 이유는 파이썬으로 라즈베리파이의 GPIO핀 40개를 제어하여 아두이노를 사용할 때처럼 LED를 켜고 모터를 구동하고 통신이 가능하고 소리를 나게 할 수 있기 때문이다. 우리는 〈11장 C를 이용한 라즈베리파이 GPIO프로그래밍〉을 통해 기본적인 GPIO제어 프로그래밍에 관하여 학습하였다. 파이썬 GPIO프로그래밍도 이것과 거의 유사한 방법으로 이루어진다.

14.1 파이썬 GPIO 라이브러리 설치

라즈베리파이가 출시된 이후 많은 개발자들이 라즈베리파이의 기능을 모두 활용하기 위해 라이브러리라고도 불리는 소프트웨어 모듈들을 만들어 냈다. 특히, 프로그래머들은 라즈베리파이 사용자들이 저수준 프로그래밍에 대한 지식이 없이도 GPIO 포트를 다룰 수 있게 해주었다.

이 라이브러리들은 우리가 13장 파이썬 게임/소켓 프로그래밍에서 다루었던 pygame처럼 기본 파이썬 언어의 기능을 확장하도록 디자인 된 것이다. 이러한 라이브러리들을 설치하면 라즈베리파이의 GPIO 포트를 쉽게 사용할 수 있다. 같은 말이지만 우리가 작성한 소프트웨어를 다른 사용자가 사용하려면 역시 그 라이브러리를 먼저 설치해야 된다.

여러 가지 파이썬 라이브러리들이 있지만 이 책에서는 raspberry-gpio-python 라이브러리를 사용한다.

다음 구글 코드 웹사이트에서 이 라이브러리를 다운로드 할 수 있다.

https://sourceforge.net/projects/raspberry-gpio-python/

이 책을 작성할 때(2018년 1월)는 0.6.3이 최신 버전이다. (RPi.GPIO-0.6.3.tar.gz)
이것을 이용하여 다음과 같이 설치한다.

❶ 라즈베리파이의 웹 브라우저를 열고 위의 링크에 접속하여 홈 폴더에 RPi.GPIO-0.6.3.tar.gz 파일을 다운로드 받는다.

❷ 다음 명령을 사용하여 홈 디렉토리에 압축을 푼다.

```
$ tar xvfz RPi.GPIO-0.6.3.tar.gz
```

❸ 라이브러리를 설치한다.

```
$ cd RPi.GPIO-0.6.3
$ sudo apt-get install python-dev
$ sudo python setup.py install
```

이제 라이브러리가 파이썬에 설치되기는 했지만 기본으로 로드가 되는 것은 아니다. 이를 사용하기 위해서는 pygame처럼 프로그램에서 명시적으로 임포트를 해주어야만 된다. 프로그램을 import RPi.GPIO as GPIO로 시작한다.

CAUTION

라즈베리파이의 GPIO 포트는 전압 스파크나 단락에 대한 어떠한 보호도 제공하지 않는다. 자신이 만든 회로를 라즈베리파이에 연결하기 전에 항상 이상이 없는지를 확인해야 된다. 가능하면 회로 보호기능을 제공하는 아이솔레이션 보드를 사용하는 것이 좋다.

14.2 저항값 계산

LED는 과도한 전류가 흐르면 타버리기 때문에 전류를 제한할 저항이 필요하다. 저항이 필요하다는 점을 아는 것 이외에도 어떤 값을 가지는 저항을 써야 하는지도 알아야 한다. 저항 값이 너무 크면 빛의 밝기가 너무 어둡거나 아예 켜지지 않게 되고 너무 낮으면 LED를 태울 수 있다.

LED에 흐를 수 있는 순방향 최대 전류(mA)와 순방향 최대 전압(V)을 알아야 적정한 저항 값을 계산할 수 있다. 순방향 최대 전압은 3.3 V 이하여야 한다. 그보다 큰 경우에는 트랜지스터 같은 스위칭 소자를 사용해야 한다.

얼마나 큰 저항 값을 가진 저항이 필요한지를 알 수 있는 가장 쉬운 방법은 R=(V−F)/I 공식을 사용하는 것이다. 여기서 R은 오옴 단위의 저항 값이고, V는 LED에 가해지는 전압, F는 LED의 순방향 최대 전압, I는 암페어 단위의 LED의 순방향 최대전류이다.

전형적인 빨간색 LED의 순방향 최대 전류를 25 mA, 순방향 최대 전압을 1.7 V, 그리고 가해지는 전압을 라즈베리파이의 GPIO 포트의 출력전압인 3.3 V라고 가정해보면 저항 값은 (3.3−1.7) / 0.025=64 오옴이다. 64 오옴 이상의 저항을 사용하면 LED를 안전하게 보호할 수 있다. 판매되는 저항 중에는 정확히 이 값을 가지는 저항이 흔치 않다. 따라서 그 이상 되는 저항 중 쉽게 구할 수 있는 것은 68 오옴 저항이다.

사용하고자 하는 LED의 순방향 최대 전압과 전류를 모르는 경우(데이터시트가 없다거나 고장난 전자제품에서 뜯어낸 경우) 충분히 큰 저항부터 시작해 값이 작은 저항으로 바꿔가면서 밝기를 살펴보면 된다. 한번 타버린 LED는 수리할 수 없다.

14.3 GPIO 출력 : LED ON

첫 예제는 LED와 저항을 이용하여 간단한 회로를 구성해보자. 파이썬 프로그램을 작성하여 GPIO 포트에 명령을 내리면 LED로 동작을 확인해 볼 수 있다. 저항은 LED가 과전압으로 타는 것을 방지하기 위한 것이다.

회로를 구성하기 위해 브레드보드와 두 개의 점퍼케이블, LED, 저항이 필요하다. 브레드보드 없이 전선을 꼬아서 회로를 구성할 수도 있겠지만 브레드보드를 사용하는 것이 건전한 방법이다.

아래 그림처럼 되도록 브레드보드에 회로를 구성해보자.

❶ LED의 긴 다리(Anode, +)를 브레드보드의 한 열에 꽂고 짧은 다리(Cathode, -)를 다른 열에 꽂는다. 두 다리를 같은 열에 꽂으면 안 된다.

❷ 저항의 한쪽 다리를 LED의 긴 다리와 같은 열에 꽂고 반대편 다리는 빈 열에 꽂는다. 방향은 상관이 없다. 저항은 극성이 없는 소자이다.

❸ 점퍼선을 이용해서 라즈베리파이 GPIO 포트의 Physical핀 16번(이 핀은 BCM으로 23번)을 저항과 같은 열에 연결한다.

❹ 다른 점퍼선을 이용해서 라즈베리파이 GPIO 6번 핀(GROUND)을 LED의 짧은 다리에 연결된 열에 연결한다.

CAUTION

라즈베리파이의 GPIO 포트에 선을 연결할 때 매우 주의해야 한다. 앞서도 설명한 바 있지만 잘못된 핀에 연결하면 라즈베리파이에 심각한 손상을 줄 수 있다.

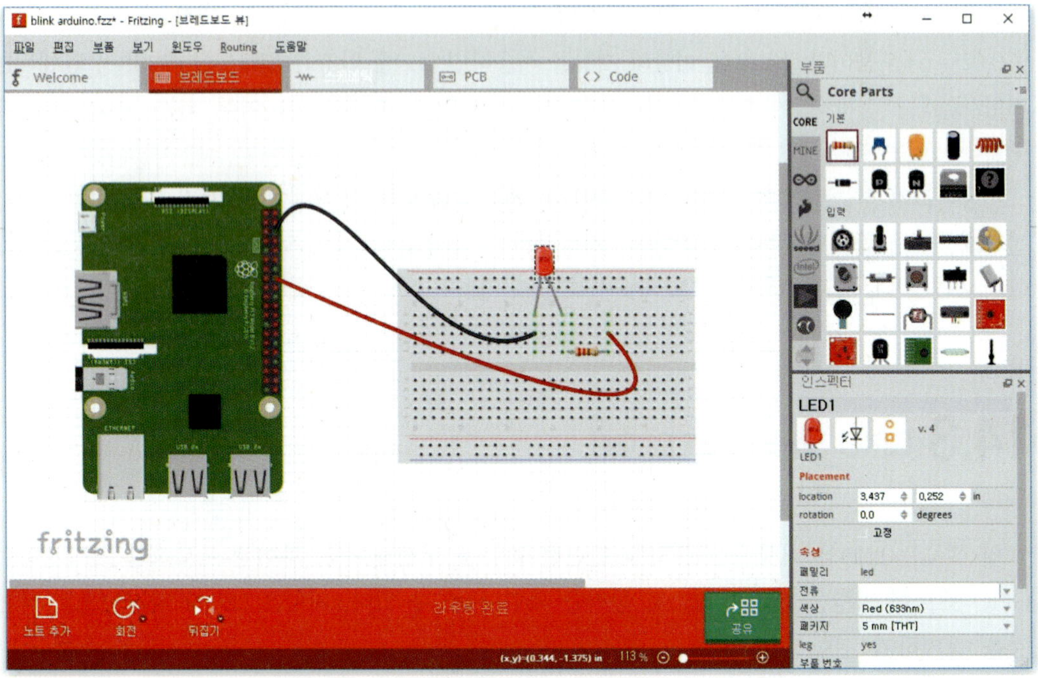

그림 14-1 회로구성

기본적으로 라즈베리파이의 GPIO 핀들은 꺼져 있기 때문에 이 시점에서는 당연하게도 아무 일도 일어나지 않는다. 16번 핀에 연결된 선을 물리핀 1이나 2, 4번에 꽂아보면 LED가 켜질 것이다. 핀2나 핀4에 연결할 때는 위 회로처럼 꼭 저항이 연결되도록 주의한다. 저항 값이 3.3V에 맞추어져 있기 때문에 5V 핀(핀2, 핀4)에 직접 연결하기에는 부적합하다. 불이 켜지는 것을 확인한 후에는 점퍼선을 다시 16번 핀에 되돌려 놓는다.

LED를 동작시키기 위한 새로운 파이썬 프로젝트를 시작한다. 파이썬 프로그래밍 장에서 해보았던 것처럼 라즈비안에 포함되어 있는 IDLE를 이용해도 되고 Nano 에디터를 이용해도 되고 VI와 같은 텍스트에디터를 사용하는 것도 된다.

이장의 앞에서 설치했던 GPIO 라이브러리를 사용하려면 임포트를 해주어야 한다. 따라서 소스 프로그램의 맨 첫 줄에 다음 행을 입력한다.

```
import RPi.GPIO as GPIO
```

파이썬은 대소문자를 구별하기 때문에 주의해서 그대로 입력해야 한다. LED를 주기적으로 반짝이게 하려면 시간 개념이 필요하다. time모듈을 임포트한다.

```
import time
```

GPIO 포트들은 사용하기 전에 먼저 입력 또는 출력으로 초기화를 해주어야 한다. 아두이노의 pinMode()와 같다. 이 예제에서는 BCM 23이 출력으로 사용되므로 초기화를 해준다.

```
GPIO.setup(23, GPIO.OUT)
```

다른 장치들을 더 제어할 경우에는 더 많은 핀들을 초기화해야겠지만 우선은 하나만으로 충분하다.

출력으로 초기화 되었으므로 BCM 핀 23의 출력을 3.3V로 켜거나 끔으로써 간단한 이진 논리를 보일 수 있다.

GPIO.output(23, True)명령은 핀을 켜고, GPIO.output(23, False) 명령은 핀을 끈다. 핀은 최근 상태를 기억한다. 핀을 켜는 명령을 내린 후 파이썬 프로그램을 끝내면 핀은 다른 명령을 다시 내리기 전까지는 계속 켜진 상태를 유지한다.

간단히 GPIO.output(23, True)만 입력해도 되지만 좀 더 재미있게 하기 위해 다음의 무한루프를 추가해보자.

```
while True:
```

그 다음, 다음 행들을 추가하여 핀을 켠 후 1초간 기다렸다가 핀을 끄고 다시 1초를 기다리는 동작을 반복하도록 한다.

```
GPIO.output(23, True)
time.sleep(1)
GPIO.output(23, False)
time.sleep(1)
```

완성된 프로그램은 다음과 같다.

```
import RPi.GPIO as GPIO
import time

PIN = 23
GPIO.setmode(GPIO.BCM)
GPIO.setup(PIN, GPIO.OUT)

while True:
      GPIO.output(PIN, True)
      time.sleep(1)
      GPIO.output(PIN, False)
      time.sleep(1)
```

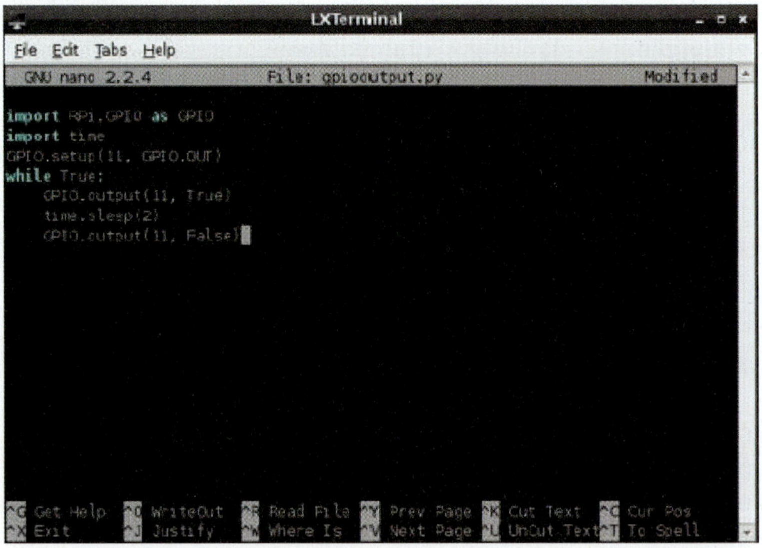

그림 14-2 IDE에서 nano를 이용한 gpioout.py 프로그래밍

파일을 gpiooutput.py로 저장한다. nano에서 파일저장 및 종료메뉴는 Control-x이다.

여기서 GPIO.setmode(GPIO.BCM) 이란 핀번호를 BCM 칩에 맞추어 부여한다는 의미이다. 이 프로그램에서는 23으로 부여했는데 이 핀은 다음 그림에서 찾을 수 있다.

아래 그림같은 GPIO 매핑 테이블을 보려면 다음 명령을 입력한다.

```
$ gpio readall
```

나타난 그림의 한가운데를 보면 라즈베리파이3의 물리적인 40개의 핀번호를 나타내는 Physical 번호가 있다. 이 물리적 핀번호 16번을 찾아가서 맨 우측의 BCM을 보면 23번이라고 표기되어 있는 것을 볼 수 있다.

```
+-----+-----+---------+------+---+---Pi 3---+---+------+---------+-----+-----+
| BCM | wPi |   Name  | Mode | V | Physical | V | Mode | Name    | wPi | BCM |
+-----+-----+---------+------+---+----++----+---+------+---------+-----+-----+
|     |     |    3.3v |      |   |  1 || 2  |   |      | 5v      |     |     |
|   2 |   8 |   SDA.1 |   IN | 1 |  3 || 4  |   |      | 5v      |     |     |
|   3 |   9 |   SCL.1 |   IN | 1 |  5 || 6  |   |      | 0v      |     |     |
|   4 |   7 | GPIO. 7 |  OUT | 0 |  7 || 8  | 1 | OUT  | TxD     | 15  | 14  |
|     |     |      0v |      |   |  9 || 10 | 1 | OUT  | RxD     | 16  | 15  |
|  17 |   0 | GPIO. 0 |  OUT | 1 | 11 || 12 | 0 | IN   | GPIO. 1 | 1   | 18  |
|  27 |   2 | GPIO. 2 |   IN | 0 | 13 || 14 |   |      | 0v      |     |     |
|  22 |   3 | GPIO. 3 |  OUT | 0 | 15 || 16 | 0 | OUT  | GPIO. 4 | 4   | 23  |
|     |     |    3.3v |      |   | 17 || 18 | 0 | IN   | GPIO. 5 | 5   | 24  |
|  10 |  12 |    MOSI |   IN | 0 | 19 || 20 |   |      | 0v      |     |     |
|   9 |  13 |    MISO |   IN | 0 | 21 || 22 | 0 | IN   | GPIO. 6 | 6   | 25  |
|  11 |  14 |    SCLK |  OUT | 1 | 23 || 24 | 0 | OUT  | CE0     | 10  | 8   |
|     |     |      0v |      |   | 25 || 26 | 1 | IN   | CE1     | 11  | 7   |
|   0 |  30 |   SDA.0 |   IN | 1 | 27 || 28 | 1 | IN   | SCL.0   | 31  | 1   |
|   5 |  21 | GPIO.21 |   IN | 1 | 29 || 30 |   |      | 0v      |     |     |
|   6 |  22 | GPIO.22 |   IN | 1 | 31 || 32 | 0 | IN   | GPIO.26 | 26  | 12  |
|  13 |  23 | GPIO.23 |   IN | 0 | 33 || 34 |   |      | 0v      |     |     |
|  19 |  24 | GPIO.24 |   IN | 0 | 35 || 36 | 0 | IN   | GPIO.27 | 27  | 16  |
|  26 |  25 | GPIO.25 |   IN | 0 | 37 || 38 | 0 | IN   | GPIO.28 | 28  | 20  |
|     |     |      0v |      |   | 39 || 40 | 0 | IN   | GPIO.29 | 29  | 21  |
+-----+-----+---------+------+---+----++----+---+------+---------+-----+-----+
| BCM | wPi |   Name  | Mode | V | Physical | V | Mode | Name    | wPi | BCM |
+-----+-----+---------+------+---+---Pi 3---+---+------+---------+-----+-----+
```

그림 14-3 라즈베리파이3 핀번호 맵

SPE 같은 파이썬 개발환경을 사용할 경우 에디터 안에서 프로그램을 직접 실행하려고 시도하면 안된다. 대부분의 라즈베리파이 리눅스 배포판들은 GPIO 포트를 슈퍼유저만 사용할 수 있도록 제한하고 있다. 따라서 터미널 창에서 sudo python gpiooutput.py 명령으로 실행해야 한다. 오류가 없다면 LED가 주기적인 간격으로 깜빡일 것이다. 나만의 최초의 라즈베리파이 GPIO 장치가 완성되었다.

동작을 하지 않더라도 실망할 필요는 없다. 우선 모든 연결들을 점검한다. 브레드보드의 구멍들은 아주 작아서 부품들을 생각과는 달리 다른 곳에 꽂았을 가능성이 있다. 그 다음 점퍼선을 GPIO포트의 제대로 된 핀 번호에 연결했는지를 점검한다. 라즈베리파이에 라벨링이 되어 있지 않기 때문에 잘못 꽂기가 쉽다. 그 다음 부품들을 재점검해 본다. LED가 3.3V 이상의 전압을 필요로 하거나 너무 큰 경우 불이 켜지지 않는다.

이 예제는 기초적이기는 하지만 라즈베리파이 GPIO제어의 원리를 알기에 충분하다. 기능을 확장하여 LED대신 부저를 연결하면 경고음을 내도록 할 수 있고, 서보모터나 DC모터를 연결하면 로보틱스 플랫폼의 일부로 사용할 수도 있다. GPIO 핀들을 켜거나 끄는 코드는 새 이메일이 왔을 때 LED가 켜지게 하거나 IRC 채널에 친구가 입장했을 때 깃발을 들게 하는 등의 다른 프로그램의 일부로 통합시킬 수도 있다.

14.4 GPIO 입력 : 버튼 읽기

GPIO포트를 출력으로 사용하는 것도 유용하지만 하나 또는 그 이상의 입력과 같이 결합하여 사용하면 훨씬 더 유용해진다. 푸시 버튼 스위치를 다른 GPIO핀에 연결하여 파이썬에서 상태를 읽을 수 있는지 보자.

LED출력 프로그램과 마찬가지로 이 입력 예제도 파이썬 GPIO 라이브러리를 사용한다. 라이브러리는 이미 설치되어 있다고 가정한다. 이제부터 회로를 구성해보자.

브레드보드에 이미 만들어 놓은 GPIO 출력 예제가 있으면 라즈베리파이와 연결된 점퍼선을 빼도 되고 그대로 두어도 상관없다. 이 예제는 다른 핀을 사용하기 때문에 같이 연결되어 있어도 괜찮다. 이전 예제를 그대로 두기로 결정했으면 이번 예제는 이전 예제와는 다른 행을 사용해서 구성 한다.

가. 회로구성

다음과 같이 회로를 구성한다.

❶ 푸시 버튼 스위치를 브레드보드에 꽂는다. 대부분의 스위치는 다리가 두 개이거나 네 개이다. 다리가 네 개인 경우 두 개씩 쌍으로 연결되어 있다. 어느 다리가 같이 연결되어 있는지 데이터시트를 참조하여 확인하고 서로 연결되지 않은 다리가 다른 행에 꽂히도록 해야 된다.

❷ 10 KΩ 저항의 한 쪽 다리를 푸시 버튼 스위치의 한 쪽 다리와 같은 행에 꽂고 다른 쪽다리는 사용되지 않은 행에 꽂는다. 이 저항은 풀업 저항으로 스위치가 눌리지 않았을 때 라즈베리파이의 입력 핀을 참조 전압(3.3V)에 연결되도록 함으로써 확실히 high상태로 감지되도록 하는 역할을 한다.

❸ 풀업 저항의 연결되지 않은 쪽 다리를 라즈베리파이의 물리핀 1에 연결한다. 이 핀은 참조 전압(3.3V)을 제공한다.

❹ 푸시 버튼 스위치의 사용되지 않은 다리를 라즈베리파이의 물리 핀 6에 연결한다. 이 핀은 그라운드 연결을 제공한다.

❺ 라즈베리파이의 물리 핀 16을 10KΩ 저항과 푸시 버튼 스위치가 연결된 행에 연결한다. 브레드보드의 전체 모습은 그림 17-5와 같이 되어야한다.

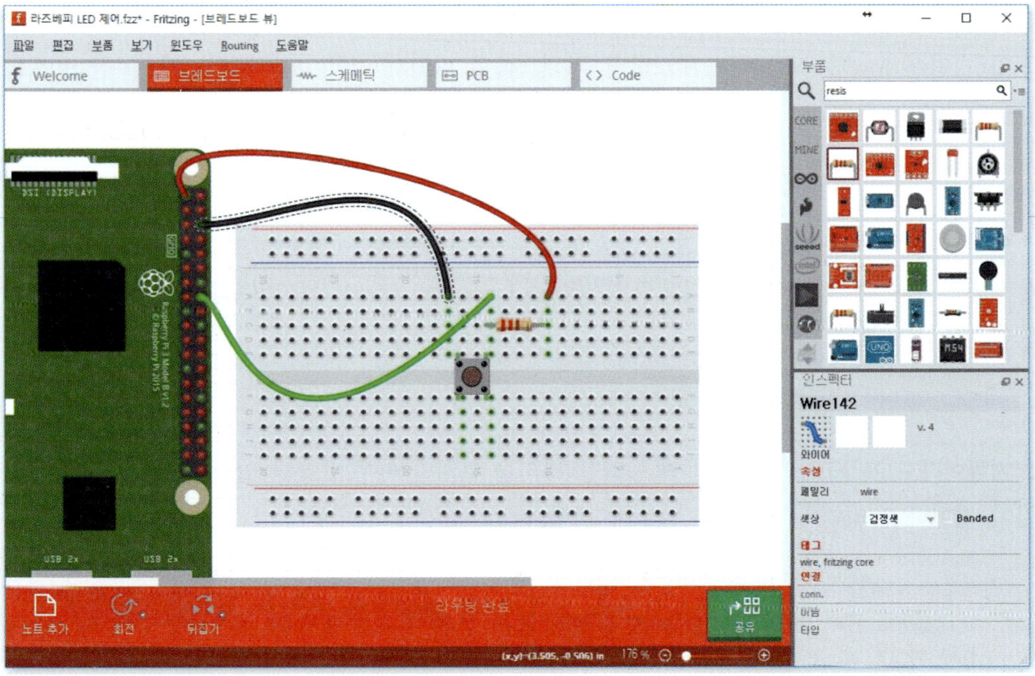

그림 14-4 풀업서항 회로연결

라즈베리파이의 GPIO 포트 물리 핀 16은 3.3V 전압에 풀업 저항을 통해 연결된 덕분에 high 상태를 유지한다. 푸시 버튼이 눌리게 되면 물리 핀 16은 그라운드에 연결되고 상태는 low로 바뀐다. 파이썬 프로그램은 버튼이 눌린 것을 알게 된다.

풀업 저항이 왜 필요한지 의아해 할 수 있다. 저항을 제거한 상태에서는 스위치를 누르기 전까지는 물리 핀 16의 상태가 high인지 low인지가 불명확하다. 프로그램에서 이 핀의 상태를 읽으면 high로 읽힐 수도 있고 low로 읽힐 수도 있다. 이런 상태의 핀을 플로팅 핀이라고 한다.

나. 소스 프로그램 작성

새 파이썬 파일을 열어 GPIO 라이브러리 임포트 명령을 입력한다.

```
import RPi.GPIO as GPIO
```

이 예제에서는 시간과 관련된 명령이 없기 때문에 time라이브러리는 임포트할 필요가 없다. 물리핀 16(BCM 핀 23)을 입력으로 초기화한다. 당연히 핀번호를 BCM으로 한다는 명령을 추가한다.

```
GPIO.setmode(GPIO.BCM)
GPIO.setup(23, GPIO.IN)
```

다른 핀을 사용하려면 핀 번호를 바꾸어 주면 된다.

입력 핀이 low가 되는지를 체크하기 위해 (바꿔 말하면 스위치가 눌리는지) 무한 루프를 만든다.

```
while True:
```

입력 핀의 상태를 읽는 것은 결과 값을 받아 변수에 저장하는 것만 빼고는 출력 핀의 상태를 설정하는 것과 매우 유사하다. 다음의 명령어는 input_value라고 하는 변수를 생성하고 핀 12의 값을 대입한다.

```
input_value = GPIO.input(23)
```

지금이라도 프로그램을 실행하면 동작을 하기는 하지만 아무 유용한 일도 하지 않는다. 무슨 일이 일어나고 있는지를 알 수 있도록 다음 print 명령을 입력한다.

```
if input_value == False:
        print("The button has been pressed.")
while input_value == False:
        input_value = GPIO.input(23)
```

마지막 두 행 〈두 번째 루프와 두 번째 input_value, 내부 루프〉 은 중요하다. 라즈베리파이가 고성능의 데스크톱이나 랩톱보다는 낮은 성능을 가지고 있지만 그래도 파이썬 프로그램은 상당히 빠른 속도로 실행되고 있다. 내부 루프는 핀 23의 상태가 더 이상 low가 아닐 때까지 즉, 버튼이 놓일 때까지 체크를 반복한다. 이 내부 루프가 없으면 버튼이 눌려 있는 동안 메시지가 반복적으로 화면에 출력된다.

최종 프로그램은 다음과 같다.

```
import RPi.GPIO as GPIO
GPIO.setmode(GPIO.BCM)
GPIO.setup(23, GPIO.IN)
while True:
        input_value = GPIO.input(23)
        if input_value == False:
                print "The button has been pressed."
        while input_value == False:
                input_value = GPIO.input(23)
```

다. 프로그램 실행

파일을 gpio-read.py로 저장하고 터미널 창에서 sudo python gpio-read.py 명령으로 실행한다. 처음에는 아무 일도 일어나지 않는다. 버튼을 누르면 프로그램에서 메시지를 화면에 출력할 것이다 (다음 그림참조). 버튼을 눌렀다 놓았다 반복해보면 메시지가 반복해서 출력된다.

간단한 프로그램이지만 여러 목적으로 사용될 수 있다. 스위치뿐만 아니라 센서 또는 외부 마이크로 컨트롤러 같은 별개의 장치가 연결되어 있을 때 이를 읽는데 사용될 수 있다.

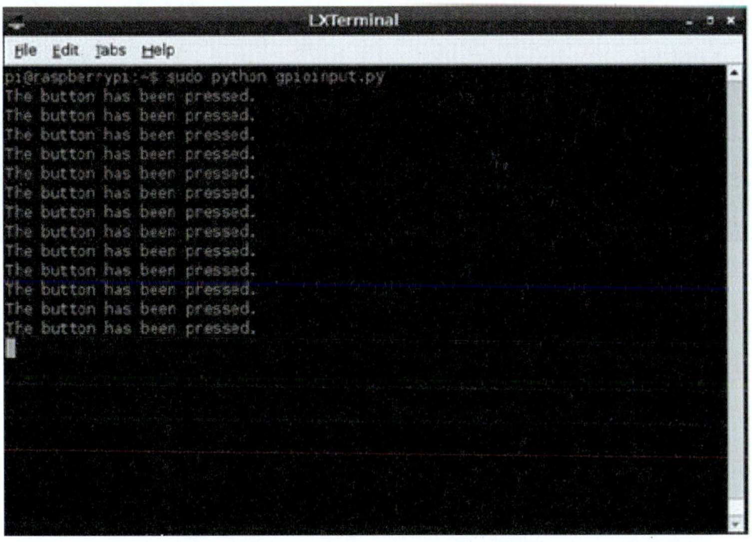

그림 14-5 gpio-read.py 프로그램의 출력 결과

여러 개의 푸시 버튼을 읽도록 코드를 확장하면 푸시버튼 명령기나 게임 컨트롤러를 만들 수 있다. 예제로 많이 나오는 파이썬 프로그래밍의 스네이크 게임과 연결하면 라즈베리파이를 간단한 게임 콘솔로 변신시킬 수도 있다.

입력과 출력 예제를 결합하여 하나의 프로그램으로 만들 수도 있다. 버튼이 눌리기를 기다렸다가 출력 핀에 high를 보내어 LED나 부저를 작동시킬 수 있다.

라. 프로그램의 확장

버튼이 눌리어지면 특정 GPIO핀에 전압을 가하여 부저나 LED를 작동시키도록 프로그램을 확장시킬 수 있다. 아래 소스코드는 물리핀 12번(BCM 18번)에 부저를 연결하여 푸시버튼 스위치가 눌리어지면 부저에서 소리가 나도록 작성한 프로그램이다.

아래 그림의 핀 맵에서 구분이 가능한 것처럼 푸시버튼 스위치는 물리핀 16번(BCM 23), 부저는 물리핀 12번(BCM 18번)에 연결한 것을 확인하면 된다.

B Plus

BCM	wPi	Name	Mode	V	Physical		V	Mode	Name	wPi	BCM
		3.3v			1	2			5v		
2	8	SDA.1	IN	1	3	4			5V		
3	9	SCL.1	IN	1	5	6			0v		
4	7	GPIO. 7	IN	1	7	8	1	ALT0	TxD	15	14
		0v			9	10	1	ALT0	RxD	16	15
17	0	GPIO. 0	OUT	0	11	12	0	IN	GPIO. 1	1	18
27	2	GPIO. 2	IN	0	13	14			0v		
22	3	GPIO. 3	IN	0	15	16	0	IN	GPIO. 4	4	23
		3.3v			17	18	0	IN	GPIO. 5	5	24
10	12	MOSI	IN	0	19	20			0v		
9	13	MISO	IN	0	21	22	0	IN	GPIO. 6	6	25
11	14	SCLK	IN	0	23	24	1	IN	CE0	10	8
		0v			25	26	1	IN	CE1	11	7
0	30	SDA.0	IN	1	27	28	1	IN	SCL.0	31	1
5	21	GPIO.21	IN	1	29	30			0v		
6	22	GPIO.22	IN	1	31	32	0	IN	GPIO.26	26	12
13	23	GPIO.23	IN	0	33	34			0v		
19	24	GPIO.24	IN	0	35	36	0	IN	GPIO.27	27	16
26	25	GPIO.25	IN	0	37	38	0	IN	GPIO.28	28	20
		0v			39	40	0	IN	GPIO.29	29	21

그림 14-6 gpio-realall 핀 맵

아래처럼 소스코드의 아래쪽을 보자.

```
while input_value == False:
        input_value = GPIO.input(SW)
        GPIO.output(BUZ, True)
        time.sleep(0.1)
        GPIO.output(BUZ, False)
```

버튼이 눌려진 상태가 되면, 부저핀에 0.1초간 소리가 나게끔 프로그래밍 되어있다. 완성되어진 프로그래밍 소스코드는 다음과 같다.

```
import RPi.GPIO as GPIO
import time
SW=23
BUZ=18
GPIO.setmode(GPIO.BCM)
GPIO.setup(SW GPIO.IN)
GPIO.setup(BUZ, GPIO.OUT)
while True:
    input_value = GPIO.input(SW)
    if input_value == False:
        print "The button has been pressed."
    while input_value == False:
        input_value = GPIO.input(SW)
        GPIO.output(BUZ, True)
        time.sleep(0.1)
        GPIO.output(BUZ, False)
```

note

제 15 장 파이썬 GPIO프로그래밍 응용

앞장에서는 파이썬을 이용한 라즈베리파이 GPIO프로그래밍의 기초에 관하여 학습하였다. 파이썬 언어를 이용한 GPIO프로그래밍은 wiringPi와 BCM 라이브러리를 사용하는데, 이 장에서는 파이썬과 BCM방식을 사용하여 몇가지 프로그래밍을 학습한다. 앞에서 기초단계로 실습한 LED 깜빡이와 푸시버튼 입력 프로그램을 다 이해했다면 이 장을 학습하는데 큰 문제는 없을 것이다.

15.1 초음파센서를 활용한 레이더 제작

앞장(11장 C를 이용한 GPIO 프로그래밍)에서 우리는 초음파 센서를 이용한 거리측정기를 만들어 보았다. 물론 C언어와 wiringPi라이브러리를 사용했다. 여기서는 이 프로젝트를 파이썬 언어를 사용하여 제작한다.

이미 언급한 바와 같이 초음파센서 SR-04는 그 값에 비해 정밀도도 높고 프로그래밍의 난이도도 적절하여 아두이노 혹은 라즈베리파이를 활용한 사물인터넷 응용 프로그램 제작에 많이 사용된다.

단순히 내가 원하는 지점까지의 정확한 거리측정을 해주는 디지털 자로 활용해도 되고 모터를 부착하여 360도 방향의 모든 장애물을 탐지하는 레이더로 활용해도 된다.

가. 하드웨어

필요한 부품은 라즈베리파이3와 레이더를 제작하는데 필수적인 초음파 센서 SR-04 그리고 4개의 점퍼선이다. 이것을 사용하여 다음 그림과 같이 회로를 작성한다.

초음파센서 SR-04는 4개의 핀을 가지고 있다. 왼쪽부터 VCC(5V), 송신, 수신, GND(0V)으로 구성된다.

라즈베리파이의 물리 핀 4번이 5V이므로 센서의 첫 번째 핀에 연결한다. 라즈베리파이 물리 핀 6번이 0V이므로 센서의 마지막 핀에 연결한다.

라즈베리파이의 물리 핀 33번을 센서의 두 번째 핀인 송신(TRIGER)에 연결하고, 물리핀 35번을 센서의 세 번째 핀인 수신(ECHO)핀에 연결하면 된다.

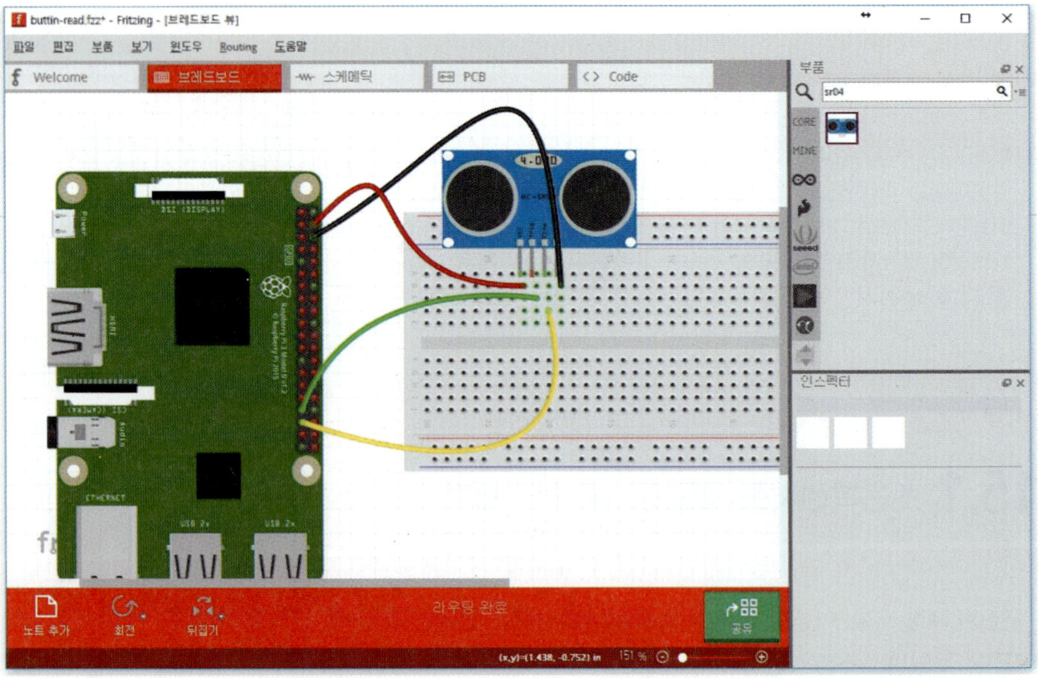

그림 15-1 초음파 센서 회로연결

나. BCM을 이용한 GPIO 핀

앞에서 말한것처럼 GPIO라이브러리는 wiringPi와 BCM이 있다. 파이썬에서는 이 BCM을 사용하는 것이 좋다. 이 BCM을 사용하려면 프로그램의 코드속에 이 문장을 삽입하면 된다.

```
GPIO.setmode(GPIO.BCM)
```

GPIO 핀 맵을 보여주는 명령은 다음과 같다.

```
$ gpio readall
```

이 맵에서 BCM 13번과 19번핀은 각각 라즈베리파이 물리핀 33번과 35번에 해당됨을 알 수 있다. 여기에 맞추어 코드를 작성해 보자.

나. 소스코드 프로그래밍

putty나 VNC를 이용하여 헤드리스모드로 라즈베리파이3에 로그온하고 나서 바로 radar라는 폴더를 만들고 sonic.py라는 이름의 파이썬 프로그램을 작성한다.

```
$ cd
$ mkdir radar
$ cd radar
$ nano sonic.py
```

sonic.py 파이썬 프로그램 코드는 다음과 같다.

```
import RPi.GPIO as gpio
import time
TRI = 13
ECO = 19
gpio.setmode(gpio.BCM)
gpio.setup(TRI, gpio.OUT)
gpio.setup(ECO, gpio.IN)
while True :
        gpio.output(TRI, False)
        time.sleep(0.5)
        gpio.output(TRI, True)
        time.sleep(0.00001)
        gpio.output(TRI, False)
        while gpio.input(ECO) == 0 :
                pulse_start = time.time()
        while gpio.input(ECO) == 1 :
                pulse_end = time.time()
        pulse_period = pulse_end - pulse_start
        distance = pulse_period * 17000
        distance = round(distance, 2)
        print "distance is", distance, "cm"
```

완전하게 작성한 후에는 Ctrl-x를 눌러 파일을 저장하고 빠져나온다.

다. 프로그램 실행

```
$sudo python sonic.py
```

라는 명령어를 입력했을 때 화면에 아무런 에러 메시지가 나타나지 않으면 소스코드가 잘 입력된 결과다.

초음파센서의 측정치가 센티미터 단위로 화면에 나타나면 레이더 제작이 성공한 것이다. 거리가 나타나지 않으면 배선에 문제가 생긴 것이라고 보면 된다. 천천히 배선도와 실제 연결된 하드웨어를 살펴보고 수정한다.

15.2 PIR센서를 이용한 인간 동작감지기

가. 하드웨어

필요한 부품은 라즈베리파이3, PIR센서, 점퍼선 3개이다. 이것을 사용하여 다음과 같이 회로를 구성하면 된다.

PIR센서는 적외선 센서이다. 인간이나 생물체의 움직임을 포착하는 센서이다. 주로 센서등, 동작감지기, 동물 움직임감지기 등의 제작에 사용된다.

PIR센서는 VCC(5V), Data, GND(0V) 핀으로 이루어진다. 아래 그림처럼 라즈베리파이 2번핀을 센서의 VCC에, 라즈베리파이 6번핀을 센서의 GND에 연결한다. 그리고 라즈베리파이 물리핀 12번을 센서의 Data 핀에 연결하면 된다.

앞에서 설명한 것처럼 물리핀 12번은 BCM GPIO 18번이다. 이후 소스코드에서는 GPIO 18번으로 코딩하면 된다.

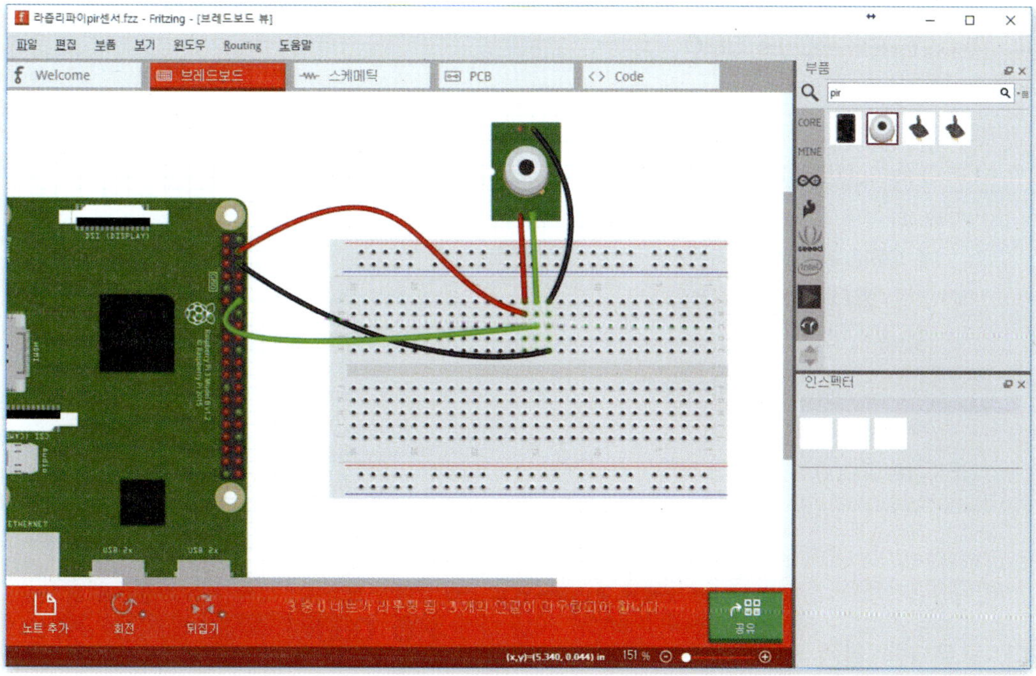

그림 15-2 PIR 센서 회로연결

나. 소스코드 프로그래밍

헤드리스모드로 라즈베리파이3에 로그온하고나서 바로 mov-sensor라는 폴더를 만들고 move.py라는 이름의 파이썬 프로그램을 작성한다.

```
$ cd
$ mkdir mov-sensor
$ cd mov-sensor
$ nano move.py
```

전체적인 파이썬 프로그램 리스트는 다음과 같다.

```
import RPi.GPIO as GPIO
import time
GPIO.setmode(GPIO.BCM)
GPIO.setup(18, GPIO.IN)
while 1:
    if GPIO.input(18):
        print ("Detected")
    else:
        print ("Not Detected")
    time.sleep(0.5)
GPIO.cleanup()
```

다. 프로그램 실행

하드웨어의 구성과 소스코드 작성이 끝나면 다음 명령어로 파이선 소스코드를 실행시킨다.

```
$sudo python move.py
```

센서 앞에서 손이나 책을 흔들어 본다. 이렇게 동작을 발생시켰을 때 "Detected" 라는 문자가 화면에 출력되면 성공이다.

앞의 경우와 마찬가지로 움직임을 탐지하지 못한다면 거의 대부분 하드웨어 결선에 문제가 생긴 것이라고 보면 된다. 꼼꼼히 수정한 후 다시 실행해 본다.

라. 응용 프로그램.

위 move.py 프로그램을 아래 요구사항에 맞게 수정해 보자.

요구사항

움직임이 감지되면 부저가 울리고 LED에 불이 들어오게 한다.
움직임이 없어지면 부저도 꺼지고 LED에 불도 꺼지게 한다.

수정한 프로그램 소스코드는 다음과 같다.

```
import RPi.GPIO as GPIO
import time
PIR=18
BUZ=23
GPIO.setmode(GPIO.BCM)
GPIO.setup(PIR, GPIO.IN)
GPIO.setup(BUZ, GPIO.OUT)
while 1:
    if GPIO.input(18):
        print ("Detected")
        GPIO.output(BUZ, 1)
    else:
        print ("Not Detected")
        GPIO.output(BUZ, 0)
    time.sleep(1)
GPIO.cleanup()
```

note

부록

유용한 도구들

부록 A

스크래치 프로그래밍

A

라즈베리파이는 전공자나 어른들만을 위한 도구가 아니다. 비전공자와 어린이들도 많이 사용하고 있기 때문이다. 어린이들이 단순히 다른 사람들이 만들어준 것만을 소비하는 소비자가 아닌 주체적인 생산자가 되기 위해서는 프로그래밍을 할 수 있어야 한다. 그 방법을 제공해 주는 것이 바로 스크래치(Scratch)이다. 공식 스크래치 웹사이트 http://scratch.mit.edu에 가면 윈도우와 맥 버전도 다운로드 할 수 있다.

A.1 스크래치 기초 : Hello World

C나 JAVA와 같은 전통적인 프로그래밍 언어들과는 달리 스크래치는 사용자들이 print 또는 inkey$ 같은 명령어를 외우도록 하지 않는다. 대신 거의 모든 것들이 코드 블록을 논리 패턴 주위에 끌어다 놓는 방식으로 구성된다.

스크래치를 시작하기 위해서는 데스크톱에 있는 아이콘을 더블 클릭하거나 Programming 메뉴에 있는 스크래치 항목을 선택한다. 잠시 후에 스크래치 주 인터페이스가 나타날 것이다.

스크래치 인터페이스는 여러 개의 창으로 나뉘어 있다. 왼편에는 프로그램을 작성하는데 사용하는 여러 가지 코드 블록들을 담고 있는 블록 팔레트가 있다. 스프라이트라고 불리는 프로그램 내의 개체들의 목록이 오른쪽 아래에 스프라이트가 나타날 스테이지의 컨트롤과 나란히 표시되어있다. 스테이지는 오른편 위에 있는데 이곳에서 실행되는 프로그램을 볼 수 있다. 가운데는 프로그램을 작성하는 곳이다.

사용자가 시작을 쉽게 할 수 있도록 새 스크래치 프로젝트는 이미 비어 있는 스테이지와 한 개의 스프라이트를 포함하고 있다. 하지만 프로그램이 작성되어 있지 않기 때문에 초록색 깃발 모양 아이콘을 클릭하여 프로그램을 실행해도 아무 일도 일어나지 않는다.

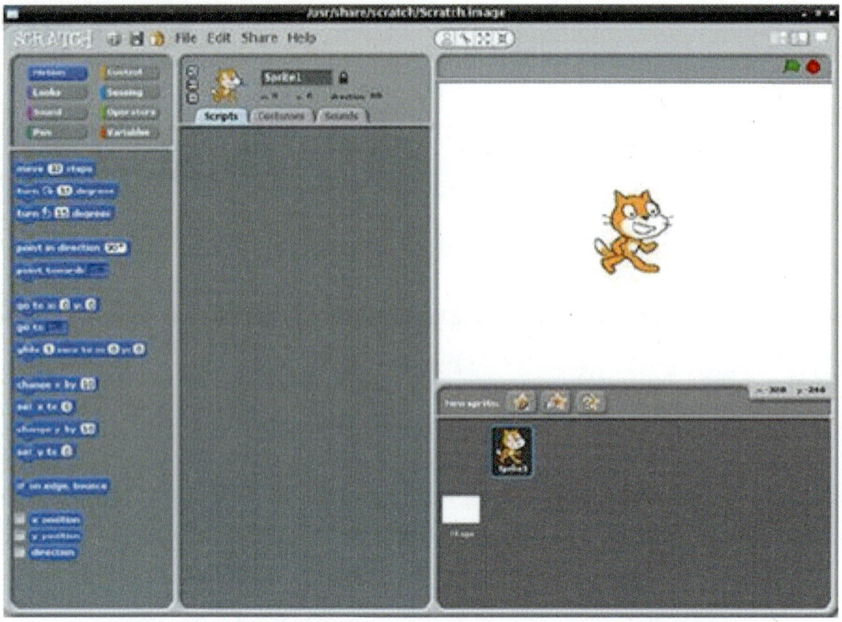

그림 A-1 라즈베리파이에서 실행되는 스크래치 주화면

Hello World 프로그램을 작성하기 위해서는 화면의 좌측에 있는 블록 팔레트를 Looks 버튼을 클릭하여 Looks 모드로 변경할 필요가 있다. 표시된 Looks 블록들을 읽어 내려가다 보면 중간에

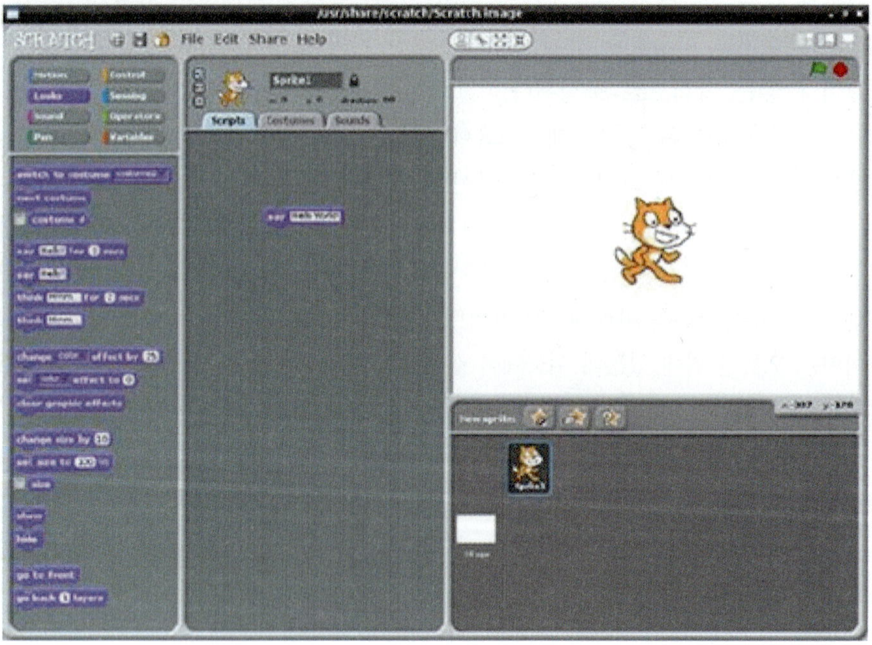

그림 A-2 스크래치 프로그램에 처음 블록 놓기

say Hello! 블록이 있다. 이 블록을 끌어서 Scripts라는 라벨이 붙어 있는 창의 가운데 부분에 가져다 놓는다. 그런 다음 블록의 한 가운데 있는 Hello!라는 문구를 Hello World!로 변경한다.

초록색 깃발을 다시 클릭해보아도 프로그램은 아무것도 하지 않을 것이다. 왜냐하면 프로그램은 고양이 스프라이트가 무엇을 해야 하는지는 알지만 언제 해야 할지를 모르기 때문이다. 이벤트는 trigger 블록을 필요로 한다. trigger블록은 블록 팔레트의 Control 섹션에 있다.

Control 모드 버튼을 클릭하여 Control 모드로 바꾼 후 when (flag icon) clicked 로 표시되어 있는 항목을 드래그하여 보라색 say 블록의 바로 위에 놓는다. 충분히 가깝게 놓으면 자동으로 그 위치에 있는 블록에 직소 퍼즐처럼 달라붙는다.

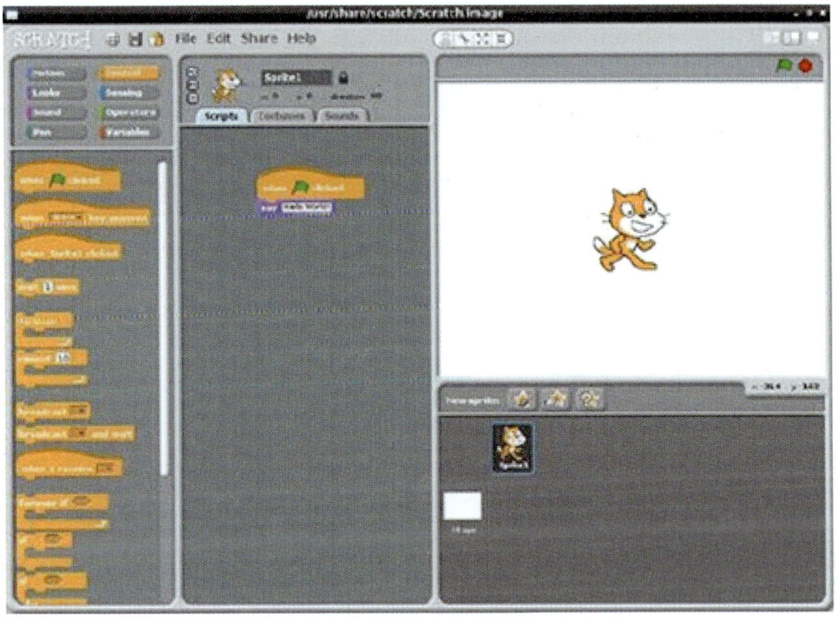

그림 A-3 스크래치에서 Looks 블록에 결합된 제어 블록

여러 개의 블록들을 결합한다는 것이 스크래치의 핵심 개념이다. 방금 가져다 놓은 Control 블록의 위쪽에는 연결 구멍이 없는 것을 알 수 있다. 이 Control 블록은 다른 연속된 블록들을 격발하도록 만들어져 있고 다른 블록에 의해 격발되지 않으므로 위쪽이 나는 블록을 연결할 수 있도록 되어 있지 않다. 반면에 say블록의 아래쪽은 다른 블록의 위쪽과 결합될 수 있는 구멍을 가지고 있다.

두 블록만 있는 상태에서 오른쪽 위에 있는 초록색 깃발 아이콘을 클릭하면 이번에는 고양이 입에서 말풍선이 표시된다.

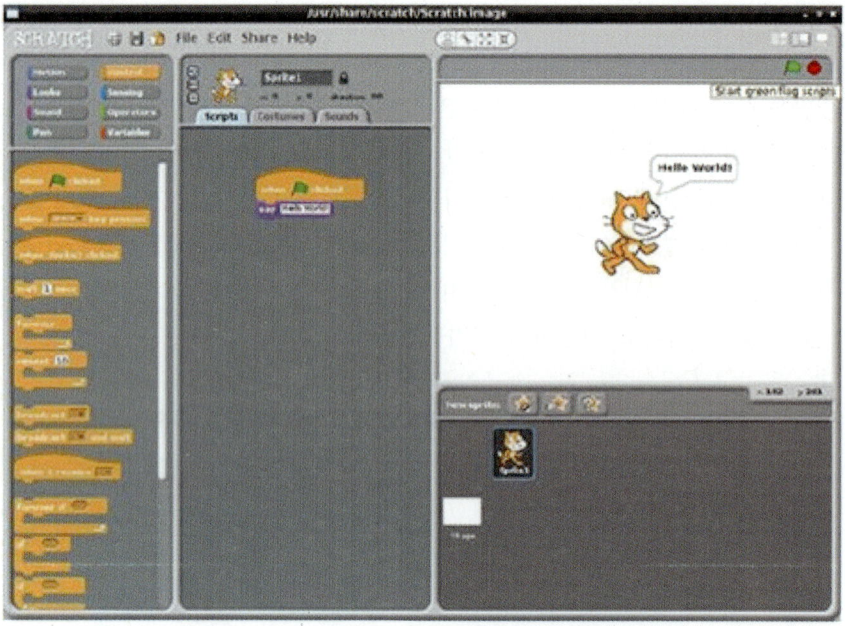

그림 A-4 스크래치에서 Hello World 프로그램 실행

다음 예제를 진행하기 전에 File 메뉴로 가서 현재 프로젝트를 저장한다. 스크래치는 한 번에 하나의 프로젝트만을 열 수 있다.

A.2 스크래치 응용 : 애니메이션과 사운드

스크래치의 File 메뉴에서 New를 선택하여 새로운 프로젝트를 만든다. 기본 스프라이트가 하나 제공된다. 이 스프라이트를 제어하자.

스크래치에서 간단한 애니메이션 제어를 위해, 블록 팔레트의 Motion 섹션을 사용한다. 새 프로젝트를 시작했을 때 Motion 섹션이 기본 팔레트이다. Move 10 steps 블록을 스크립트 영역에 끌어다 놓는다. 이름이 말해주듯이 이 블록은 선택된 스프라이트가 현재 바라보고 있는 방향으로 10걸음 움직이도록 한다. 스크래치의 기본 스프라이트는 언제나 오른쪽을 향하고 있으므로 오른쪽으로 10걸음 움직이도록 하는 역할을 한다.

10걸음은 너무 작으므로 10을 클릭하여 30으로 바꿔준다. 이번에는 Sound 블록 팔레트로 바꾼 후 play sound meow 블록을 스크립트 영역으로 끌어 기존의 move 블록 아래에 결합시킨다. 고양이가 이 위치에 잠시 서 있도록 Control 블록 팔레트에서 wait 1 secs 블록을 끌어다 붙인다. 이 블록이 없으면 마지막 위치에 도달했을 때 처음 위치로 순간이동을 해버린다.

고양이 스프라이트가 Stage 가장자리에서 사라지지 않고 여러 번 반복해서 실행될 수 있도록 play sound 블록 아래에 move 10 steps 블록을 추가하고 10을 -30으로 수정한다. -30은 30과는 반대 방향으로 스프라이트를 움직이게 한다.

마지막으로 Control 블록 팔레트에서 when (flag icon) clicked 블록을 끌어다 스크립트 영역의 블록들 맨 위에 연결한다(아래 그림 참조). 스크린 오른쪽 위의 초록 깃발 아이콘을 클릭하면 프로그램이 실행된다. 소리를 들으려면 라즈베리파이에 스피커 또는 헤드폰을 연결하는 것을 잊지 말자.

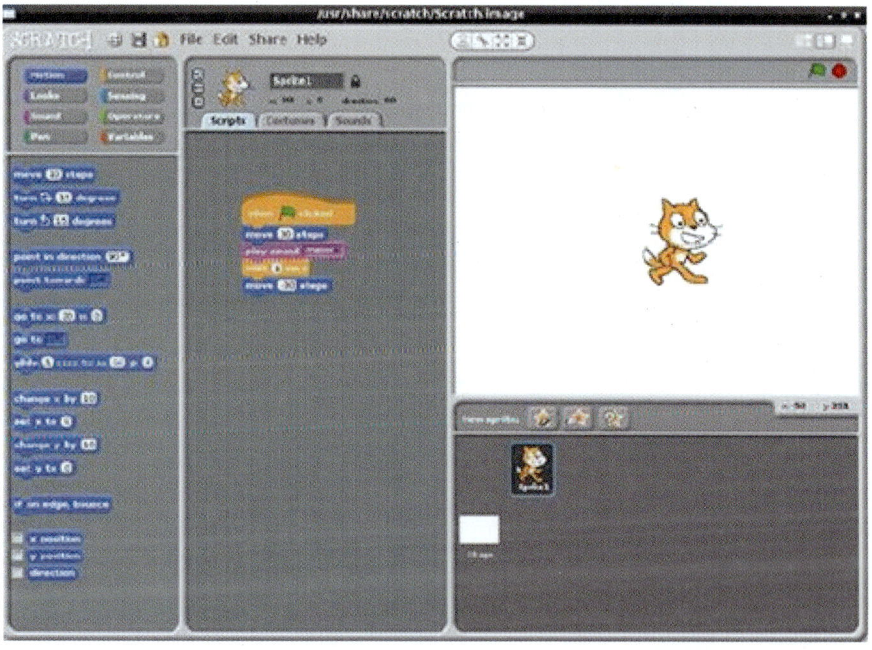

그림 A-5 스크래치에서의 완전한 애니메이션 프로그램

이 간단한 애니메이션 프로그램은 다양한 방식으로 확장이 가능하다. 우측의 stage 바로 밑에 있는 New Sprite 옵션을 사용하면 프로그래머가 독립적으로 움직이고 소리를 낼 수 있는 스프라이트를 더 추가할 수 있다. 처음 예제에서 say 블록을 추가했던 것 대신에 think 블록을 추가하면 말풍선이 아닌 생각 풍선이 표시된다. 애니메이션 되는 만화를 만들 수 있다.

겨우 다섯 개의 블록만으로 프로그래밍의 주요 개념을 알려주는 것이 스크래치의 가장 큰 장점이다. 스프라이트가 전진, 후진하고, 사운드를 재생하고, 프로그램의 지연 개념도 다루고 있다. 여기에 Control 블록 팔레트에서 forever 블록을 추가해 보자. 그러면 프로그램은 루프를 가지게 되어 루프에 속한 목록들을 무한 반복하게 된다. stage의 위에 있는 빨간색 stop버튼을 클릭하면 프로그램이 멈춘다.

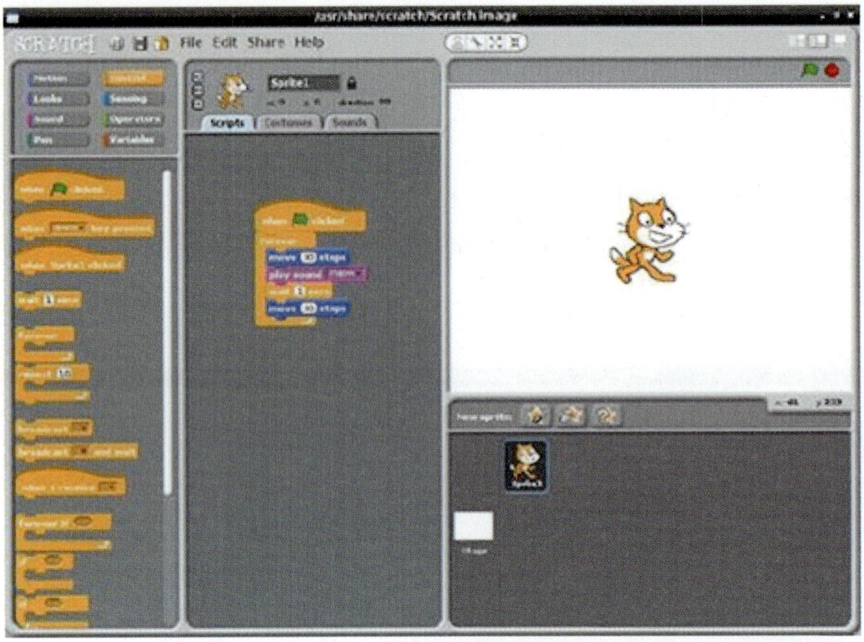

그림 A-6 간단한 스크래치 애니메이션에 무한 반복 추가

부록 B 스크래치 게임/센서 프로그래밍

B

B.1 간단한 게임 프로그래밍

스크래치를 이용하면 간단한 애니메이션을 실행시킬 있고 키보드 입력을 읽게 하여 사용자와도 상호작용하게 할 수 있다. 앞에서 해 본 간단한 애니메이션 제어와 결합하면 간단한 게임을 만들 수 있다. 동시에 스프라이트 충돌과 if 문의 개념도 도입하기로 하자.

새 스크래치 프로젝트를 시작한 후 move 10 steps 블록을 스크립트 영역에 끌어 놓는다. Control 블록 팔레트로 가서 move블록 위에 있는 when space key pressed 블록을 끌어다 위에 붙인다.

space 단어 뒤의 아래 화살표 버튼을 클릭하여 키 목록을 펼친 후 right arrow를 선택한다.

다시 Control 블록 팔레트에서 when space key pressed 블록을 끌어다 기존 블록을 조금 아래에 놓은 후 space를 left arrow로 바꾼다.

Motion블록 팔레트에서 move 10 steps 블록을 끌어다 when left arrow key pressed 블록 아래에 붙이고 move 10 steps를 move -10 steps 바꾼다.

이제 왼쪽 또는 오른쪽 화살표 키를 누르면 고양이가 키에 따라 좌/우로 움직이는 것을 볼 수 있다(아래 그림 참조).

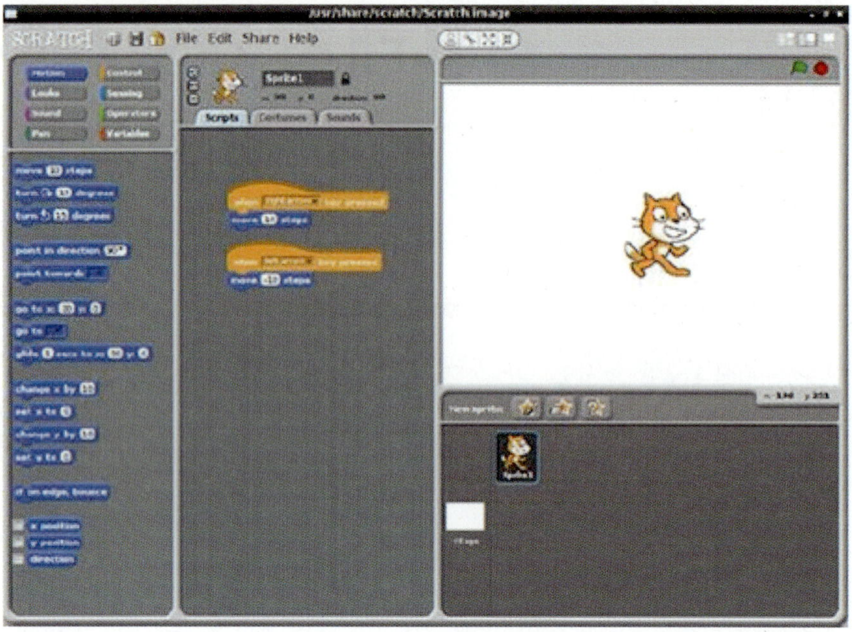

그림 B-1 스크래치에서 스프라이트의 움직임을 제어하기 위한 입력 블록 사용

스크린 오른쪽 아래에 있는 스프라이트 팔레트의 위, 세 개의 버튼 중 가운데에 있는 New Sprite From File 버튼을 클릭한다. 대화 상자가 나타나 스프라이트를 선택가능 하도록 해준다. Things 폴더를 더블 클릭한 후 Cheesy-Puffs를 더블 클릭한다. 이렇게 하면 스프라이트 팔레트에 새로운 스프라이트가 나타나고 이 개체는 게임 내에서 제어가 가능한 새로운 개체로 사용할 수 있다.

TIP

스크래치 언어는 원래 멀티쓰레드 기반이며 부분적으로 개체 지향적이다. 이 말의 의미는 프로그램 내의 스프라이트를 포함한 각 개체는 각자의 코드를 가지고 있으며 코드의 각 섹션은 다른 블록과는 동시적이고 독립적으로 실행된다는 의미이다. 적절히 사용되기만 하면 이러한 특성들을 이용하여 상당히 복잡한 프로그램들도 만들 수 있다.

새로 추가된 스프라이트는 기본적으로 스테이지의 가운데에 나타난다. 결과적으로 기존의 고양이 스프라이트를 가리게 된다. 새 스프라이트를 클릭하여 고양이의 오른쪽에 끌어다 놓는다.

Cheesy-Puffs 그릇이 우리의 고양이가 먹기에는 너무 크므로 스테이지의 오른쪽 위에 있는 Shrink Sprite버튼(안을 향하는 네 개의 화살표 모양 아이콘)을 클릭한다.

그림 B-2 스크래치 게임 프로젝트에 Cheesy-Puffs 스프라이트 추가

그러면 커서의 모양이 클릭한 버튼 아이콘과 같은 모양으로 변한다(Grow Sprite 버튼을 클릭해도 기능만 반대이고 같은 식으로 마우스 커서가 변한다). 이 상태에서 Cheesy-Puffs 스프라이트를 클릭하여 크기를 줄인다. 여러 번 클릭하면 크기가 계속 줄어든다. 적당한 크기로 줄었으면 스테이지 밖의 아무 곳이나 클릭한다. 그러면 마우스 커서가 원래 형태로 되돌아온다. 다음은 Cheesy-Puffs 그릇을 클릭하여 스테이지의 오른쪽 가장자리에 끌어다 놓는다.

화살표 키를 사용하여 고양이 스프라이트를 Cheesy-Puffs 스프라이트 쪽으로 움직여 보자. 지금은 두 스프라이트가 겹쳐지더라도 아무 일도 일어나지 않는다. 두 스프라이트가 만났을 때(스프라이트 충돌) 무언가를 해주기 위해 Sensing 블록을 사용해보자.

Cheesy-Puffs 스프라이트가 활성화된 상태(스크립트 창의 위에서 이미지가 보인다. 안보이면 스테이지에 있는 스프라이트를 더블 클릭하면 된다)에서 Sensing 블록 팔레트를 클릭한 후 touching ? 블록을 끌어다 스크립트 창에 가져다 놓는다.

물음표 뒤의 아래 화살표를 클릭하여 Sprite1(고양이)을 선택한다. 이제 이 블록은 두 스프라이트가 충돌했을 때 실행된다.

TIP

스크립트 창에 있는 이미지 뒤에 있는 상자를 클릭하여 스프라이트의 이름을 변경할 수 있다. Cat, CheesyPuffs와 같이 스프라이트와 관련된 이름을 주면 프로그램을 이해하기가 훨씬 쉽게 된다.

touching Sprite1 블록을 보면 위나 아래쪽에 다른 블록을 연결할 수 있는 연결 구멍이 없는 것을 알 수 있다. 또한 다이아몬드 모양으로 생겨서 순서도의 의사결정 지점 모양과 유사한 것을 알 수 있다. 우연히 그런 것이 아니라 Sensing 블록의 대다수는 Control 블록에 내장되어 동작하기 때문이다.

Control 블록 팔레트로 가서 if 블록을 보자. 마치 찌그러진 C 자처럼 생겼다. if 블록 내부에 touching Sprite1? 블록처럼 생긴 부분이 있는 것을 주목하자. if 블록을 스크립트 창에 끌어다 놓는다. 그 다음 touching Sprite1? 블록을 끌어 if 블록 내부의 다이아몬드 형태로 빈 곳에 가져다 붙인다. 결과는 두 가지 색깔의 블록을 합쳐 if touching Sprite1? 로 읽을 수 있다.

이것은 프로그램에서 if 조건문을 나타낸다. 즉, 이 지점이 실행되면 if 문의 조건이 참이 될 때 그 안의 블록들이 실행된다. 이 경우에 조건은 Sprite2가 Sprite1과 접촉했을 경우를 말한다. Operators 블록 팔레트에 있는 and, or, not 논리 블록들을 사용하면 좀 더 복잡한 시나리오도 수용이 가능하다.

Looks 블록 팔레트에서 say Hello! For 2 secs 블록을 끌어다가 if touching Sprite2 조건의 가운데에 놓는다. 텍스트를 Don't eat me!로 바꾸고 Control 블록에서 wait 1 secs 블록을 끌어다가 그 밑에 붙인 후 값을 2로 변경한다.

when space key pressed 블록을 가져다가 맨 위에 붙이고, 값을 when right arrow key pressed로 바꾼다. 마지막으로 Looks 팔레트에서 hide 블록을 끌어다가 그림 11-9와 같이 블록 리스트의 끝을 마무리 한다.

고양이의 스크립트를 편집하기 스테이지에 있는 고양이 스프라이트를 더블 클릭한다. Cheesy-Puffs 스프라이트를 위한 스크립트가 사라지지만 염려할 필요는 없다. 사라진 것이 아니라 따로 저장 되어 있으며 해당 스프라이트를 편집할 때만 나타난다.

Control 팔레트에서 또 다른 if 블록과 touching ? 센싱 블록을 끌어다가 if touching Sprite2?가 되도록 붙여 놓는다. 이 블록 안에 wait 1 secs Control 블록을 가져다 넣고 값을 2로 바꾼다. 그 밑에 Looks 블록에서 say Hello! for 2 secs 블록을 가져다 붙이고 메시지를 Yum-Yum-Yum!으로 바꾼다. 마지막으로 층층이 쌓인 블록 묶음 전체를 끌어 올려 기존의 when right arrow key pressed 블록의 move 10 steps 밑에 붙인다. 완료된 스크립트의 형태는 아래 그림과 같다.

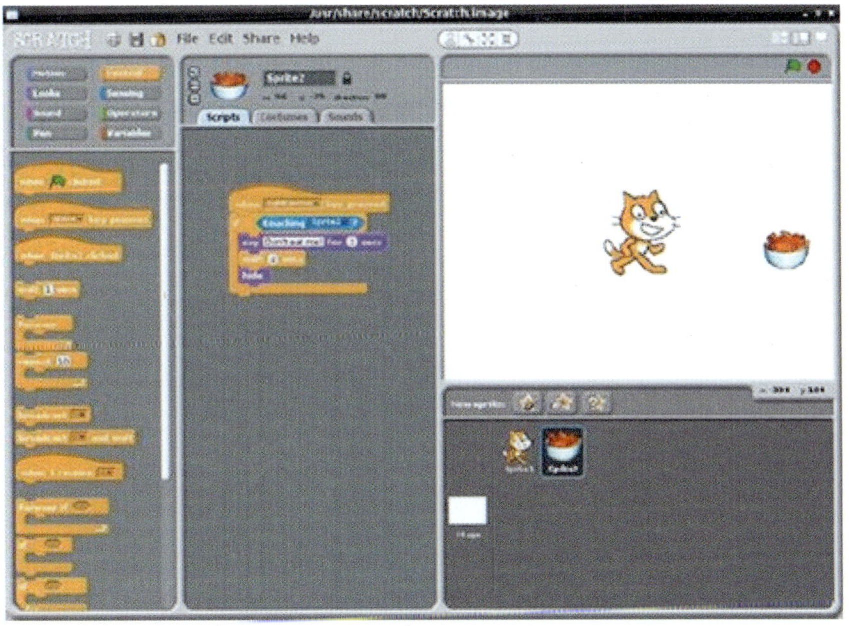

그림 B-3　스크래치 if 블록으로 Cheesy-Puffs 제어

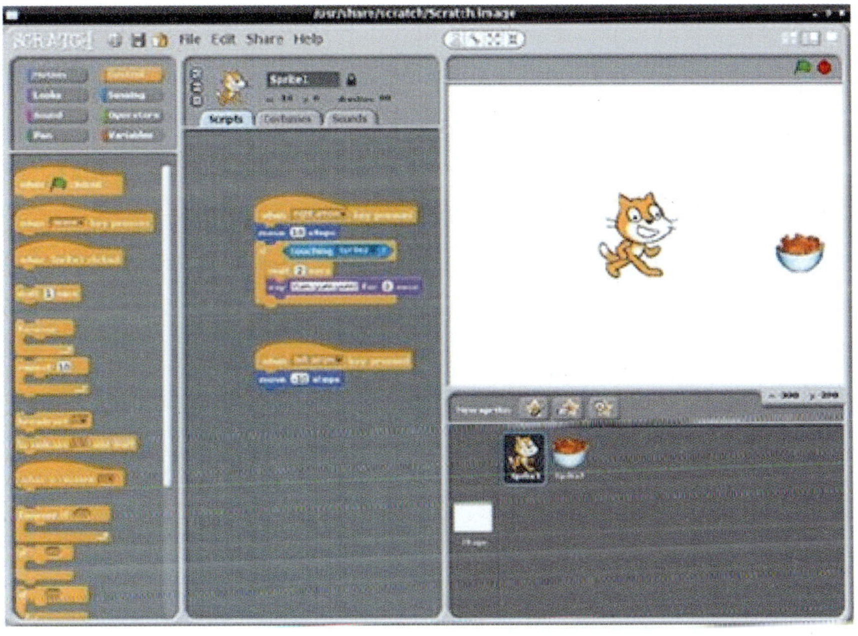

그림 B-4　간단한 스크래치 게임의 고양이 스프라이트를 위한 완성된 코드

키보드의 오른쪽 화살표 키를 눌러 고양이를 Cheesy-Puffs 쪽으로 움직이기 시작하면 게임이 시작된다. 고양이가 Cheesy-Puffs에 닿으면 말풍선이 나타나고 그릇이 사라진다.

이 예제는 몇 가지 중요한 프로그래밍 개념들을 소개하는데 효과적이기는 하지만 게임을 작성하는 최선의 방법이라고 하기는 어렵다. 스크래치에는 하나의 개체에 부착된 코드가 다른 개체에 부착된 코드와 대화할 수 있도록 해주는 메시지 브로드캐스트 시스템을 포함하고 있어서 이를 이용하면 개체의 접촉 시에 주의 깊게 지연시간을 넣지 않아도 훨씬 간편한 방법으로 개체 접촉 결과를 만들 수 있다.

B.2 로보틱스 및 센서들

순수한 소프트웨어 기반의 입력과 출력 이외에도, 스크래치를 센서보드와 로보틱스 시스템들을 사용하는 외부 하드웨어와 묶을 수도 있다. 멀티 쓰레디드 속성과 강력한 프로세스간 메시징 시스템 덕분에 스크래치는 놀라울 정도로 진보된 로보틱스 엔진을 만드는데 사용될 수 있으며 라즈베리파이를 간단한 로봇의 심장부에 가져다 놓을 수 있는 다른 어떤 것보다도 가장 간단한 방법이다.

훨씬 강력하지만 상당히 복잡한 프로그래밍 언어인 파이썬과는 달리 스크래치는 외부 하드웨어와의 커뮤니케이션을 위해 라즈베리파이의 GPIO 포트를 이용할 수 없다. 따라서 물리적인 세계와의 대화를 위해서는 약간의 부가적인 하드웨어를 필요로 한다.

가. PicoBoard를 이용한 센싱

SparkFun에 의해 디자인된 PicoBoard는 스크래치를 실행하는 컴퓨터에 연결할 수 있는 애드온 모듈로써 다양한 슬라이더 입력, 광센서, 버튼, 소리 센서, 외부 전자 장비를 모니터 할 수 있는 4쌍의 악어 클립을 제공한다.

직렬 통신을 사용하는 오리지널 모델과 USB통신을 사용하는 변형 모델, 두 가지 종류의 PicoBoard가 있다. 라즈베리파이는 후자를 지원한다. 단순히 라즈베리파이의 USB포트에 연결하고 스크래치를 재시작 하면 스크래치 인터페이스에서 다양한 기능을 사용할 수 있다.

자세한 내용은 http://www.sparkfun.com/products/10311에서 확인하면 된다.

나. LEGO를 이용한 로보틱스

애드온 센서 모듈 이외에 스크래치를 통해서 외부 로보틱스 시스템을 제어할 수도 있다. LEGO education WeDo 로보틱스 킷은 모터, 거리 센서, 속도 센서 등을 컴퓨터에 연결할 수 있도록 디자인 되어있으며 이 센서들은 스크래치에 있는 전용 블록들을 이용해서 제어할 수 있다.

어린이들에게 WeDo킷은 로보틱스를 시작할 수 있는 뛰어난 방법을 제공한다. 정규 LEGO처럼 컴포넌트들을 같이 끼우면 되고 잘못 끼워질 염려가 없고 전기 쇼크를 걱정하지 않아도 된다. WeDo킷은 정규 LEGO 및 LEGO 테크닉 킷과도 호환되므로 쉽고 빠르게 대규모 프로젝트의 기획도 가능하다.

스크래치와 LEGO education WeDo킷에 대한 더 자세한 정보는 http://info.scratch.mit.edu/WeDo 사이트를 참고하기 바란다.

▎스크래치 관련 참고자료

http://info.scratch.mit.edu/support
http://scratch.mit.edu/forums/
http://scratch.mit.edu/latest/shared

부록 C SD카드 파티션

운영체제 이미지가 담겨서 제공된 SD카드를 꽂아서 라즈베리파이를 사용하면 너무 편리할까? 아무리 편리해도 인터넷에서 이미지를 다운받고 그것을 이용한 부팅과정을 아는 것이 보다 더 유익하다. 한술 더 떠서 SD카드의 파티션 정보를 정확히 알고 관리할 수 있는 기능을 통해 라즈베리파이에 대한 더 깊은 이해를 가질 수 있다.
대부분의 라즈비언 배포 이미지는 4GB면 충분하다. 즉, 8GB 이상의 SD 카드를 가진 사용자는 대부분의 여분의 공간이 생긴다. 그러나 지금은 메모리의 가격이 저렴해 졌으므로 16기가 이상을 설치했기 때문에 여분의 공간이 더 많아졌다. 즉, 낭비되는 공간이 생겼다는 의미이다.

C.1 새 파티션 작성

SD카드의 뒷부분에 남아 있는 빈 공간을 활용하는 방법은 그 곳에 새로운 파티션을 만드는 것이다. 이 작업을 PC에서 할 필요 없이 라즈베리파이에서 직접 할 수 있다.

WARNING

디스크의 파티션을 수정하는 도구들을 사용할 때에는 기존에 존재하는 파티션들을 지우지 않도록 주의해야 한다.
특히 /boot 또는 루트 파일 시스템을 지우지 않도록 주의한다. 지울 경우 부팅이 불가능해진다.

SD카드에 새 파티션을 만드는 과정은 다음과 같은 순서이다.

가. 터미널 창에서 fdisk 명령

```
$ sudo fdisk -l
```

라즈베리파이에 연결된 저장장치와 그 안의 파티션 목록이 표시된다.
SD카드는 /dev/mmcblk0로 표시되고 파티션들은 p0, p1으로 번호가 매겨져 표시된다.

나. 메뉴 기반 파티션 관리 도구인 cfdisk 실행

```
$ sudo cfdisk /dev/mmcblk0
```

타깃 장치로 SD카드를 지정하였다. 만약 USB 저장 장치를 사용하려고 하는 경우에는 장치명을 해당 장치로 지정하면 된다. (예를 들면 sda)

❶ 상하 커서 키로 반전 막대를 움직여 맨 아래의 Free Space 행을 선택한다.
❷ 좌우 커서 키로 화면 하단의 [New]를 선택하고 Enter키를 입력한다.

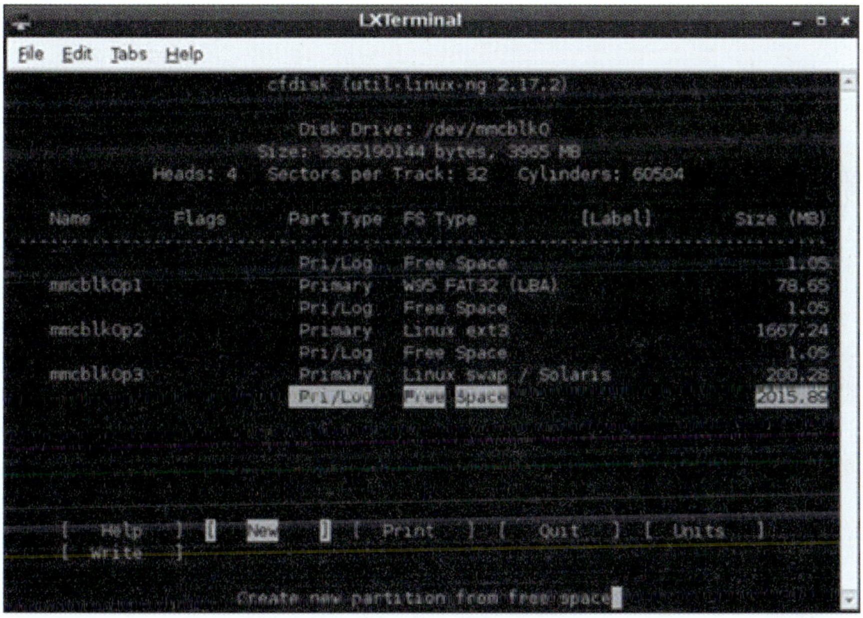

그림 C-1 cfdisk를 이용하여 새 파티션 만들기

❸ Primary 파티션인지 Logical 파티션인지를 묻는다. 기본값은 Primary 파티션이다. Enter키를 누른다.
❹ 파티션 크기를 몇 메가바이트(MB)로 할 것인지 묻는다. 남은 여유 공간을 모두 차지하는 크기로 만들면 된다. Enter 키를 누른다.
❺ 좌우 커서키를 움직여 [Write] 옵션을 선택하고 Enter키를 누르면 파티션 테이블이 SD카드에 기록된다.
❻ 변경 사항이 맞는지 재차 확인한다. 확인 후 yes를 입력하고 Enter키를 친다.
❼ 좌우 커서키를 움직여 [Quit] 옵션을 선택하고 Enter키를 쳐서 cfdisk를 빠져 나온다.

SD카드에 새로운 파티션이 만들어 졌지만 재부팅할 때까지는 운영체제에 인식되지 않는다. 인식 시키는 가장 쉬운 방법은 재부팅이다.

```
$ sudo reboot
```

재부팅 후 다시 로그인 하고 fdisk 명령으로 새로 생긴 파티션을 확인해 볼 수 있다.

```
$ sudo fdisk -l
```

새 파티션을 사용하기 위해서는 포맷팅을 통해 파일 시스템을 만들어 주어야 한다.

```
$ sudo mkfs.ext4 /dev/mmcblk0p3
```

mkfs.ext4는 리눅스의 기본 파일시스템 타입인 ext4타입의 파일 시스템을 만드는 명령이다. 새로운 파티션 명칭은 mmcblk0p3이기 쉽지만 위의 fdisk -l 명령으로 확인한 후 지정한다. mkfs명령은 파티션상의 모든 데이터를 삭제하므로 주의하여 실행한다.

새로운 파일 시스템을 기존 사용 중인 파일시스템상의 어느 한 지점에 마운트(연결)해야 한다. 다음과 같이 빈 디렉토리를 만들고 마운트한다.

```
$ sudo mkdir /storage
$ sudo mount /dev/mmcblk0p3 /storage
```

chown 명령을 사용하면 디렉토리의 소유자를 다른 사용자로 바꿀 수 있다

```
$ sudo chown -R 〈userid〉 〈directory〉
```

chgrp 명령을 사용하면 그룹에 속한 모든 사용자가 그 디렉토리를 접근할 수 있다.

```
$ sudo chgrp -R users /storage
```

chmod 명령을 사용하면 그룹에 속한 모든 사용자가 디렉토리에 쓰기 권한을 가지도록 할 수 있다.

```
$ sduo chmod -R g+w /storage
```

마운트된 파티션은 라즈베리파이가 재부팅 되면 다시 언마운트(연결 해제)된다. 부팅 때마다 자동으로 마운트 되도록 하기 위해서는 /etc/fstab 파일에 다음과 같은 형식으로 마운트할 파티션을 지정해 주어야 된다.

```
/dev/mmcblk0p3/storageext4    defaults    0    2  ← 각 필드 사이는 탭 키
```

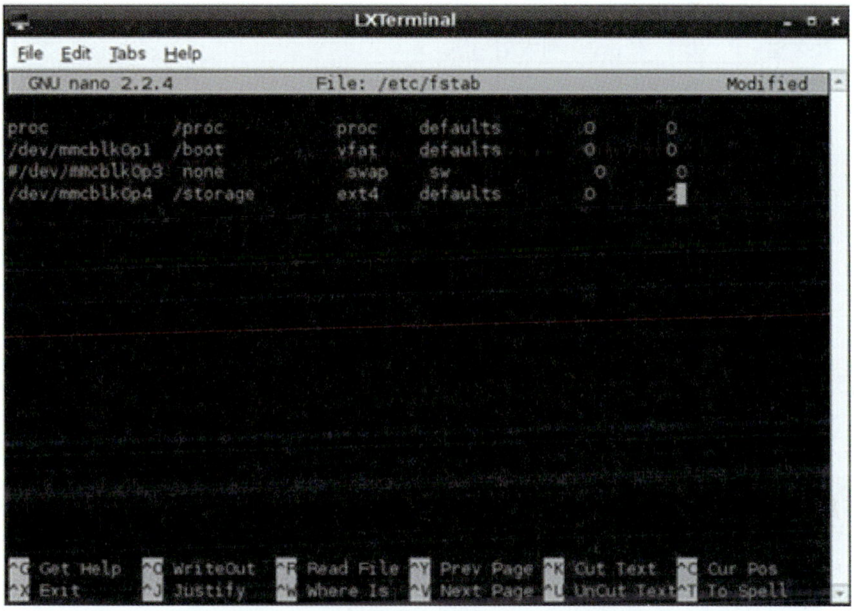

그림 C-2 새 파티션 자동 마운트를 위한 fstab파일 편집

재부팅 후 mount 명령으로 마운트 여부를 확인할 수 있다.

```
$ sudo mount
```

C.2 자동으로 파티션 크기 변경

SD카드의 빈 공간을 이용하는 더 좋은 방법은 기존 파티션의 크기를 변경하는 방법이다. 이것을 편리하게 하려면 raspi-config에서 설정변경하면 된다. 그러나 편리함보다 안전하게 변경하려면 라즈베리파이에서 SD카드를 꺼내어 PC에 연결하고 변경하면 된다. 여기서는 라즈베리파이에 포함된 유틸리티를 이용하여 자동으로 크기를 변경하는 방법을 알아본다.

라즈베리파이를 위한 데비안 리눅스 배포 이미지에는 raspi-config라고 하는 유틸리티가 포함되어 있다. 이 유틸리티는 처음 부팅되었을 때 자동으로 실행되는데 콘솔 또는 터미널 창에서 sudo raspi-config라고 타이핑하면 언제든지 실행할 수 있다. 이 도구는 여러 가지 설정작업을 할 수 있는 기능이 제공되는데 SD카드의 남은 공간을 모두 루트 파일 시스템이 사용하도록 자동으로 확장할 수 있는 기능을 제공한다.

> **WARNING**
> raspi-config 를 사용하여 자동 루트 파일 시스템을 확장하는 기능은 간혹 데이터를 망가뜨리는 수 가 있다. 중요한 데이터가 있는 경우에는 반드시 백업을 하고, 되도록이면 이장의 뒤에서 소개하는 수작업에 의한 방법을 사용하도록 한다.

터미널 창 또는 콘솔창에서

```
$ sudo raspi-config
```

상하 커서키로 expand_rootfs를 선택하고 Enter를 입력한다.

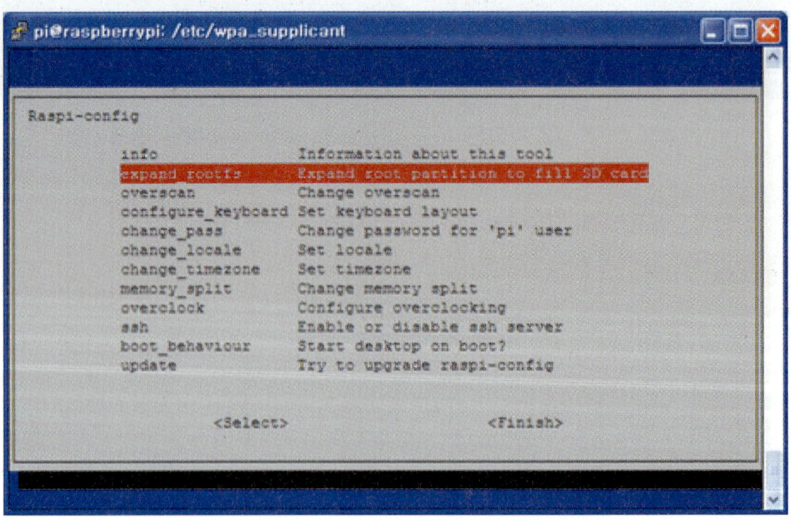

그림 C-3 raspi-config 도구의 메뉴 화면

파티션 크기 변경 작업이 수 초간 진행된 후 라즈베리파이 재부팅 후 작업이 완결된다는 메시지가 나오면 Enter키를 친다.

탭 키를 두 번 쳐서 〈Finish〉를 선택하고 Enter키를 입력하여 빠져 나온다. 재부팅 한다.

```
$ sudo reboot
```

파티션 크기 변경작업 완료 후 재부팅이 완료된다. 콘솔 또는 터미널 창에서 변경된 파티션 크기를 확인한다.

```
$ df -h                  ← -h 옵션은 human friendly를 의미한다.
```

C.3 수작업으로 파티션 크기 변경

가장 안정적인 방법은 PC에서 부팅 가능한 무료 CD 프로그램인 Parted Magic을 사용하는 방법이다. 이것은 PC와 맥에서 모두 동작하며 온전히 메모리상에서 동작한다. 또한 데비안 종속적인 raspi-config 도구와는 달리 모든 라즈베리파이 배포판과 호환된다.

TIP

리눅스 사용자는 CD를 사용하여 부팅하는 대신 Parted Magic에 사용되는 그래픽 파티셔닝 도구인 gparted를 설치하여 사용할 수 있다.

```
$ sudo apt-get install gparted
$ sudo gparted
```

PC에서 Parted Magic ISO 이미지를 다운로드한다:

http://partedmagic.com

CD 버닝 프로그램을 이용하여 빈 CD에 기록한다.

구워진 CD를 드라이브에 넣은 상태에서 PC를 리부팅하면 Parted Magic 메뉴 시스템이 로드된다. Standard Settings을 선택한다.

Parted Magic는 커스터마이즈된 리눅스 운영체제로써 저장장치 관리를 위해 제공되었다. SD카드를 컴퓨터에 넣고 바탕화면의 Partition Editor 아이콘을 더블 클릭하여 실행한다.

그림 C-4 Parted Magic 데스크톱 화면

Partition Editor는 기본적으로 시스템의 첫 번째 드라이브(주로 하드드라이브)를 찾는다. 오른쪽 위에 있는 장치 선택 버튼을 클릭하여 SD 카드를 선택(주로 /dev/sdb) 한다.

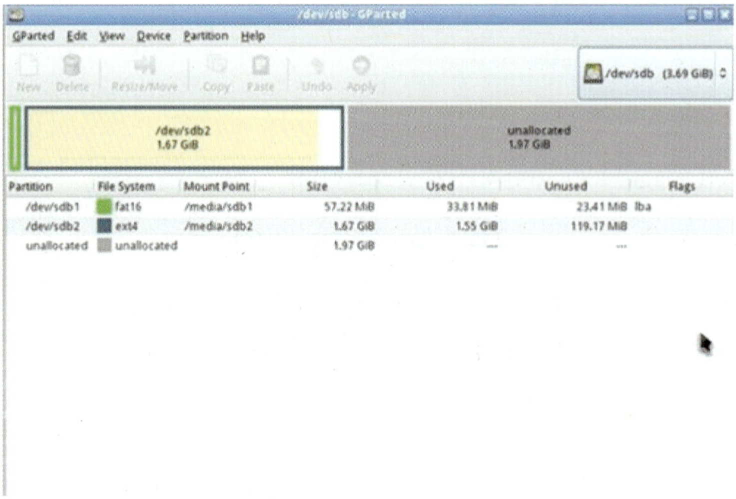

그림 C-5 Parted Magic의 파티션 편집 도구화면

CAUTION

파티션을 옮기거나 크기를 변경하는 작업은 매우 위험한 작업이다. 작업 도중 SD카드가 제거되거나 전원이 꺼지면 카드의 데이터가 깨질 수 있다.
파티션을 수정하기 전에 중요한 데이터는 반드시 백업 한다.

배포판에 따라 작업할 정확한 파티션을 선택한다. 데비안의 경우, 두 번째 파티션의 크기를 변경 하고자 할 것이다(일반적으로 sdb2). 파티션 에디터가 로드된 상태에서 다음 순서로 작업한다.

❶ 어떤 리눅스 배포판들은 이미지의 맨 마지막 부분에 스왑 파티션을 가지고 있다. 파티션 에디터에서는 linux-swap 타입의 작은 파티션으로 표시된다. 스왑 파티션이 없으면 5번으로 건너뛴다.
❷ 목록의 마지막에 있는 스왑 파티션을 클릭한 후 도구 막대에서 Resize/Move를 선택한다.
❸ 대화상자가 표시되면 왼쪽 위의 박스를 선택하여 오른쪽 위 끝으로 끌어다 놓는다. Free Space Flowing 박스의 값이 0이 된다.

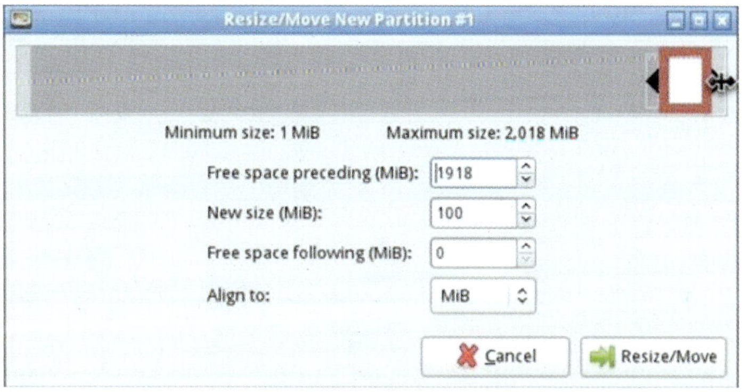

그림 C-6 파티션 에디터에서 스왑 파티션 이동

❹ 오른쪽 우하단의 Resize/Move 버튼을 클릭한다. 변경된 새로운 파티션 테이블은 부팅에 지장을 초래할 수도 있다는 경고메시지가 나오지만 무시해도 된다. 부팅 파티션에 손을 댄 것이 아니기 때문이다. 그냥 OK를 클릭한다.
❺ 목록에서 가장 큰 파티션을 클릭한다. sdb2라고 되어 있는 파티션이다. 도구 모음에 Resize/Move를 다시 클릭한다.
❻ 이번에는 파티션의 오른쪽에 있는 화살표를 클릭하여 맨 오른쪽까지 끌고 간다. 이렇게 하면 파티션의 크기를 최대로 늘리게 된다.

그림 C-7 파티션 에디터에서 루트 파일 시스템 크기 변경

❼ Resize/Move 버튼을 클릭한다. 경고 박스가 나타나면 OK를 클릭한다.

❽ 도구 막대에서 Apply를 클릭한다. 경고박스가 나타나면 다시 한 번 Apply를 클릭. SD카드의 속도에 따라 파티션 크기 변경 작업에 수 분이 소요된다.

❾ 작업이 완료되면 PC를 꺼도 되고 SD카드를 꺼내어 다시 라즈베리파이에 넣는다.

이제 파티션 에디터를 이용하여 대부분의 리눅스 배포판에서 시스템 파일들과 사용자 데이터를 모두 담는데 사용되는 SD카드의 주 파티션을 최대로 활용할 수 있게 되었다.

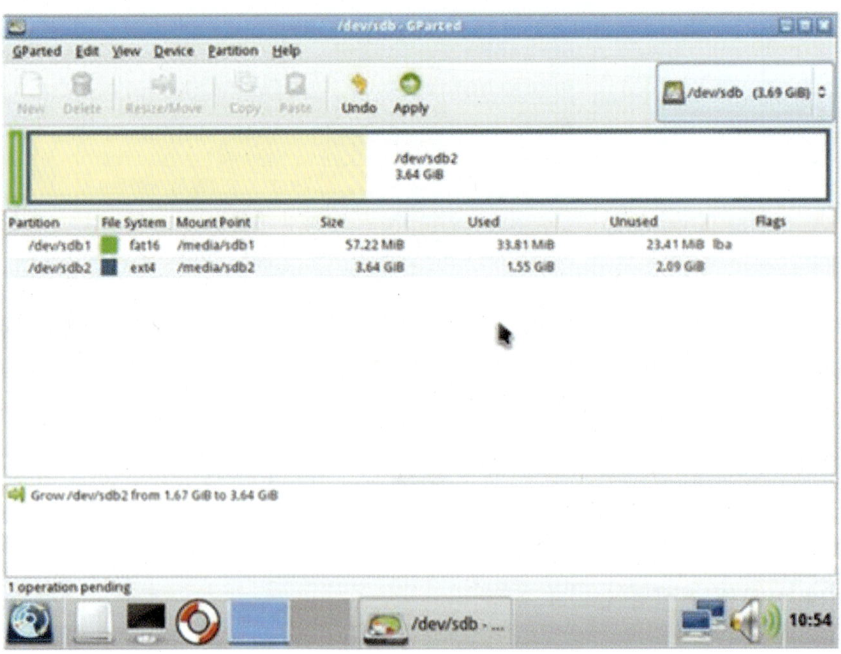

그림 C-8 파티션 편집 도구에서 파티션 크기가 변경된 후 화면

C.4 더 큰 SD카드로 옮기기

라즈베리파이를 어느 정도 사용했다면 처음에는 충분하리라 여겼던 SD카드의 용량이 부족해진다. 16GB 또는 더 큰 SD카드도 충분히 싼 가격에 구입할 수 있기는 하지만 사용하던 파일들을 잃고 싶지는 않기 때문에 망설여진다.

SD카드에 있는 컨텐츠를 새로운 SD카드로 옮기는 작업은 아주 간단하다. 작업의 뒤쪽 반은 〈라즈베리파이3와의 첫 만남〉장에서 이미 경험했던 SD카드에 리눅스 배포판 이미지를 굽는 것과 동일하다. 나머지 다른 점은 사용하던 SD카드의 컨텐츠를 이미지 파일로 복제하는 작업이다.

> **WARNING**
> SD카드를 복제하는 작업은 기존의 카드의 내용을 훼손하지는 않는다. 다만 다른 사람에게 내가 사용하던 SD카드를 건네줄 경우에는 모든 데이터를 삭제할 필요가 있다. 새 SD카드는 이 장 앞에서 학습한 것처럼 파티션 크기를 변경시키는 것이 유리하다.

더 큰 SD카드로 옮겨가는 과정의 첫 번째 작업은 기존 카드의 이미지를 추출하는 것이다. 두 개의 SD카드를 동시에 사용할 수 있는 카드 리더기를 가지고 있다면 후 반 작업에서 데이터 소스 부분에 이미지 파일 대신 사용하던 SD카드를 지정하면 된다.

가. 윈도우 상에서 이미지 추출

〈라즈베리파이3와의 첫 만남〉 장에서 사용했던 Win32DiskImager 유틸리티를 사용하거나 Parted Magic CD에서 제공하는 dd 유틸리티를 사용한다. dd를 사용하는 방법은 다음과 같다.

❶ Parted Magic CD를 PC에 넣고 재부팅한다. Standard Settings를 선택한다.

❷ 바탕화면의 세 번째에 있는 모니터 모양으로 생긴 아이콘을 더블 클릭하여 터미널 창을 실행한다.

❸ 하드디스크와 SD카드 장치 이름을 확인한다.

```
$ fdisk -l
```

하드디스크는 /dev/sdXN, SD카드는 /dev/mmcblkX 형태로 나타난다. 하드디스크는 크기로 유추한다.

❹ 하드디스크를 마운트 한다.

```
$ mkdir /media/harddrive
$ mount /dev/sdXN /media/harddrive -o = rw
```

❺ 사용하던 SD카드를 카드리더기에 넣고 다음 명령으로 디바이스 노드를 확인한다.

```
$ fdisk -l
```

/dev/mmcblkX 또는 /dev/sdY 형태로 나타난다.

❻ SD카드의 모든 데이터를 이미지 파일로 추출하여 저장한다.

```
$ dd of=/media/harddrive/temporaryimage.img if=/dev/sdY bs=2M
```

그림 C-9 Parted Magic 의 terminal 아이콘

나. 새로운 카드 생성

이제 사용하던 SD카드의 이미지 파일을 만들었다. 다음은 〈라즈베리파이3와의 첫 만남〉에서 했던 것처럼 이미지를 새 SD카드에 써 주면 된다.

작업이 완료되면 원래 카드와 새 카드가 동일한 내용을 가지게 된다. 그 의미는 원래 카드가 2GB 이면 새 카드가 16GB 카드이더라도 라즈베리파이는 2GB까지만 접근할 수 있다는 뜻이다. 나머지 용량을 모두 사용하기 위해서는 이장의 앞부분에서 했던 것처럼 파티션 크기 변경 작업을 해 줄 필요가 있다.

부록 D HTPC

라즈베리파이를 사용하는 가장 재미있는 방법은 홈씨어디 PC라고 불리우는 HTPC(Home Theatre Personal Computer)로 활용하는 것이다. 라즈베리파이에 사용되는 브로드컴 BCM2837은 원래 HTPC에서 멀티미디어 기능을 담당하는 목적으로 개발되었다.
BCM2837 시스템온칩(SoC)의 그래픽 부분인 브로드컴 VideoCore IV는 가장 많이 사용되는 H.264 포맷을 사용하여 full-speed high-definition 비디오를 재생가능하다. 또한 동시에 3.5mm 아날로그 오디오 출력과 HDMI 디지털 출력을 통해 다양한 포맷의 오디오 파일을 재생할 수 있다.
홈씨어터 애호가들에게는 라즈베리파이의 작은 크기, 저전력 소모, 조용한 동작과 같은 특성들이 아주 매력적이다. 특히 다양한 배포판들과 소프트웨어 패키지들이 라즈베리파이를 사용자 친화적이며 강력한 홈씨어터 PC로 변신시킬 수 있도록 디자인되어있다.

D.1 Raspbmc(Xbmc) 설치

라즈베리파이에서 음악을 재생하는 것을 포함하여 BCM2837은 다양한 멀티미디어 기능을 가지고 있다. 라즈베리파이는 VideoCore IV GPU를 사용하여 Full HD 1080p H264 비디오를 디코딩하고 재생할 수 있어 조그만 패키지와 믿을 수 없을 만큼 적은 전력 소모만으로 라즈베리파이를 강력한 미디어 센터로 변화시킬 수 있다.

라즈베리파이를 홈씨어터 PC로 최대한 활용하기 위해서는 약간의 소프트웨어가 더 필요하다. 이 소프트웨어는 데비안 배포판 위에 설치할 수 있지만 Raspbmc(XBMC) 배포판을 사용하는 것이 더 쉽다

Raspbmc는 라즈베리파이를 비디오 및 음악 재생, 사진 보기와 인터넷 스트리밍 능력을 갖춘 온전한 기능의 미디어 센터 시스템으로 변신시키기 위해 Sam Nazarko에 의해 만들어진 배포판이다. 단순하고 파워있는 기능 때문에 몇 개의 장비 제조 회사들이 상용 셋톱박스 제작에 사용한 적이 있고 Xbmc 배포판을 통해 설치 가능하다.

라즈베리파이를 사용하여 고선명 비디오 출력과 H.264 디코딩 능력을 가진 홈씨어터를 구축하려고 한다면 다른 어떤 리눅스 배포판보다 Raspbmc야말로 탁월한 선택이며 설치하고 실행하기도 매우 쉽다.

공식 웹사이트인 http://www.raspbmc.com/download/에서 설치파일을 다운로드 할 수 있다. 리눅스, OS X, 윈도우를 위한 설치 프로그램을 이용하면 이미지 파일을 자동으로 다운로드하여 연결된 SD카드에 기록해준다. 직접 이미지 파일을 다운로드하여 〈라즈베리파이3 첫 만남〉장에서 해본 방법으로 SD카드에 기록할 수도 있다.

WARNING

이미 사용 중인 SD카드에 Raspbmc를 설치하면 기존의 모든 내용이 삭제된다.
보관을 원하는 파일을 별도로 복사를 해두어야 하며 두 배포판 사이를 오가며 사용하길 원한다면 별도의 SD카드를 따로 구매하면 된다..

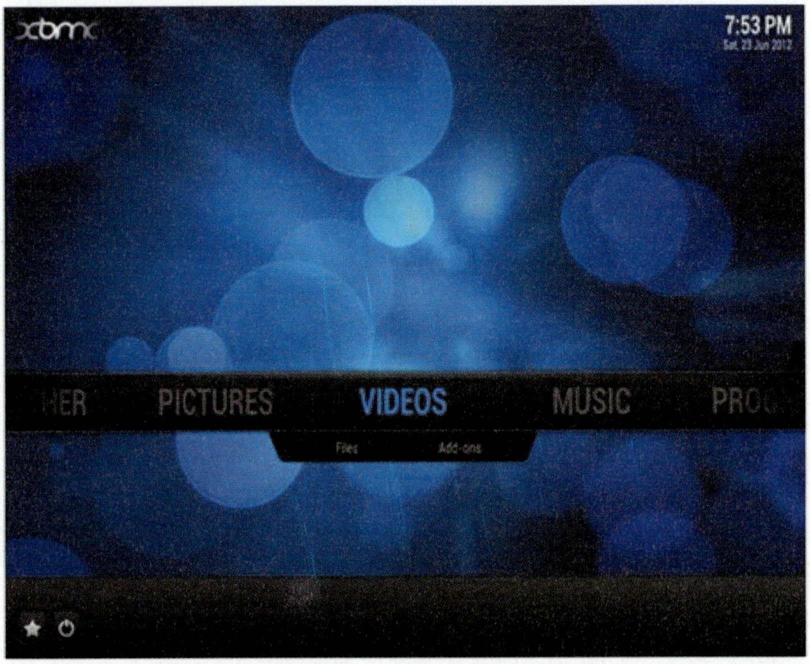

그림 D-1 Raspbmc에 의해 실행된 Xbmc 홈스크린

Raspbmc 설치 프로그램이 완료되면 SD카드를 라즈베리파이에 넣고 전원 플러그를 다시 연결한다. 이때 이더넷 케이블이나 무선인터넷이 연결되어 있어야 한다. Raspbmc가 처음 기동될 때 인터넷을 통해 필요한 데이터를 다운로드 받기 때문이다. 약 10분에서 15분 정도가 소요된다. 특히 파티션 포맷 단계에서 오래 걸린다.

가동이 되면 Raspbmc는 자동으로 XBMC서비스를 시작한다. USB수신기가 있는 리모콘을 구입하여 연결하면 키보드와 마우스를 대신할 수 도 있다.

D.2 Raspbmc(Xbmc) 인터넷 스트리밍

기본적으로 Xbmc는 라즈베리파이 자체에 있는 파일만을 재생하도록 구성되어 있다. 하지만 비디오 메뉴 아래의 Add-ons를 선택하면 다양한 TV 채널들과 인터넷 스트리밍 서비스들을 포함한 스트리밍 기능을 추가할 수 있다. 호환 가능한 플러그인 목록을 보려면 Add-ons를 클릭한 후 Get More를 선택한다.

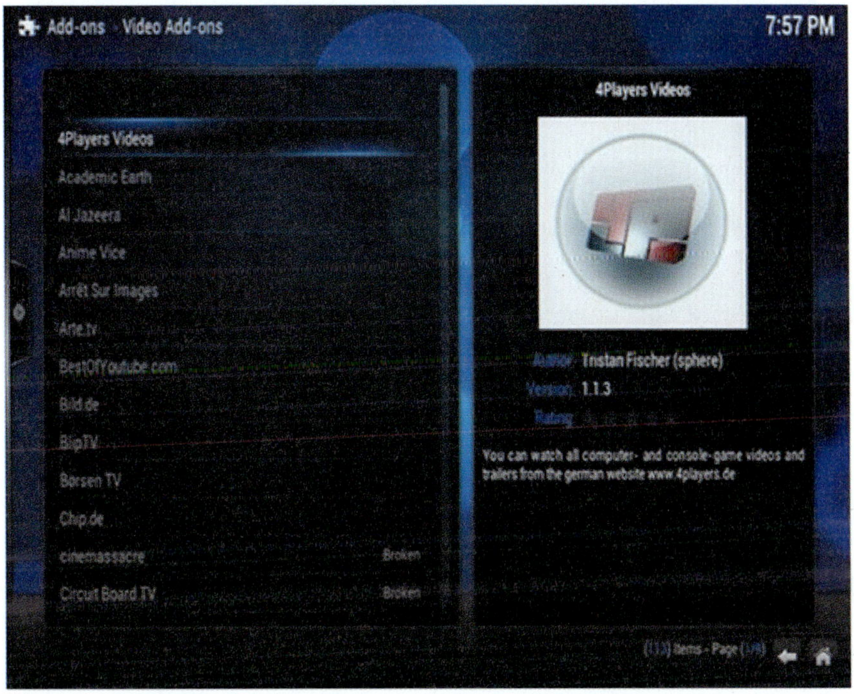

그림 D-2 Raspbmc에 새로운 비디오 애드온을 추가

마우스나 방향키를 이용해서 스크롤 할 수 있고 원하는 항목을 클릭하거나 Enter키를 입력해서 자세한 정보를 볼 수 있다. 애드온을 설치하려면 목록에서 해당 항목을 클릭했을 때 나타나는 팝업 메뉴에서 Install을 클릭한다. 그러면 해당 애드온이 인터넷으로부터 다운로드 되어 자동으로 Xbmc에 설치된다. 설치된 애드온이 Broken으로 표시되는지 주의해서 봐야 한다. 그런 애드온들은 아직 정상적으로 작동되지 않는 것들로써 개발자가 문제를 해결할 때까지 기다려야 한다.

비디오 애드온을 설치한 다음에는 스크린의 우하단에 있는 홈 버튼을 클릭하여 Xbmc의 메인 화면으로 돌아간 다음 화면 중앙의 Video를 선택하고, 표시되는 비디오 옵션들 중에서 설치된 애드온을 선택하면 된다. 표시되는 파일 목록 중에서 다운로드하고자 하는 것을 선택한다. 애드온이 여러 카테고리를 가지고 있으면, 카테고리가 먼저 다운로드 되고, 그 중의 한 항목을 선택하여 내용을 볼 수 있다.

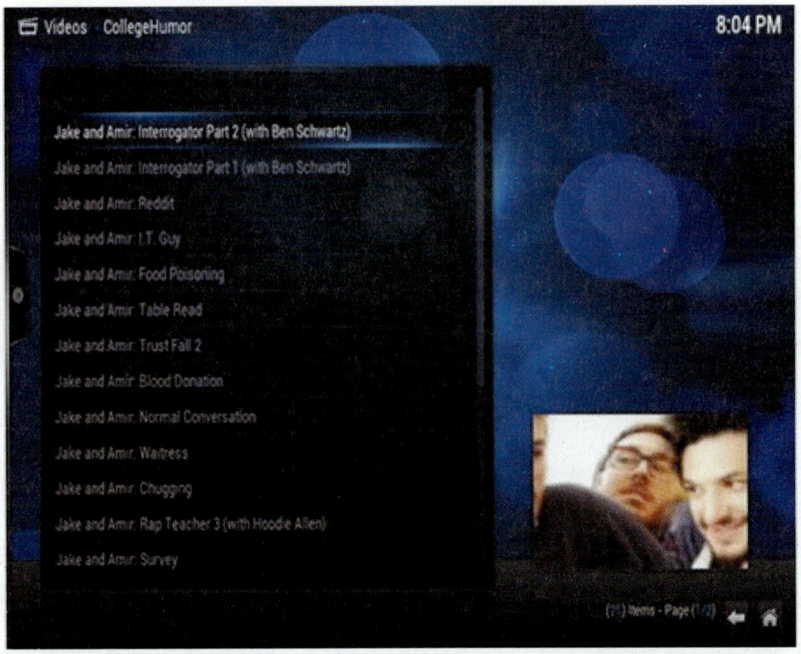

그림 D-3 CollegeHumor Xbmc 애드온을 통해 볼 수 있는 비디오 목록

Music에 있는 애드온들도 Video에 있는 애드온들과 동일한 방식으로 동작한다. 이러한 애드온들을 이용해서 Flickr, Picasa, The Big Picture, Grooveshark, Sky.fm, SoundCloud 등과 같은 사이트로부터 사진을 보고 오디오를 스트리밍해서 들을 수 있다.

D.3 Raspbmc(Xbmc) 미디어 스트리밍

XBMC 소프트웨어는 홈네트웍 범위의 장비들에 접속할 수 있도록 해주는 UPnP(Universal Plug and Play) 미디어 스트리밍 표준을 지원한다. 휴대폰, 게임 콘솔, NAS(Network Attached Storage) 등 동영상, 음악, 사진을 공유하고 스트리밍하기 위한 근래의 대부분의 장비들이 UPnP를 지원한다. 또 많은 랩톱과 데스크톱들이 UPnP나 DLNA(Digital Living Network Alliance) 표준을 지원한다.

Xbmc는 UPnP뿐만이 아니라 유닉스 기반의 컴퓨터들이 일반적으로 사용하는 NFS(Network

File System), 윈도우 계열의 컴퓨터들이 사용하는 SMB(Server Message Block), OS X 장비들에 사용되는 Zeroconf 표준을 지원하는 네트워 서버들에도 접속할 수 있다. 미디어 컨텐츠를 저장하기 위해 어떤 종류의 네트워 접속 장비를 사용하건 Xbmc가 지원하는 방법 중의 하나는 최소한 그 장비를 지원할 것이다.

Xbmc가 홈네트워 상에 있는 서버에 접속하도록 하려면 미디어 종류 〈Video, Music 또는 Pictures〉를 선택한 후 Add Source 옵션을 선택한다. 창이 표시되면 Browse to retrieve a list of source types를 선택한다(아래 그림 참조). 소스 종류에는 파란색 아이콘으로 표시된 라즈베리파이에 연결된 로컬 드라이브들과 빨간색 아이콘으로 표시된 네트워 장비들도 포함된다. 소스 종류를 선택한 후 표시되는 서버들 중 원하는 서버를 선택한다.

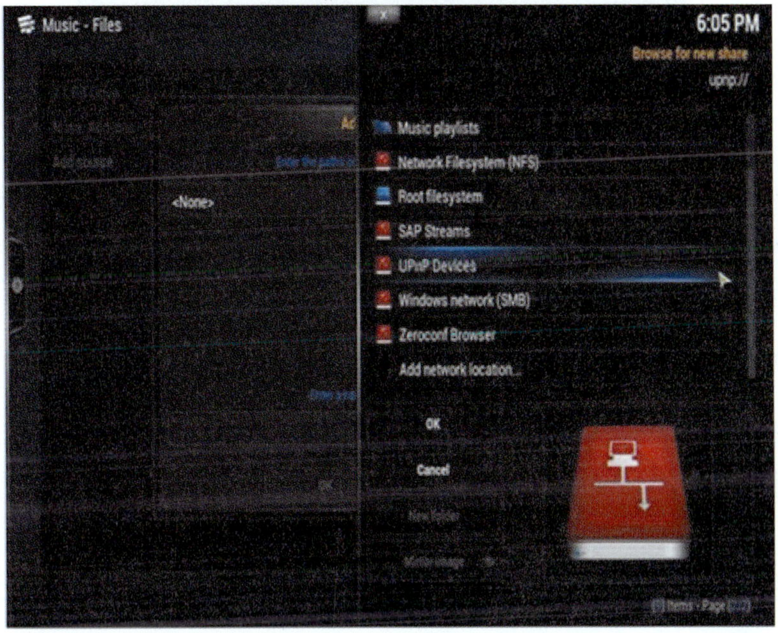

그림 D-4 Xbmc에서 네트워 소스 선택

선택한 서버에 여러 폴더가 있을 경우 예를 들어, 장르별, 아티스트별, 앨범별, 파일 종류별 폴더가 있을 경우 Xbmc에 연결하기를 원하는 폴더를 선택한 후 OK 버튼을 클릭한다. 그러면 필요한 정보가 채워진 후 Add Source screen 화면으로 돌아오게 된다(그림 8-5 참조). 암호로 보호된 서버인 경우 사용자 이름과 패스워드를 입력한 후 OK를 클릭한다.

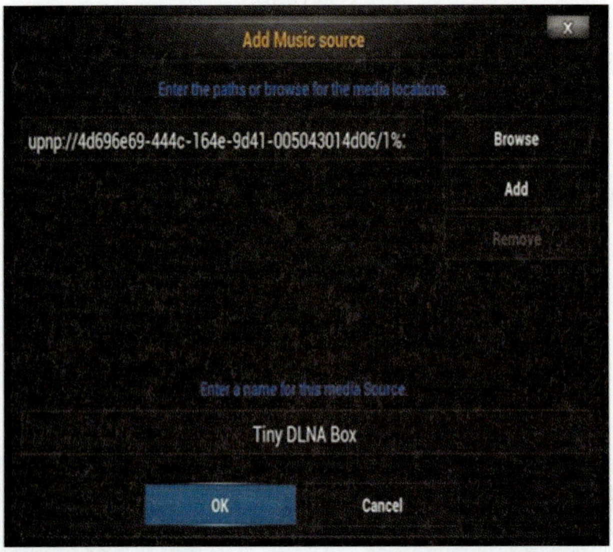

그림 D-5 Xbmc에 UPnP 음악 소스 추가

외장 하드 디스크를 소스로 추가할 때도 처음 목록에서 그 항목을 선택하여 같은 방법으로 추가할 수 있다. 대부분의 외장 드라이브는 자동으로 감지되어 목록에 나타나므로 별도로 추가할 필요가 없으며 Xbmc의 메뉴에 컨텐츠가 표시되지 않는 경우에만 별도로 추가하면 된다.

Raspbmc(Xbmc) 설정변경

홈 스크린의 Programs메뉴를 통해 Raspbmc Settings 메뉴(그림 8-6 참조)에 접근할 수 있다. 여기서는 네트웍 설정, 소프트웨어 업그레이드 설정, 여러 가지 시스템 설정을 할 수 있다. 대부분 신경 쓸 필요가 없지만 인터넷 접속에 문제가 있거나 Rasbmc 시스템이 지속적으로 멈추거나 할 때는 문제를 해결하는데 도움이 될 수 있다.

Programs밑의 Rapbmc Settings 옵션을 클릭하면 세개의 탭을 가진 창이 열린다. 첫 번째 탭은 DHCP를 비활성화 한다거나 수동 네트웍 설정 〈네트웍 설정〉을 할 수 있는 곳이다. 다른 배포판에서 수동으로 네트웍 설정을 할 필요가 있었다면 Raspbmc에서는 같은 작업을 여기에서 할 수 있다.

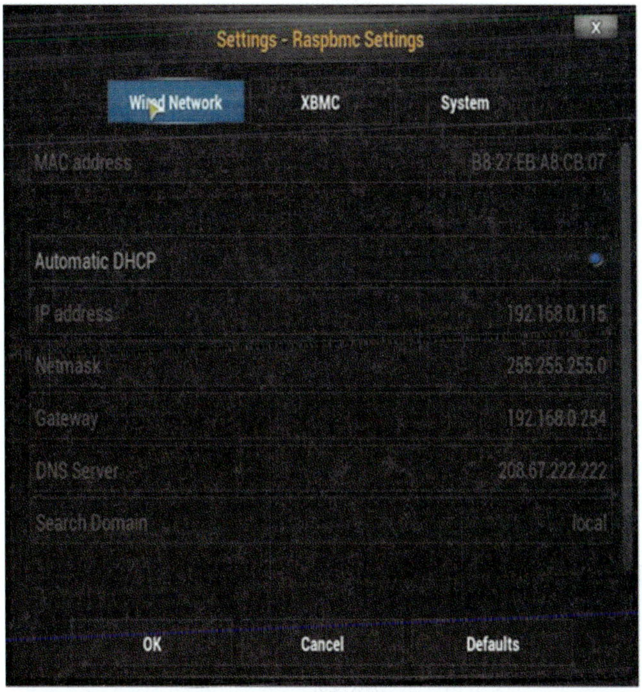

그림 D-6 설정 메뉴에서 Raspbmc 설정 변경

XBMC로 표시되어 있는 두 번째 탭은 XBMC의 야간 빌드를 설치하도록 할 수 있는 곳이다. 야간 빌드는 매일 밤 자동으로 개발자의 최신 작업 결과가 반영된 프로그램 소스 코드로부터 빌드가 되므로 버그에 대한 최신 수정 사항을 포함하고 있을 수 있다. 단, 테스트가 부족한 최신 기능도 포함될 수 있으므로 야간 빌드를 테스트해보고 문제가 발생하면 기본 버전으로 쉽게 되돌아갈 수 있도록 Xbmc의 다른 버전간 전환을 지원하는 기능도 지원된다.

마지막 System 탭에서는 Raspbmc를 네트웍에서 안전하게 접근할 수 있도록 pi 사용자계정 암호를 변경할 수 있다. 범용 데비안 배포판에서는 이 암호는 기본값으로 raspberry로 설정되어 있다. System 탭에서는 또한 Raspbmc 소프트웨어의 자동 업그레이드를 비활성화 할 수 있다. 하지만 가급적이면 켜두는 것이 좋다. 최신 보안 및 버그 수정을 자동으로 받을 수 있기 때문이다

부록 E 납땜 Know How

E.1 작업 준비

브레드보드가 쓸모 많고 편리하나 납땜이 꼭 필요할 때가 있다. 그렇다고 납땜 인두 하나 준비한다고 다 되는 것이 아니라 납땜을 하는 방법에 대해 알아둘 필요가 있다. 다른 기술들과 마찬가지로 납땜도 능숙해지기 위해서는 연습을 많이 해야 한다. 여기서 이야기하는 요령을 숙지하고 연습을 직접 해 보면 얼마 지나지 않아 깨끗하고 간결한 납땜을 할 수 있다.

CAUTION

당연한 이야기 이지만 납땜 인두는 사용할 때 매우 뜨겁다. 팁은 물론 팁과 떨어진 부분이라도 노출되어 있는 금속 부분에 닿지 않도록 주의해야 하고 인두 끝을 항상 아래쪽으로 향하도록 두는 것이 좋다. 납땜 인두를 구매 시 스탠드와 같이 사거나 별도로 내열성을 보증하는 스탠드를 구매해야한다. 뜨거운 인두를 사람이 없는 곳에 방치하지 말고, 혹시 떨어뜨리는 경우 잡으려고 해서는 안 된다.

납땜은 두 가지 부품을 접합시키기 위하여 소량의 금속을 녹이는 작업이다. 라즈베리파이를 뒤집어 보면 이것을 직접 눈으로 확인할 수 있다. 비교적 큰 모든 부품들은 이른바 쓰루-홀 납땜이라는 방식으로 부착되어 있다. 쓰루-홀 납땜 방식이란 부품의 다리가 인쇄회로 기판의 구멍을 통과하여 납땜으로 고정되는 것을 의미한다.

땜납은 순수한 금속은 아니고 플럭스라고 하는 물질을 포함하고 있는데 납땜이 될 표면의 오물을 녹여 청결하게 함으로써 가능한 접합이 잘 이루어지도록 하기 위한 것이다. 대부분의 전자회로용 땜납은 내부에 3~5개의 플럭스 코어를 포함하고 있다. 반죽이나 액체 형태의 플럭스를 별도로 구매할 수도 있는데 일반적인 취미 수준의 전자 작업에 있어서 꼭 필요한 것은 아니다.

납땜 프로젝트를 시작할 때, 청결하고 잘 정돈된 작업공간을 확보해야 한다. 또한 공기 배출이 원활해야 한다. 납땜 시 발생하는 연기는 건강에 매우 해롭다. 소량의 취미 수준의 납땜에서 발생하는 양일지라도 가능한 인체에 노출되는 것을 최소화하는 것이 좋다.

녹은 납이 떨어지면 작업대 표면을 태울 수 있기 때문에 보호를 위해 정전기 방지 매트를 까는 것이 좋다(아래 그림 참조). 표지가 코팅된 잡지를 까는 것도 괜찮은 방법이다. 하지만 신문은 떨어지는 땜납에 의해 구멍이 난다.

그림 E-1 정전기 방지 매트를 깐 납땜 작업 환경

세밀한 작업을 할 때는 보안경을 쓰는 것이 좋다. 땜납 속의 뜨거운 플럭스가 튀어 눈에 들어가면 돌이킬 수 없는 화상을 입을 수 있다.

인두가 뜨겁기는 하지만 두려움 때문에 납땜을 기피할 필요는 없다. 땜납은 빨리 식고 화상도 그리 흔한 것은 아니다. 장비를 믿되 두려워할 필요는 없다.

작업 공간이 마련되었으면 공구들을 정리할 차례다. 납땜 인두를 주로 사용하는 손 쪽에 두고 전원 코드가 작업 공간을 가로지르지 않도록 한다. 납땜 인두의 전원을 꽂기 전에 인두를 자유롭게 움직일 수 있는지를 확인해 본다. 전원 코드가 걸리적거리면 화상으로 연결되기 쉽다.

납땜 작업용 스펀지를 흥건하지 않을 정도로 물에 적신다. 인두 팁을 깨끗하게 닦는데 사용하는데, 말라버리게 되면 인두 팁에 녹아 붙어 팁을 상하게 할 수도 있다.

인두가 적정 온도로 가열되는 데는 몇 분이 걸린다. 온도 조절이 되는 인두를 구입했다면 일반적으로 불빛이 켜져 적정 온도임을 알려주거나 숫자로 온도를 읽을 수 있도록 되어 있을 것이다.

E.2 인두 작업

인두가 적정 온도에 도달하면 이제 인두 팁에 땜납을 입힐 차례다.

❶ 땜납의 끝을 인두 팁에 갖다 대어 소량의 납이 인두에 녹아 붙도록 한다. 너무 많은 양의 납이 녹지 않도록 주의한다. 땜납이 낭비되기도 하지만 작업대 위에 떨어질 수 있기 때문이다.
❷ 인두팁을 스폰지에 문질러서 인두 팁이 은색으로 매끄럽게 코팅이 되도록 한다. 필요하다면 땜납을 더 녹여주면 된다.
❸ 인두 팁을 스폰지에 댔을 때 치익 소리가 나면서 물이 튄다면 물이 너무 많은 것이다. 스폰지의 물을 조금 짜낸 후 다시 해본다.

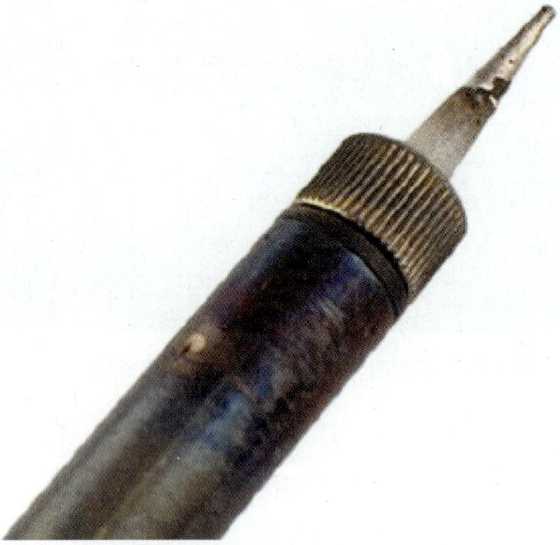

그림 E-2 납이 입혀진 납땜 인두 팁

인두 팁을 도금해 놓는 것은 팁의 손상을 막고 납땜이 될 표면으로 열이 효율적으로 전달될 수 있도록 하기 위한 것이다. 도금이 잘 안되면 납땜이 실패하는 주원인이 된다. 납땜 작업을 많이 한 후에 팁의 반짝임이 가시면 도금 작업을 다시 한다.

납땜 인두 준비가 끝났으면 이제 납땜을 시작할 차례이다. 인쇄회로기판과 부품들을 잘 보이는 곳에 두고 인두의 전원 코드 길이를 충분히 확보한다.

❶ 인쇄회로기판이나 스트라이프보드 또는 유사한 쓰루-홀 보드에 부품을 납땜할 때는 부품의 다리를 구멍을 통과시킨 다음(납땜이 될 동박이 있는 반대편에서 부품을 꽂아서 동박 쪽으로 다리가 나오도록 꽂아야 한다) 다리를 바깥쪽으로 살짝 구부려서 기판을 뒤집었을 때 부품이 떨어지지 않도록 해준다.

❷ 작업대에 보드가 안정되어 있는 상태에서 인두 팁을 부품의 다리와 기판의 동박이 동시에 닿도록 살짝 누르면서 접촉한다. 인두 팁을 양쪽에 동시에 접촉하는 것이 중요하다. 한 쪽만 접촉이 되면 납이 반대쪽으로만 붙어 결과가 좋지 않게 된다.

❸ 인두 팁을 갖다 댄 지점이 몇 초면 충분히 가열된다. 셋을 센 후 납을 부품과 동박의 접점에 갖다 댄다. 납이 녹지 않으면 인두를 떼었다가 다시 대어본다. 코팅이 잘 된 부분을 찾아 위치를 바꿔가면서 대어보는 것이 좋다.

그림 E-3 인쇄회로기판에 부품을 납땜하기

❹ 납이 녹아내리면서 구멍을 메우는 것을 확인할 수 있다. 납땜이 잘 될 만큼 그 부분이 충분히 가열되었다는 것을 의미한다.

❺ 납땜이 뾰족한 산 모양을 이루는 것과 동시에 납을 먼저 떼어내고 연이어 인두를 떼어낸다(인두를 먼저 떼어내면 납이 붙은 채로 굳어버린다).

납땜이 잘 되면 매끄럽고 광택이 나는 뾰족한 산 모양을 이루며 끝 부분이 부품의 다리를 따라 매끄럽게 연결된 모양이 된다. 잘 안되었을 때는 인두를 다시 대고 납을 더 녹여서 다시 하면 된다. 납이 너무 많이 녹아 붙었을 때는 납 제거용 위크를 대고 인두로 녹여 납을 제거한 후 다시 작업한다.

인두를 부품에 접촉한 채 수 초 이상 두면 안 된다. 특히 집적 회로 같이 열에 약한 부품들은 열에 쉽게 손상을 입을 수 있으므로 주의해야 한다. 온도 조절이 가능한 인두를 사용하고 있으면 부품에 따라 적정 온도를 설정하여 사용하도록 한다.

작업을 마쳤을 때는 인두 팁을 도금해두는 것을 잊지 말기 바란다. 도금을 해두지 않으면 인두팁이 쉽게 부식되고 수명보다 빨리 인두 팁을 갈아주어야 한다.

CAUTION

인두로 양 쪽을 동시에 가열하는 것을 잊으면 안된다. 한 쪽만 가열하면 흔히 말하는 냉 땜이나 건땜을 유발하여 납이 한쪽에만 붙게 된다.

모든 기술도 그렇지만 납땜은 연습이 필요하다. 많은 전자부품 상점들이 인쇄회로기판과 필요한 키트를 판매한다. 아두이노와 라즈베리파이를 위한 어떤 보드들 중에는 반드시 답땜이 필요한 경우도 많아는 것을 알아야 한다.

브레드보드와 점퍼선을 이용한 회로의 구성은 임시적이며 불안정 하다는 사실. 따라서 견고하고 제대로 작동하는 장비를 만들기 위해서는 납땜이 필수라는 사실도 다시 한번 기억해 두자.

1. 본 교재는 한국전자통신교육원(www.ketti.or.kr)의 교육문서를 참조하였습니다.
2. 본 교재의 파이썬 학습 부분은 Swaroop C.H.의 〈A Byte of Python〉을 참조하여 작성되었습니다. Swaroop CH의 온라인교재는 https://www.swaroopch.com/buybook/ 에서 다운로드 및 구매 가능합니다.

저자 소개

저자 김경신 교수

저자 김경신은 금오공과대학교 전자공학과에서 학사, 연세대학교 전자공학과에서 석사, 경희대학교 컴퓨터공학과에서 박사 학위를 취득했으며, 전산장교로 육군에서 근무한 경력이 있다. 현재 청강문화산업대학교 교수로 재직 중이며, 지능형 사물인터넷을 개발하는 스마트미디어 전공에서 학생들을 지도하고 있다.

주요 관심 분야는 인공지능 머신러닝을 활용한 악성코드 백신과 IDS/IPS의 개발, 스마트팜과 스마트팩토리 등의 IoT(사물인터넷), 특히 사물인터넷과 빅데이터 그리고 머신러닝 기술을 융합한 스마트콘텐츠(Smart Contents)의 개발에 몰두하고 있다. 스마트콘텐츠는 Dynamic 콘텐츠 혹은 Intekkigence 콘텐츠라고도 한다. 즉, 스스로 생각하고 움직이는 인공지능 로봇을 의미한다.

주요 저서로는 '정보보안과 사이버해킹의 기초(복두출판사, 2017)', '정보보안 인터넷 해킹과 방어(복두출판사, 2015)', 'New 인터넷 이해와 활용(한빛미디어, 2014)', '컴퓨터정보통신과 프로토콜(대영사, 2004)', '데이터베이스 설계 구축(대광서림, 2001)', '정보처리기사 실기시험(대광서림, 2000)' 등이 있다.

파이썬으로 시작하는
라즈베리파이3

2판 1쇄 2018년 3월 6일

저 자	김경신
발행인	송광헌
발행처	복두출판사
주 소	서울특별시 영등포구 경인로82길 3-4 센터플러스 807호 (우) 07371
전 화	02-2164-2580
FAX	02-2164-2584
등 록	1993. 11. 22. 제 10-902 호

정가 : 16,000원

ISBN : 979-11-5906-354-1 93560

한국과학기술출판협회 회원사